민주주의의 지구화와

한국의 현실 진단

민주주의의 지구화와

한국의 현실 진단

이정옥 · 김상돈 지음

민주화운동기념사업회

■ 차 례

■ 서 문

5

■ 서 문

　2008년 11월 1일부터 7일까지 미국 대통령 선거 현장에 있었다. 콜로라도 주의 덴버 시에서 오며가며 만나는 사람들은 덴버시민이 아니라 스웨덴 스위스 독일 스코틀랜드 버뮤다 니카라과 네팔 태국 등 세계 각국에서 온 자원봉사자들이었다. 워싱턴에서 만난 일본의 여성 참의원은 일본에서 국회가 열리는 회기 중인데도 보좌관을 이끌고 자신이 지지하는 후보를 위해 버지니아에서 가가호호 후보자의 유권자 등록을 돕는 자원봉사 활동을 했다고 한다. 어느 날 자신의 지역구인 일본 나고야에서 텔레비전으로 미국 대선후보의 연설을 듣고 그를 돕는 것이 일본의 민주주의를 진전시킬 뿐 아니라 자신이 정치인으로 활동해야 하는 동기를 부여해준다는 확신이 든 순간 휴스턴으로, 신시내티로, 버지니아로 긴 참여의 장정을 이어나갔다고 한다. 2008년 미국대통령 선거는 미국인들만의 선거가 아니라 지구시민들의 선거라는 것이 곳곳에서 확인되었다.
　미국에서만이 아니다. 2008년 민주주의에 관심을 가진 전 세계인의 이목을 집중시켰던 또 하나의 선거가 네팔 총선이었다. 수백 년간 이어온 왕정이 공화정으로 바뀌고 오랫동안 무장투쟁을 했던 집단이 시민사회와 국제사회의 중재로 마침내 총선에 참여하여 공화정의 기초를 마련하기 위한 제헌의회를 구성하게 되었다. 이런 변화를 이루어 낸 것은 일차적으로는 네팔 국민자신의 의지였지만 네팔의 평화와 민주주의를 염원하는 국제사회의 격려와 지원도 한몫을 하였다. 네팔 선거에도 평화와 민주주의에 관심을 가지는 전 세계적 차원의 선거 자원봉사 활동이 이어졌다.

그런가하면 지난 6월에 아일랜드에서 치러진 개정 유럽연합 헌법 비준안에 대한 국민투표는 아일랜드 국민들의 투표였지만 유럽 전체의 투표나 마찬가지였다. 아일랜드의 투표결과를 유럽연합 각국은 물론 유럽연합에 아직 가입하지도 않은 스위스에서도 언론인은 물론 일반 시민들까지 화제로 삼고 끝없는 토론을 이어갔다. 유럽전역 뿐 아니라 전 세계인의 관심 사안으로 2008년 내내 지속적으로 논의되고 또 논의되었다. 유럽연합은 다른 지역보다 앞서 경제통합에 이어 정치통합의 구도를 마련하고 유럽연합 의회구성, 유럽연합 헌법채택이라는 초국적 정치체제 구성의 실험을 앞서서 하고 있기 때문에 아일랜드 국민들의 결정은 유럽연합 전체 결정이나 다름없는 효과를 발휘하기 때문이다. 국민국가 단위에서 치러지는 특정국가의 선거가 이제는 국경을 넘어 지구시민들의 공통의 관심으로 부상하게 된 것이다.

특히 미국발 금융위기의 여파가 쓰나미처럼 전 세계를 강타하면서 특정국가에서의 정책 결정은 해당국가의 국민만의 관심사에 머물지 않는다는 것이 분명하게 입증되고 있다. 전 세계가 시장을 통해 연결되어 있다면 정치적으로도 상호 연결되어 있는 것이다. 특정국가에서 일어나는 전쟁, 특수한 정책결정은 전 세계적인 반향을 일으킬 수밖에 없다는 사실을 점점 더 많은 사람들이 깨달아가면서 민주주의의 지구화가 빠른 속도로 진전되고 있다. 10년 전과는 비교가 되지 않을 정도로 점점 더 많은 사람들이 다른 나라의 정치문제에 더 많은 관심을 기울이게 되었고 이름이 비슷한 정당들이 더 많이 생겨나고 있으며 특정국가에서 이룩한 개혁입법은 다른 나라에도 쉽게 모방이 이루어지고 있다.

민주주의의 지구화는 자연스러운 흐름이면서 동시에 인위적인 개입의 결과이기도 하다. 경제발전을 지원하기 위한 개발원조와 같은 방식으로 특히 시장경제로 처음 문을 연 구 동구권 국가들의 복수정당제 구성, 선거제도 도입과 시행을 지원하는 프로그램이 1990년대에 걸쳐 집중적으로 등장하게 되면서 민주주의 지원 또는 민주주의 증진 교류 프로그램이 확산되기에 이르렀다. 정당 차원의 교류, 언론 사법부 의회 시민단체간의 교류협력을 비롯하여 여러 다양한 교류협력이 이루어지고 있다. 지역차원의 공통의 기준을 설정하고 해당기준을 충족하도록 지원하는 유럽연합 내의 동서 협력의 방식은 유럽 이외의 지역에서의 민주주의 교류협력의 참고 자료가 되었다. 그 결과 민주화의 정도를 측정하려는 시도가 활발하게 일어났으며 민주화의 기준에 대한 글로벌 스탠더드를 마련하려는 노력도 이루어지게 되었다. 이러한 기준은 자연 비민주국가 또는 실패한 국가에 대한 개입을 정당화하는데 활용되었다.

민주주의의 이름으로 이루어지는 국제사회의 개입은 초기 동구권에 대한 지원에서는 별다른 저항을 받지 않았지만 코소보 사태부터 인도주의적 개입의 정당성에 관한 문제, 주권과 인권의 충돌문제에 대한 다양한 담론을 불러 일으켰고 이라크 전쟁을 거치면서 내정 간섭, 시장 개척을 위한 명분, 경제개발을 위한 도구적 차원 등으로 여러 가지로 비판을 받아왔다. 특히 식민지 지배 피지배의 경험, 냉전시대의 치열한 이념경쟁의 대상이 되었던 비서구 국가들은 서구중심의 민주주의 지원 프로젝트에 대한 신뢰를 보내지 않았기 때문에, 1990년대 후반에 가속화된 민주주의 국제협력 프로그램은 투입된 노력에 비해 생각만큼 원활하게 진전되지 않고 있다.

그렇지만 민주주의는 미완의 제도로 끊임없이 관심과 돌봄을 필요로 하고 지원을 필요로 하는 것이 현실이다. 민주주의는 자연적으로 주어진 것이 아니라 가꾸고 만들어야만 하는 근대의 프로젝트의 일환이기 때문이다. 그것은 인위적으로 교육되어야 하고 일정한 긴장을 필요로 한다. 그런 의미에서 민주주의 국제협력은 "타인의 얼굴을 통해 나를 확인하는 작업", "타인의 과오를 통해 나를 다잡는" 것, 다시 말해서 자국의 민주주의 발전의 자양분, 효과적인 민주시민교육 현장인 셈이다. 민주주의가 퇴행하는 곳, 권위주의 정부에서 이루어지고 있는 인권침해의 사례들이 바로 민주주의의 소중함을 다시 일깨우는 산 교재이기 때문이다. 그런 의미에서 민주주의 국제협력은 일방적인 지원이 아니라 상호 격려발전 효과를 만들어낼 때 그 목적을 다 한다고 할 수 있다. 민주주의 지원국을 자처하는 미국이 교류협력의 혜택의 직접적인 수혜자였다는 것이 미국 대통령선거를 통해 구체적으로 확인되었다. 민주주의 발전 역사가 긴 나라나 신생민주국가나 모두 국제 교류협력을 통해 민주화가 더 진전될 여지가 있다는 것을 확인해 준 셈이다.

시장의 세계화와 민주주의의 지구화

한때는 세계화라는 말이 유행하더니 요즘은 지구화라는 단어가 더 자주 눈에 띠는 것 같다. 세계화로 번역하건 지구화로 번역하건 영어식 표현은 글로벌리제이션 그대로이다. 세계화라는 말에는 우리를 중심에 두고 전 세계를 상대로 시장을 개척한다는 뉘앙스가 풍기는데 반해 지구화는 지구의 둥근 개념이 먼저 다가오기 때문에 중심이 따로 없이 전 지구적 공통의 과제, 공동운명체라는 느낌을 풍긴다. 같은 원어를 두고 번역어를 어떻게 선택하는가에 따라 이렇게 의미가 달라지는 것은 글로벌리제이션 현상 자체가 다차원적이기 때문이다. 더구나 같은 현상에 대해 해석하는 방식도 다를 수 있게 마련이다.

2000년 11월 경 스페인의 코르도바에서 '제3의 길을 넘어서'라는 국제회의에 참가한 적이 있다. 당시 선거를 통해 승리를 거두었던 브라질민중당(PT)과 콜롬비아 멕시코 스코틀랜드 네덜란드 등 주로 유럽과 중남미의 정당인 시민단체 활동가 학자들이 함께 모여 세계화 시대의 새로운 의제에 대해 열띤 논의를 펼쳤다. 참가자들 중에는 시장의 세계화를 장려하는 다보스포럼에 대응하여 시장의 세계화에 따르는 사회문제를 집중적으로 조명하는 세계사회포럼의 기획자도 있었고, 콜롬비아 반군과의 평화협정을 체결하는 임무를 띠고 있는 콜롬비아 시민단체 관계자도 있었고, 자유무역이후 실업문제를 걱정하는 멕시코의 사회학자도 있었다. 물론 중남미 참가자들을 제외하고는 유럽에서 온 학자들이 대부분이었다.

회의가 열린 스페인의 작은 소도시 코르도바에는 절반은 고딕식 성당, 나머지 절반은 이슬람 사원 형식으로 된 성당이 있었다. 이슬람 사원은 천정이 낮고 공간이 기둥으로 분할된 데 비해 고딕식 성당은 공간이 트여있고 지붕이 높았던 것으로 기억한다. 코르도바라는 도시에서 조우한 이슬람 문명권과 기독교 문명권의 상징이었다. 그것은 지구화, 세계화의 상징물이다. 국경을 넘는 것은 문물을 교류하는 것, 때로는 공평한 교환을 위한 것도 있지만 원거리 무역에는 흔히 폭리와 약탈 침략도 동반되는 것이 보통이었다. 코르도바의 특별한 성당은 이슬람 사원양식과 고딕식 성당 건물이 반쪽씩 공존하는 형식으로 남아있지만 이면에는 치열한 전투와 권력 다툼이 있었음을 쉽사리 짐작할 수 있다. 마찬가지로 코르도바 시 한복판에 있는 콜럼버스의 동상, 세빌 성당에 안치된 콜럼버스의 시신은 스페인 사람들에게는 자랑이었지만 멕시코 콜롬비아 브라질에서 온 참가자들은 너나없이 특별한 표정을 지었던 것으로 기억한다.

국경을 넘는 일은 근대로 오면서 더욱 빈번해졌다. 교통의 발달,

통신 수단의 비약적인 발달은 점점 지구화를 촉진하고 있는 것이다. 테크놀로지의 발달을 통해 시장의 통합은 가속적으로 이루어지고 있지만 민주주의의 지구화라는 개념은 여전히 낯설다.

민주주의의 지구화를 이야기하기 시작하는 것은 불균형적인 시장만의 세계화를 규제할 수 있는 새로운 통치 방식을 요구하기 때문이다. 새로운 규율과 통치의 방식이 만들어지기 위해서는 서로 합의할 수 있는 공통의 정신적 가치가 필요하다. 인간의 삶은 물질적인 차원으로만 분리할 수 있는 것이 아니기 때문이다. 물질적 삶과 정신적 삶은 한데 통합되어 있다.

정신적 통합의 글로벌 스탠더드는 인권과 민주주의라는 키워드로 모아지고 있다. 자유무역이 보호무역의 논리, 공정무역의 논리와 충돌하는 것처럼 인권과 민주주의의 글로벌 스탠더드는 각 국민국가의 주권, 문화적 전통이라는 개념과 충돌을 일으키면서 가는 길이 더디다. 인권개념은 프랑스 인권선언, 유엔인권선언을 통해 반복적으로 강조되고 인권의 글로벌 스탠더드가 유엔을 통해 느리지만 제도화의 길로 걸어가고 있는데 비해 민주주의는 여전히 국민국가 차원의 문제로 인식되고 있다. 그렇지만 시장이 국민국가 단위로 작동하면서 전 세계적 차원과 연결되어 있는 것과 마찬가지로 민주주의도 전 세계적 차원과 연결되어 있다.

우리 사회에서 시장의 세계화를 강조하는 목소리는 크다. 시장의 세계화에 뒤지면 경쟁에 낙오하는 것으로 이해하고 있고 교육조차도 시장의 세계화를 위한 경쟁력 제고에 초점이 맞추어져 있다. 반면 전 지구적 차원에서의 인권과 민주주의에 대한 관심은 이차적이거나 아예 논외로 여겨진다. 그렇지만 시장은 추상적인 숫자가 아니다. 바로 사람들인 것이며 그런 의미에서 시장과 정치영역은 분리된 것이 아니다. 한 인간이 유권자인 동시에 소비자인 것이다. 시장이 정치와 바로 연결되어 있다는 사실을 외면하게 되면 그토록

개척하고자 하는 시장도 사실은 개척되지 않는다는 것을 해외 시장 개척 경험이 많은 선진국들이 보여주고 있다. 시장개척에 앞장선 나라들이 민주주의 지원에 더 적극적인 것은 다 그만한 이유가 있는 것이다.

시장의 세계화만 일방적으로 강조하는 것만으로도 모자랐는지 시장의 세계화를 강조하는 입장과 민주주의의 지구화를 강조하는 사람들 사이에 갈등과 대립이 빚어지는 정도에 이르고 있다. 게다가 이미 글로벌 스탠더드가 되면서 지구촌 사회를 지배하고 있는 민주주의를 그 자체의 목적으로 보기 보다는 경제발전의 수단쯤으로 보는 인식을 부끄럽지 않게 내보이고 있는 경향마저 나타나고 있다.

시장의 세계화에 눈을 감으면 시장경제 속에서 낙오한다는 것은 상식으로 통용되고 있다. 그런데 같은 논리가 민주주의와 관련되어서 적용되지 않고 있다. 민주주의의 지구화를 인식하지 못하고 국민국가의 틀 안에 갇히게 되면 지구촌 사회의 낙오자가 된다는 사실을 깨닫고 있는 사람은 의외로 드물다. 지구촌 사회에 눈과 귀를 열어두지 않고 국민국가 안에서의 민주주주의만을 고집하게 되면, 설사 형식적으로 민주주의 제도를 갖추었다고 해도 보편적 가치를 내면화하고 비전을 공유하지 않게 되기 때문에 민주화가 뿌리를 내리지 못하고 내용이 공허해지는 것은 자명한 일이다.

민주주의의 지구화와 국민국가의 주권, 문화적 전통

민주주의의 지구화는 주권이나 토착문화 전통과 충돌을 일으킨다. 개인의 천부인권을 기초로 하고 있는 민주주의는 공동체 우선주의, 혈연·지연을 토대로 한 민족주의, 아시아적 가치와 대립하는 것으로 인식되었다. 더구나 식민지체험을 통해 근대국가를 형성

해간 대다수의 비서구권 국가에서는 민주주의가 '서구적'인 것으로
거부의 대상이 되면서 봉건주의나 연고주의의 틀을 유지시키는
것을 정당화하고 있다.

　민주주의의 지구화, 민주주의의 글로벌 스탠더드에 대한 합의는
인권영역에서 보다 훨씬 어렵다. 인권의 보편성은 프랑스 인권선
언, 유엔의 인권선언 등을 통하여 끊임없이 재확인되고 있다. 더
나아가 최근 등장하고 있는 문화적 권리 등과 같이 '권리'에 포함되
는 영역을 확대해가고 있을 뿐 아니라 각각의 협약 비준국의 수를
늘려가는 한편 협약비준 당사국들의 실행의무를 강화함으로써 글
로벌 인권레짐을 제도화하고 있다. 인권의 개념이 각종 협약으로
제도화된데 비해 민주주의의 기준은 복수정당제, 자유롭고 공정한
선거, 법치, 집회 및 결사의 자유, 표현의 자유 등 여러 가지 기준이
등장하고 있지만 아직 보편적으로 합의되고 있는 틀이 마련되지
않고 있기 때문이다.

　중국과 베트남은 자유무역을 통한 시장의 세계화는 받아들이면
서도 복수정당제를 민주주의의 기준으로 받아들이지 않고 있다.
법제정 과정의 투명성이 확보되지 않고 정부의 정책 집행의 정당성
을 요구하는 시위가 일상화되고 있는 나라에서는 법치의 개념에
대한 맥락적 해석을 주장하고 있다. 민주주의 역사가 오랜 국가도
이주민과 외국인에 대한 시민권 부여에 인색할 뿐 아니라 다수결주
의에 따른 소수자의 정치적 의사를 체계적으로 수렴하지 못하고
있다. 자유롭고 공정한 선거를 민주주의의 근간으로 강조하고 있지
만 낮은 투표율 문제, 선거과정에서의 금권의 개입 문제 때문에
선거를 통해 구성되는 정치적 대표성에 끊임없는 문제제기가 이어
지고 있다. 사회가 다양해지고 따라서 정치적 욕구 역시 그에 비례
하여 다양화해지는데 정당이 민의를 수렴하고 대변할 수 있는 효율
적인 창구인가에 대한 의문과 도전이 민주주의 역사가 오래된 국가

들에서나 신생 민주국가들에서나 제기되고 있다. 그 외에도 대의제 기능의 정합성의 문제, 선출직에 비해 상대적으로 기술 관료의 영향력이 증대하는 문제 등은 어떤 나라에서나 다 등장하고 있는 새로운 도전들이다.

아무리 역사가 오래된 민주주의라고해도 소수자의 문제, 이익집단과 공공성 사이의 긴장의 문제, 민의의 동원과 조작의 문제라는 난제를 아직 속 시원하게 해결하지 못하고 있다. 특정국가가 민주주의 국가인가 비민주주의국가인가를 측정하는 기준에 대해서는 논의가 분분한 것은 사실이지만 민주적 통치를 지향한다는 점에서는 공통적이다. 또한 비서구 국가에서 민주화의 과정은 도미노 효과를 실제로 발휘했다. 아시아의 민주화 과정은 1986년 필리핀을 필두로 한국 대만 말레이시아, 인도네시아 태국 네팔로 이어지고 있다. 그런 의미에서 다양한 논의에도 불구하고 민주주의의 지구화가 지속되고 있음을 확인할 수 있다. 민주주의가 인권의 보편성을 기초로 한다고 해서 다양성을 부정하는 것은 결코 아니다. 민주주의는 각 나라의 전통과 문화 경제발전의 정도에 따라 다양한 제도를 개발할 수 있다.

민주주의의 지구화와 한국 민주주의

지금 한국 민주주의는 외포와 내연이 함께 역동적으로 변화하고 있다. 작게는 조직 내부에서의 권위주의로부터의 탈피, 토론문화 확립에서 비롯하여 크게는 '민주 국가'라는 전 국가적 성격의 재규정이 필요한 시점에 서 있는 것이다. 한국 민주화의 새로운 질적 변화를 추동할 수 있는 적극적인 연구와 그 결과의 시민사회 정착이 시대적 과제가 되고 있는 것이다. 그러나 최근 들어 급격하게 확산되고 있는 민주주의에 대한 부정과 냉소, 경제논리 우선주의로 인해 민주주의의 보편화와 생활화가 앞으로 나아가는 것이 아니라 오히려 뒤로 후퇴하고 있는 측면마저 나타나고 있다.

뿐만 아니라 민주주의를 국민합의의 가치로 채택하고 있으면서도 무엇이 진정한 민주주의인가에 대한 논의가 분분하다. 대의제 민주주의의 근간인 선거 참여율의 지속적인 하락, 위임된 엘리트에 대한 사회적 신뢰 저하 등은 민주주의는 과정의 산물이라는 점을 다시 한 번 더 확인시키고 있을 따름이다. 그런 의미에서 한국의 민주화 과제는 여전히 진행 중인 과제이다.

한편, '아시아적 가치(Asian Value)'로 대변되는 '선 경제성장, 후 민주화'라는 담론이 신흥공업국의 사례를 근거로 설득력 있게 제시되면서 아시아는 여전히 민주주의에 대한 가치 정립과 제도적 틀이 안착되지 않은 지역으로 남아있는 상태이다. 아시아적 가치는 아시아 특정 국가의 경제성장의 견인차가 되면서 경제성장을 위해 '전통'의 이름으로 민주주의 발전을 유보하는 것을 정당화하고 있다. 사실 그 동안 한국과 대만, 그리고 태국을 제외한 대부분의 국가들은 '민주화 이전 국가'로 분류되어 왔다. 그러나 사회주의 체제 안에서의 자본주의적 경제를 적극적으로 추진하고 있는 중국과 베트남, 아직 강한 권위주의적 흐름 속에서 점진적인 변화를 모색하고 있는 미얀마와 라오스, 새로운 민주주의의 단계로 접어들고 있다고 평가되는 필리핀, 민주화의 진전도에 있어 혼재된 평가를 받는 인도네시아와 말레이시아 등 대부분의 국가들이 현재 '민주화 이행'의 과정 속에 있다.

이들 국가의 민주화와 관련해 아시아의 민주 국가인 인도나 일본이 아시아 다른 국가에 미치는 영향이 미미한 데 반해, 한국의 민주화가 가진 교훈적 요소와 영향은 상당히 의미 있는 것으로 평가되고 있다. 그 이유는 이들 아시아 사회에서 민주화를 위해 해체 시켜야 할 봉건적 잔재와 식민지 유산 등이 남아있고 그것을 해체하기 위한 사회운동의 동력이 끊임없이 요구되기 때문이다. 저항적 민주화운동을 통해 민주화를 달성한 한국의 사례에 대해 교류와 협력을 이들 아시아 국가들이 바라는 이유도 여기에 있다. 현 시점에서 우리가 한국의 민주화 경험을 주변 국가와 공유하고 확대된 민주화를 위해 지원하는 일은 국제 개발에 기여함은 물론, 동아시아 지역의 안보환경의 안정화와 한국의 영향력 확보에 매우 중요한 일이라 하겠다.

따라서 우리의 민주화운동과 민주주의의 경험을 바탕으로 진행되는 국제교류협력은 국제사회의 민주주의와 발전에 기여할 뿐 아니라, 한국의 자긍심을 높임과 동시에 우리 사회의 민주주의를 더욱 심화 · 발전시키는 하나의 원동력으로 기능할 것이다.

민주주의 국제협력사업의 첫발을 내디디면서

한국은 불과 한 세대 안에 개발원조의 수여국에서 공여국으로 탈바꿈했던 것처럼 권위주의체제에서 국제사회의 지원을 받고 민주화를 이룩한 나라에서 이제는 국제협력을 통해 민주주의 지원당사국으로 거듭나려는 시도를 하고 있다. 이것도 불과 한 세대 안에 이루어진 일이다. 한국의 압축적 경험은 현재 지원을 받고자 하는 나라의 상황에 대한 이해와 공감을 용이하게 한다. 이것은 민주주의 국제협력 사업의 후발주자로서 한국이 갖는 비교우위 사항이다. 게다가 한국은 다른 민주주의 지원국가들처럼 식민지 지배라는 과거사의 부담을 안고 있지 않다. 민주주의 지원국들에 대한 피지원국들의 불신을 고려해볼 때 한국은 상대적으로 민주주의 국제협력 과정에서 상대국가와 신뢰를 형성하기 쉬운 위치에 있다. 권위주의 정권에서 벗어나기 위한 민주화운동의 경험과 기억이 생생하고 각종 민주주의 제도를 정비해가는 과정에 있기 때문에 아직도 권위주의체제에 있는 국가나 민주적인 제도와 법제를 정비하고자 하는 나라와의 교류협력을 보다 효율적으로 추진할 수 있는 상대적인 장점이 있다. 그렇지만 민주주의 국제협력에 대한 오해와 비효율성 등이 이미 국제사회에서 지적되고 있기 때문에 후발주자로서 한국은 철저하게 수요자 중심의 입장에 서고자 한다. 바로 이런 이유 때문에 민주주의 국제협력 사업을 시작하면서 기존의 국제협력 사업에 대한 평가와 수요자 입장에서 희망을 담는 의식의 지형도를 작성하고자 했고, 이 책은 그 기획의 산물이다.

민주주의의 지구화 속도가 가속화되고 한국의 아시아 시장 진출이 활발해지면서 아시아에서의 한국의 정치적·사회적 책임에 대한 요구가 높아지고 있다. 한국 민주화의 심화 발전이라는 국내 차원의 과제와 함께 아시아를 비롯한 국제사회에서의 한국에 대한 기대에 부응하여 민주화운동기념사업회는 민주주의 국제협력 사업을 체계적으로 기획하게 되었다. 2008년에 처음으로 국제사업단을 발족하고 기반조성연구에 착수하였다. 기반조성연구의 목적은 민주주의 국제협력 사업의 후발주자인 한국에서 시행하는 새로운 국제협력 사업의 좌표를 정확하게 잡기 위함이다. 좌표를 잡기 위해 우선 한국에서 그간 시행되어온 국제협력 사업에 대한 평가와 민주주의 관련 국제협력 사업의 가능성을 진단하는 작업에 착수하였다. 공공기관, 시민사회의 영역에서 국제협력 사업을 담당한 경험이 있는 전문가와 해당 분야 전공학생들을 대상으로 하는 조사연구를 시행하였다. 두 번째는 한국에 대한 민주주의 국제협력 사업에 대한 요구가 상대적으로 높은 아시아 10개국에 대한 조사연구를 시행하였다. 아시아에서 그간 시행된 프로그램을 평가하고 새로운 프로그램에 대한 요구를 담아냄과 동시에 앞으로의 교류 협력을 함께할 파트너 개척이라는 현실적 목적을 겸한 연구 조사였다. 세 번째는 민주주의 국제협력을 구상하고 기획하는 공여국과 수여국을 함께 망라하는 전 세계적 차원의 전문가에 대한 조사를 실시하였다.

이 책은 참으로 여러 사람들의 도움으로 세상에 나오게 되었다. 조사 설문지의 기획과정에서는 이성훈님 이동욱님 안병진님 장준호님이 참여해 주셨고, 김상돈님 박지연님은 방대한 조사 자료의 통계분석을 총괄 담당해 주셨다. 그 외에 송은혜님 한세영님은 국내 설문조사와 면접조사를 담당하였고 글로벌 차원의 조사를 위해서는 이성훈님 차명제님 나효우님 유혜선님의 도움을 받았다. 통계분석결과를 집필하고 편집하는 일은 권대근님 이충훈님 박영선님 최재인님 한지원님 권해석님 박진영님이 전담해 주셨다. 민주화운동기념사업회 국제사업단의 김 신님 박문진님 이주영님의 뒷바라지가 없었다면 집단적 작업이 빛을 보지 못했을 것이다. 민주주의 국제협력 기반조사를 위해 어려운 가운데 지원을 아끼지 않으셨던 함세웅 이사장님, 유영표 부이사장님, 문국주 상임이사님을 비롯한 민주화운동기념사업회 모든 분들의 배려와 격려는 이 연구 결과를 만들어내는 실질적인 동력이었다.

민주주의의 지구화 과정에서 공동체를 형성하려는 바램을 가지고 자신의 경험과 평가라는 귀중한 지적자산을 우리를 믿고 내어주신 한국, 아시아, 전 세계의 응답자들은 바로 이 책의 공저자나 다름이 없다. 지구촌 민주주의 발전을 위해 세계를 뛰고 있는 그 분들에게 이 연구 결과가 조금이라도 도움이 되기를 바라는 마음 간절하다. 수많은 분들의 격려와 뒷바라지에도 불구하고 연구과정, 연구결과에 따르는 실수나 결함은 전적으로 연구책임자의 탓이라는 것을 고백하고 싶다.

2008년 12월

연구책임자 이 정 옥

서 론

민주주의의 지구화
(Globalization of Democracy)

이행기의 사회적 현실에서 민주주의에 대한 위협은 심각한 문제이다. 폭력과 부패, 안보 위협은 민주주의를 이끌고자 하는 지도자와 민주적 제도에 대한 정당성 및 신뢰성을 저해한다. 심지어 이행기의 민주주의에 대한 이러한 위협은 민주적 체제 전체에 대한 의심을 낳는다. 유엔은 바로 이러한 과제들을 해결해야 할 책임, 즉 민주주의를 지원하고 증진할 책임을 지고 있다.

　– 유엔민주주의기금 4차 고문위원회 회의(UNDEF 4th Advisory Board meeting)에서 반기문 유엔 사무총장의 연설, 뉴욕 2007년 4월 10일

우리는 민주적 가치의 보편성을 확인한다. 민주주의 공동체(Community of Democracies)는 민주주의를 발전시키고, 민주주의를 통해 보장되는 인권, 근본적 자유를 증진하는 데 헌신할 것을 결의한다. 우리는 각 국에서의 민주주의 발전과 지역적, 국제적 차원에서 민주주의 증진을 위한 협력을 위해 끊임없는 노력을 경주할 것이다.

　– '서울 행동 계획– 민주주의: 평화와 번영을 위한 투자(Seoul Plan of Action – Democracy: Investing for Peace and Prosperity)', Community of Democracies 2차 각료회의, 서울 2002년 11월 12일)

민주주의는 전 지구적으로 확산되고 있다. 인민(people)의 의지에 기반한 거버넌스(governance) 질서로서 민주주의는 피치자에 의한 통치(rule of the ruled)를 가능하게 하는 유일한 대안으로 인정되고 있다. 심지어 여전히 독재를 유지하고 있는 체제나 민주주의를 유보하고 있는 체제에서도 스스로의 레짐(regime)을 '민주적'이라고 부르는 것을 선호한다. 적어도 대부분의 사람들의 의식 속에서 민주주의는 최선의 정치체제이자 추구해야 할 가치와 목표로 인식되고 있다. 국제사회의 현실에서 아직 민주주의가 충분히 구현되지는 않았으며, 오히려 심각한 민주주의의 후퇴나 정체가 21세기에 나타나고 있음에도 불구하고, 민주주의는 규범적 가치(normative value)로서 일종의 글로벌 스탠더드(global standard)를 형성하고 있다. 새로운 글로벌 스탠더드가 정치적·사회적·문화적 규범으로서 확립되어 가는 과정에서 민주주의의 지구화(globalization of democracy)가 심화되고 있다.

그러나 민주주의의 지구화는 현실 속에서 끊임없는 지체와 후퇴를 거듭하고 있다. 민주주의의 지구화 흐름이 지역(region)과 개별 국가 차원에서 강력한 충격을 주었거나 변화의 모멘텀(momentum)을 제공했다고 볼 수는 없다. 민주주의를 거부하는 전통적인 어법은 여전히 강력한 힘을 발휘하고 있다. 즉 자국의 사회문화적 수준이 민주주의를 받아들이기에는 충분히 성숙하지 않았다는 주장이나 자국의 비민주적 레짐이 인민을 위한 진정한 민주주의라는 언설이 세계 곳곳에서 정당화되고 있다. 나아가 민주주의는 추구해야 할 목표임에 분명하지만, 당면한 사회적·경제적 위기를 타개하기 위해 민주주의를 다소 유보할 수 있다는 담론이나 약간의 정치적 개혁 및 자유화 조치를 취하면서 전체적인 민주화 과정을 지체시키는 정치적 전략도 세계 도처에서 나타나고 있다. 현 시기 국제사회에는 이처럼 보다 세련된 방식으로 민주주의를 거부하는 전략이 나타나고 있으며, 한편으로는 극단적 근본주의에 기초하여 민주주의 원리 자체에 대해 근원적으로 거부하는 세력이 강력한 영향을 미치는 경우도 나타나고 있다.

여전히 다수의 인류가 비민주적 체제의 지배하에 있다는 현실은 규범적 지평(normative horizon)에서 민주주의의 글로벌 스탠더드와 심각한 괴리를 보이고 있다. 세계의 어떤 정치 지도자도 규범적으로는 민주주의를 거부하지 않는다. 하지만 규범적 글로벌 스탠더드의 수용이 모든 정치 지도자가 민주주의를 실행(practice)하고 있다는 것을 의미하지는 않는다. 대개의 비민주적 레짐의 경우, 정치 지도자와 엘리트들, 전통적인 사회문화적 지배세력은 독재 및 권위주의적 체제와 특권을 포기하려 하지 않으며, 민주적 거버넌스를 발전시키고자 하는 의지를 결여하고 있다. 그러나 현재 국제사회는 민주주의를 거부하고 시민의 인권과 자유를 침해하고 있는 지배 체제에 대한 실질적인 개입과 해결의 기제를 가지고 있지 않다. 전 지구적 규범으로서 민주주의는 실천적 측면에서는 도덕적 호소와 원칙의 강조를 넘어서지 못하고 있다.

민주주의의 지구화가 겪고 있는 보다 큰 어려움은 민주화 과정의 복잡성과 포괄성에 기인한다. 즉 한 사회에서 민주주의가 정착되는 과정은 법과 제도, 정책의 이식만으로는 결코 성취될 수 없으며, 시민사회의 역량 강화, 민주적인 갈등해결 방식의 내재화와 민주주의 원칙에 대한 광범위한 합의 형성 등 총체적이고 포괄적인 변화 과정을 통해 가능하다. 설령 정치 지도자와 엘리트 집단이 민주화 과정에 시동을 걸었다고 하더라도 민주주의 공고화 과정은 신생 민주주의가 충분히 감당할 수 없을 정도로 많은 과제와 장애물로 이루어진 지난한 도정(道程)이다. 어찌 보면 신생 민주주의 사회에서 민주화 과정상의 끊임없는 지체와 후퇴는 불가피하다고 할 수 있을 것이다. 하지만 이와 같은 지체와 후퇴가 민주주의에 대한 시민의 자신감과 확신을 저해하거나 독재세력, 군부 등에 의한 민주화의 역전으로 연결될 수 있다는 점이 문제이다.

결국 민주주의의 규범적 기준과 현실의 실행 사이의 불일치는 민주주의를 위한 의식적인 개입을 요청한다. 민주주의의 전 지구적 확산이 논의와 이념 수준에 머물지 않고 비민주적 레짐의 민주화 이행 및 신생 민주주의의 공고화(consolidation), 위기에 처한 민주주의의 회복으로 현실화되기 위한 국제사회의 노력이 필요한 것이다. 의지와 역량이 결여된 상황에서 민주주의에 대한 의지와 역량, 그리고 확신을 형성하기 위해서는 외부적인 지지와 지원이 반드시 필요하다.

이러한 맥락에서 국제기구와 확립된 민주주의(established democracy) 국가들은 다른 국가의 민주화에 대한 지원과 민주주의 심화·발전을 위한 지원을 실행하고 있다. 일반적으로 외부 행위자에 의해 이루어지는 민주주의 촉진 프로젝트를 민주주의 지원(democracy assistance), 민주주의 증진(democracy promotion)이라고 지칭한다.[1] 민주

---

[1] democracy assistance, democracy aid, democracy promotion등의 다양한 용어가 사용되고 있지만 각 용어가 엄밀하게 구분되어 사용되지는 않고 있다. 즉 특정한 지원의 방식이나 유형을 지칭하기 위해 해외 민주주의에 대한 지원에 대한 분절적 용어를 확정하는 경우는 없다는 것이다. 동일한 필자에게서 assistance, aid, promotion이 혼재되어 사용되는 경우가 많다. 본서의 필자들은 assistance나 promotion과 같은 용어가 지원을 제공하는 측만을 부각시킨다고 평가하고 있다. 민주화와 민주주의 심화·발전 과정은 결국 해당 국가와 사회의 인민들이 주도하여 스스로의 민주주의를 성취하는 과정이다. 곧 민주주의의 지구화를 이루는 주체는 어디까지나 지원을 받는 국가의 인민이라는 것이다. 따라서 필자들은 지원을 제공하는 측이 지원을 받는 측과의 협력을 통해 민주주의 정착을 촉진해 나간다는 의미에서 '민주주의 국제협력(international cooperation for promoting democracy)'이라는 용어를 사용하는 것이 올바르다고 판단하고 있다. 물론 이하의 서술에서는 민주주의 지원, 민주주의 증진, 민주주의 국제협력과 같은 용어가 혼재되고 있지만, 필자들의 기본적인 문제의식이 민주주의를 위한 일방적인 지원과 개입보다는 건설적 협력 관계를 통한 민주주의의 동반 발전에 있다는 점을 재차 확인하는 바이다.

주의의 전 세계적 확산과 확립을 위한 다양한 행위자들의 활동은 전 지구적 규범으로서 민주주의를 현실화하기 위한 활동이다. 곧 민주주의가 글로벌 스탠더드로 자리를 잡았다면 민주주의 증진을 위한 지원 활동 또한 국제사회의 규범으로 인정되고 있는 것이다. 국제사회의 규범을 현실로 실현하려는 활동, 가령 빈곤 감소를 위한 국제 개발협력(international development cooperation), 분쟁 예방과 평화 정착을 위한 다양한 평화유지 활동(peace-keeping operation)은 그 활동 자체가 규범적인 성격을 지닌다. 즉 선진 국가들이 국제사회의 책임에 걸맞게 인권, 개발, 평화, 인간 안보 등의 이슈에 적극적인 노력을 기울이는 것이 하나의 규범적 행동으로 받아들여지고 있다는 것이다. 동일한 맥락에서 민주주의의 지구화를 촉진하기 위한 민주주의 국제협력 또한 국제사회가 민주주의를 확립한 국가에게 강력하게 요청하고 있는 규범적 활동이라고 할 수 있다.

민주주의의 지구화를 향한 역사적 전환

현재 민주주의 국제협력을 위해 전 세계의 국제기구, 지역기구, 민주주의를 확립한 국가의 기관들, 민간기구 및 NGO들이 수행하고 있는 활동은 애당초 현황 파악이 불가능할 정도로 다양하다. 전 세계적으로 수조원의 자금이 민주주의 증진 프로젝트에 소요되고 있으며, 셀 수 없이 많은 전문가와 활동가들이 민주주의 지원을 위해 활동을 벌이고 있다. 북미와 서유럽의 확립된 민주주의 국가들은 저마다 자신들의 민주주의 역사와 전통에 기반한 민주주의 국제협력 시스템을 구축하고, 국가적 외교정책의 핵심으로 국제 민주주의 증진을 중시하고 있다.

사실 정치적 이념의 전 세계적 확산과 발전을 위한 협력의 역사는 상당히 오래되었다. 거슬러 올라가면 역사적으로 각 문화권마다

독특한 통치 이념과 체제가 종교적 기반을 바탕으로 확산되어 가거나, 군사적 침략과 지배를 계기로 확산되는 경우는 무수히 많았다. 근대에 와서는 시민혁명의 이념 확산과 이에 대한 반작용으로 보수적 체제유지 세력의 동맹이 충돌하기도 하였으며, 제국주의 국가 간의 세력 규합 및 통치 이념 확산이 격렬한 충돌을 벌이기도 하였다. 정치적 이념과 체제를 위한 폭력적 개입 내지 국제적 상호 원조 혹은 양국 간의 협력은 특별히 새로운 현상이라고 볼 수 없는 셈이다.

여기서 민주주의를 위한 본격적인 국제협력의 양상은 근대 국가의 성립 시기이후 자유, 평등, 연대를 중심으로 하는 근대적 가치가 특정한 이데올로기의 형태로 조직되면서 나타나기 시작한다. 자유주의 이념에 근간하여 경제 원조를 중심으로 한 국제협력과 사회주의에 근간하여 노동자계급 연대를 추구한 국제협력의 양상은 이미 19세기부터 등장하기 시작하였다. 전후 공산주의 세계 전략에 기반을 둔 국제적 협력체제가 탄생하고 이에 대한 자유 진영의 대응으로서 자유민주주의 국제협력은 유럽에서 이루어진 미국의 민주주의 지원책으로 구체화되기 시작한다. 한편 공산주의 혹은 사회민주주의 국제협력에 대한 자유 진영의 대응은 자유민주주의 국제협력을 추동하였으며, 전후 유럽에서 이루어진 미국의 민주주의 지원 정책으로 구체화되었다. 이후 냉전시기 양진영에 의해 제3세계에 대한 경쟁적인 원조와 지원이 강력한 정치적 의도에 기반하여 실행되었다. 그러나 냉전시기 양진영이 주장하는 민주주의를 위한 활발한 협력 및 지원은 엄밀하게 말해서 민주주의 증진을 위한 협력이라기보다는 민주주의를 가장(假裝)한 냉전적 맥락의 외교전략이라고 할 수 있다. 양진영은 서로 대립되는 시스템을 각각 진정한 민주주의라고 주장하면서 오히려 제3세계의 독재와 권위주의, 심지어 대량 학살과 같은 인권 위기를 묵인하거나 조장했다. 칠레와 체코에서는 양진영이 앞장서서 민주주의의 실현을 방해하기까지 했으며, 세계 곳곳에서 독재체제가 무장할 수 있도록 군사적 지원을 아끼지 않았다. 따라서 80년대까지 양진영이 주장하는 민주주의 국제협력은 그 진정성에 대해 의심을 받을 수밖에 없었으며, 실제로 민주주의자들에 의해 강력한 비판을 받을 수밖에 없었다.

민주주의 국제협력의 역사적 전환은 90년대 냉전의 붕괴와 함께 시작되었다. 민주주의 국제협력에서 냉전의 정치적 맥락이 제거되면서 비민주적 레짐에 대한 국제적 개입과 민주주의 세력에 대한 지원이 정당성을 확보하게 된다. 이로 인해 보다 많은 행위자들이 민주주의 국제협력의 무대에 등장하게 되었으며, 민주주의 증진을 지원하기 위한 활동의 양적, 질적인 발전이 이루어졌다. 특히 국제기구, 독립적인 기관과 비정부기구의 적극적인 참여는 민주주의 국제협력이 특정 국가의 정치적 이해관계에서 벗어나 민주주의 심화·발전을 위한 진정성있는 활동으로 국제사회에 인식되는 계기가 되었다. 하지만 냉전의 해체가 갖는 의의는 민주주의 국제협력에 정당성을 부여하는 계기만으로 협소하게 규정지어질 수 없다. 냉전의 해체는 국제사회의 구성 원리 근간에 대한 강력한 변환을 추동하였으며, 그 결과 민주주의의 지구화가 시작되는 계기가 되었다.

냉전의 해체에 힘입은 국제관계의 근본적인 변화는 국제사회의 글로벌 스탠더드를 '주권(sovereignty)'에서 '인권(human right)'과 '인민주권(popular sovereignty)'으로 대체했다. 그간 주권 국가의 신성성(sanctity)은 모든 국제적 규범을 초월하는 최고의 원리로 받아들여지면서 때로는 독재와 권위주의, 인권 침해와 폭력을 정당화하는 수단으로 기능하였다. 그러나 국제관계의 변환은 주권 국가의 경계를 모호하게 하고 다양한 층위에서의 상호작용 및 상호연관을 심화시켰다. 또한 초국경적 행위자들의 활동이 증대되고, 국제적 결정과정이 주권 국가의 향방에 결정적인 영향을 미치게 되었다. 일련의 변화는 노벨평화상 수상 당시 유엔 사무총장 코피 아난(Kofi Annan)의 연설에서 명확하게 드러난다.

> 오늘날의 국경은 개별 국가 사이에 존재하지 않는다. 힘있는 자와 힘없는 자, 자유로운 자와 억압 받는 자, 특권을 가진 자와 소외된 자 사이에 국경이 존재한다.

주권의 신성성이 침식되면서 주권이라는 이름하에 희생되거나 소외되었던 인권(특히 소수자의 권리 문제)과 인간 안보, 나아가 자유와 민주주의의 문제가 강력하게 대두되었다. 국제법과 국제 규약이 무력한 형식에서 실질적인 국제적 규범으로 자리매김하면서 개별 국가의 근본적인 인권에 대한 보호 의무를 강제하는 국제적 인권 레짐이 형성되었다. 만일 개별 국가가 인권에 대한 자신의 의무에 충실하지 못할 경우, 국제사회는 이러한 상황에 적극적으로 개입할 수 있는 정당성을 확보하게 된다. 나아가 인권 위기상황에 국제사회가 개입하는 것은 전 지구적 규범을 실현하기 위한 의무적 행동이라는 의식이 정착되기에 이른다.[2] 곧 인권 증진을 위한 국제협력이 그 자체로 하나의 규범적 의무로 설정되고 있는 것이다. 비록 다양한 비판과 의심이 제기되고 있지만 인권의 보호와 증진

---

[2] 인권의 글로벌 스탠더드가 국제적 인권 레짐을 형성하고 있다는 사실은 이미 현실에서 충분히 목격되고 있는 바이므로 특별한 설명을 요하지 않는 주제이다. 국제사법재판소(International Court of Justice), 국제형사재판소(International Criminal Court)는 주권을 뛰어 넘는 보편적 국제 규범을 대변하고 있다. 뿐만 아니라 수많은 국제기구 및 지역기구, 국제적 인권 단체들은 개별 국가의 인권 규범 준수를 강제하고 있으며 독립적인 인권기관과 인권옹호 단체의 활동을 지원하고 있다. 인권 영역에서 선행된 개별 국가 및 사회에 대한 적극적인 개입과 지원은 전 지구적 규범의 실현을 위한 국제적 차원의 노력을 대표하고 있으며, 민주주의 국제협력의 단초를 제공하고 있다.

을 위한 외부적 개입 및 지원은 일정한 정당성을 확보해 왔다. 민주주의 국제협력은 인권 영역이 확보한 보루에 기반하여 양적·질적 발전을 이루어왔다고 할 수 있을 것이다. 특히 민주주의에 대한 권리(right to democracy)가 보편적 인권의 일환으로 인식되기 시작하면서, 냉전 해체 이후 90년대 민주주의 국제협력은 크게 활성화되었다. 인권 영역의 국제협력이 구축한 전 지구적 가치 규범에 따른 국제적 개입, 지원, 협력의 진지(陣地)가 민주주의의 글로벌 스탠더드를 추구하는 국제적 개입, 지원, 협력을 자극하고 발전시켜 온 것이다. 실제로 주권의 신성성을 내세워 민주주의 국제협력을 거부하는 행위는 적어도 공식적인 수준에서는 통용될 수 없는 행동으로 인식되고 있다. 심지어 독재와 권위주의 국가의 정치 지도자들도 민주주의의 글로벌 스탠더드에 대한 고려 때문에 형식적으로라도 선거 감시(election monitoring)나 인권 감시(human right monitoring)를 수용하고, 자국 내에서의 국제기구 및 민간기구의 활동을 보장하고 있다.

한편 민주주의 국제협력의 발전은 개발 이슈와 민주주의 이슈가 상호 융합적인 관계 설정을 하면서 촉진되었다. 즉 민주주의와 경제개발 사이의 관계에 대한 인식 전환이 민주주의 국제협력의 확산에 결정적인 계기가 되었다. 개발과 민주주의 간의 긍정적인 상관관계에 대한 인식이 확고하게 자리를 잡게 되면서 빈곤 퇴치와 지속적 경제발전을 위한 국제개발원조(international development assistance)의 핵심 이슈로 민주주의가 설정된다. 경제개발을 위해서도 반드시 민주주의가 필요하다는 주장이 지지를 얻으면서 민주주의 증진을 위한 국제협력 행위자들의 활동이 보다 넓은 활동 공간과 보다 풍부한 가용자원은 물론 활동에 대한 국내외적 지지를 확보하게 된 것이다.

민주주의와 개발 사이의 관계에 대한 인식 전환은 90년대 국제개발협력기구 및 국제금융기구들이 굿 거버넌스(Good governance)3)에 대해 강조하기 시작하면서 본격화된다. 수십 년에 걸쳐 천문학적 단위의 공적개발원조(Official Development Assistance)가 저개발국에 공여되었지만 빈곤의 문제는 더욱 심화되고 있는 현실에서 국제개발협력 진영은 문제의 원인을 거버넌스의 문제로 이해하기 시작했다. 즉 수원국(recipient country)의 비효율적인 행정체계와 사회 전반에 만연한 부패 문제, 법치의 부재에 기인한 불확실성 등으로 인해 개발원조가 효과를 거두지 못하고 있다는 진단이 이루어졌다. 즉 경제개발은 단순히 자원과 기술의 문제가 아니라 정치적 의사결정과 이해 조직의 구조, 즉 거버넌스에 기초하는 문제라는 것이다.

따라서 개발협력의 핵심 의제로서 굿 거버넌스가 제기된다. 굿 거버넌스 이슈는 독재나 권위주의와 같은 일방적 통치를 지양하고, 다양한 사회 구성원의 의사에 기반한 효율적인 결정이 도출될 수 있도록 국가 운영 시스템에 대한 개혁을 추구한다. 나아가 굿 거버넌스 이슈는 지대추구적, 약탈적 행위자들을 제어하고, 정치적 의사결정과 이해 조직 과정이 효율적인 사회 발전으로 연결될 수 있도록 일련의 개혁을 추구한다. 이 때 세계은행과 경제협력개발기구(OECD), 유엔개발계획(UNDP) 등을 중심으로 이루어진 굿 거버넌스 논의는 거버넌스의 책임성(accountability), 투명성(transparency), 참여

---

3) '굿 거버넌스(Good Governance)'는 한 사회 및 국가의 경영에 참여하는 다양한 행위자들, 즉 정부와 시민사회, 기업 등이 서로 협력하여, 투명하고 합리적이며 효율적인 운영을 추구하는 것을 통칭하는 용어로 사용되어 왔다. 즉 효율적인 의사결정의 과정과 효율적인 정책 형성을 이루기 위한 제반 행위자 간의 상호협력 및 소통 과정을 일방적인 지배 및 통치 행위와 구분하여 지칭하는 것이다. 그 동안 국내에서는 '훌륭한 협치(協治)' '선정(善政)' 등 다양한 용어로 번역이 되었으나 아직 분명히 합의-정리된 단어는 존재하지 않는다. 본 보고서에서는 'governance'를 용어 그대로 '거버넌스'로 사용하여, 'Good Governance'를 '굿 거버넌스'라는 말로 일관되게 대체할 것이다.

(participation), 대응성(responsiveness) 등의 민주주의 요소들을 포괄하고 있다.

굿 거버넌스 논의는 점차 민주적 거버넌스(democratic governance)에 대한 논의로 전환된다. 빈곤층과 같이 사회적으로 소외된 집단이 자신들의 요구를 의사결정과 자원 배분 과정에 반영하지 못하고 있는 상황에서 빈곤 문제의 핵심이 존재한다는 인식이 점차 정당성을 확보하게 된다. 즉 빈곤 문제를 절대적인 가용자원에 대한 경제적 문제가 아니라 자원의 배분 과정에 대한 정치적 문제로 인식하는 변화가 일어났다. 굿 거버넌스의 민주화를 통해 권위에 의한 배분 과정에서 소외된 집단의 권리를 옹호하는 것이 개발협력의 중심 의제로 등장한 것이다. 여기에 더해 굿 거버넌스 논의는 실제로 굿 거버넌스가 현존하는 정치적 지배세력을 설득하고 강제함으로써 구축될 수 있는 것이 아니라는 반성적 평가를 낳았다. 즉 시민 사회의 정치적 리더십을 강화하고 민주적 권리를 확장시켜 나가는 가운데, 거버넌스 개혁을 위한 추진력을 얻을 수 있다는 것이다. 결국 굿 거버넌스 논의는 사회의 절대 다수를 이루는 빈곤층과 취약 계층이 정치적 권리를 획득하고 의사결정 과정을 이끌어 갈 수 있는 민주적 거버넌스에 대한 강조로 전환되었다.

물론 개발과 민주주의 간의 관계에 대한 논쟁은 여전히 존재하지만, 대체로 국제개발협력에서 민주적 거버넌스는 전략적 핵심 의제으로 받아들여지고 있다. 국제기구와 선진 공여국의 개발협력기구에서 민주적 거버넌스를 구축하기 위한 지원은 개발협력 자금의 상당 비중을 차지하고 있다. 뿐만 아니라 민주적 거버넌스 이외의 개발협력 영역에서도 민주주의는 제반 활동의 근간으로 자리 잡고 있다. 민주주의 국제협력 행위자들은 개발협력 프로그램을 계기로 보다 용이하게 개도국에 개입하여 민주주의 증진을 위한 다양한 활동을 펼칠 수 있게 되었다. 무엇보다 막대한 규모의 개발협력 자금을 바탕으로 민주주의 국제협력은 양적 측면에서 폭발적인 성장을 이루게 되었다.

민주주의 국제협력의 전개

역사적 전환 이후 민주주의의 전 지구적 확산을 위한 논의와 대화, 공동 행동, 네트워크 조직 등이 활발하게 구성되었다. 민주주의의 전 지구적 확산을 위한 정부, 시민사회의 국제적 연대와 협력을 촉진하기 위한 노력은 다양한 차원에서 이루어졌다. 민주주의의 지구화를 위한 민주주의 국제협력의 새로운 논의의 장을 간단하게 정리하면 다음과 같다.

• ICNRD(International Conference for New or restored democracies)

ICNRD는 유엔 지원 하에 이루어진 최초의 민주주의 국제협력으로 유엔의 후원 하에 민주주의 국제협력의 이론적 · 현실적 기반을 마련함으로써 이후 유엔의 민주주의 국제협력 구상에 큰 영향을 미쳤다. 유엔총회는 1988년 12월에 유엔 후원의 ICNRD를 창립하기로 결의하고, 제1회 회의에 13개국이 참여한 후 2008년 현재 선진국에서 개발도상국에 이르는 100여개 국가가 참여하고 있다.[4] ICNRD는 신생 민주주의와 회복된 민주주의(New or restored democracies)가 국내외적으로 다양한 도전에 직면하였다고 판단하고, 사회 모든 구성원이 민주화 과정의 수혜자가 되며, 새로운 체제에 완전히 참여할 수 있도록 보장하기 위한 노력을 경주하는 한편 민주적 거버

---

4) ICNRD 총회는 1988년부터 2008년 현재까지 총 6회 개최되었다. 제1회 회의는 1988년 필리핀 마닐라에서, 제2회 회의는 1994년 니카라과 마나과에서, 제3회 회의는 루마니아 부쿠레슈티에서, 제4회 회의는 2000년 베냉의 코토누에서, 제5회 회의는 2003년 몽골의 울란바토르에서 제6회 회의는 2006년 카타르에서 개최되었다.

넌스와 개발 이슈에 관한 관점을 교환하기 위한 포럼을 개최하고 있다. ICNRD는 국제협력을 통해 개별 국가의 민주화를 달성할 수 있다는 개념에서 비롯된 것으로 1980년대 필리핀의 제안으로 시작되었다. 즉 국가 간 협력을 통해 민주화 과정에서 직면하게 되는 위험을 극복할 수 있다는 것이다. 이러한 생각은 이후에 개최된 회의에서도 지속되었고, UN은 1994년에 ICNRD 프로세스에 참여하였다. 당시 UN 사무총장이었던 부트로스 부트로스 갈리(Boutros Boutros-hali)는 ICNRD에서 UN이 할 수 있는 구체적 역할을 강조하였는데, 그는 UN이 ICNRD 프로세스 참여를 통해 다각적 차원에서 효율적으로 신생 민주주의가 당면한 문제를 해결하고, 민주화 문제와 전망을 기획하는 역할을 할 수 있을 것으로 보았다.

- **민주주의 공동체**(Community of Democracy)

민주주의 공동체(Community of Democracies, 이하 CD)는 민주주의를 위한 정부 간 기구로써 민주주의 규범과 경험을 전 세계에 확산시키기 위한 목적으로 2000년에 창설되었다. CD는 바르샤바에서 열린 초대 회의의 폐회식에서 바르샤바 선언(Warsaw Declaration)을 제창하고 민주주의의 핵심 원칙인 공정한 선거, 의사 표현의 자유, 교육에 대한 접근 기회의 균등화, 법치주의 존중, 집회의 자유 등을 지지하고 존중할 것에 합의하였다. 코피아난 유엔 사무총장은 폐회선언에서 CD는 글로벌 민주주의를 향한 긍정적인 행보라고 칭송하며 UN이 그 자체로써 민주주의 공동체가 될 때 비로소 인권보장과 자유 증진이라는 유엔헌장의 이상을 실현하는데 한 단계 더 나아갈 수 있을 것이라고 하였다.

2000년 6월 25일부터 27일까지 이틀 간 바르샤바에서 제1회 총회가 개최된 이후 2002년에는 서울에서 제2회 총회가 개최되어 '서울 행동 계획(Seoul Plan of Action)'이 채택되었고, 2005년에는 산티아고에서 제3회 총회가 개최되어 '산티아고 선언(Santiago Commitment)'이 공표되었으며, 2007년에는 말리공화국의 수도 바마코에서 '바마코 합의(Bamako Consensus)'가 발표되었다. 2009년 총회는 포르투갈에서 개최될 예정이다.

CD는 민주주의 정착을 위해 민주주의가 뿌리 내린 지역에서는 민주주의에 대한 지원을 강화하고, 민주주의가 위협받는 지역에서는 민주주의를 보호해야 한다는 국제적 합의 달성을 목적으로 한다. 이를 위하여 바르샤바 회의 참석자들은 민주주의 거버넌스 확대와 관련된 국제적 활동과 결의안을 지지하기 위해 연맹과 코커스(caucus)를 만들어 국제기구 및 지역기구의 민주주의 관련 이슈와 협력할 것을 합의하였다. 2004년에는 UN으로부터 민주주의 코커스(Democracy Caucus) 자격을 부여받았다. 회원국 현황을 살펴보면 2007년 현재 칠레, 인도, 폴란드, 체코, 미국, 말리, 멕시코, 포르투갈, 남아프리카, 대한민국, 필리핀, 몽골, 모로코, 엘살바도르, 이탈리아, 리투아니아, 케이프베르데(Cape Verde)의 17개국이 회원으로 가입되어 있다.[5]

* Campaign for UN Democracy Caucus

UN Democracy Caucus는 2000년 바르샤바에서 개최된 민주주의 공동체(Community of Democracy) 회의에 참석한 100여 국 정부 대표들이 민주적 거버넌스 확산을 위해 국제기구와 지역기구에 코커스(Caucus) 설치를 합의한 것이 그 모체이다. 이후 참가국들의 지속적 노력으로 2004년에 UN Democracy Caucus(UNDC)가 창설되었다. 이에 따라 UNDC의 회원은 제2회 CD 장관회의에 초청된 국가들로 구성되었으며, 이들은 일련의 회의를 개최하여 민주주의와 인권에

---

5) CD의 역사와 관련해서는 다음의 웹사이트 참조. http://en.wikipedia.org/wiki/Community_of_Democracies.

관한 4개의 결의안을 도출하였다. CD와 UNDC의 관계는 상호보완 적인데 CD는 바르샤바 선언에서 제안된 민주적 가치와 제도를 회원 국과 전 세계에 확산하는 것을 목적으로 하고, UNDC는 이러한 민주 적 가치를 유엔에서 증진하는 것을 목적으로 민주적 거버넌스 심화 와 인권과 민주적 행위 강화를 위한 유엔회원국의 노력을 통합·조 정하는 기능을 수행한다. UNDC는 UN총회와 UN 인권위원회가 개최되는 동안 정기적으로 열린다.

국제사회에서 민주주의 국제협력에 대한 활발한 논의가 이루어 지고 민주주의 증진을 위한 국제적 운동과 네트워크가 형성되면서 국제기구, 지역기구, 개별 국가의 민주주의 지원기관, NGO 등의 다양한 행위자들이 민주주의 국제협력에서 자신들의 역할을 확대 해 가고 있다. 대표적인 국제기구로서 유엔은 민주주의를 국제적 차원의 규범으로 격상시키는 데 결정적인 역할을 했다. 유엔은 종 래의 핵심 의제인 평화와 개발 의제에 인권 의제를 글로벌 스탠더 드로 격상시켰으며, 현재는 민주주의를 핵심 의제로 격상시키기 위해 노력하고 있다. 또한 선거 지원을 통한 민주화 지원 임무를 수행해 왔으며, 개발협력의 일환으로 민주주의 제도 구축을 위한 지원 활동을 수행해 왔다. 최근에는 유엔민주주의기금(UNDEF)을 창설하여 민주주의 지원 프로그램을 실행하고 있다. 또한 EU를 비롯한 지역기구들도 회원국에 민주주의를 지원하는 기구를 출범 시키고 다양한 프로그램을 실행하고 있다. 특히 회원국 내의 민주 주의 상황을 감시하고, 민주주의를 위협하는 심대한 변화에 대해 공동으로 대응하는 시스템을 구축하고 있다. 특히 EU의 경우에는 가입 조건을 통하여 동유럽과 남동부유럽 지역의 민주화 이행과 민주주의 공고화에 기여해 왔다. 여기에 더해 선진 민주주의 국가 들의 개발협력기구와 민주주의 지원기관들은 전 지구적 민주주의 확산 노력에서 중요한 역할을 수행하고 있다. 북미와 유럽의 개발 협력기구들은 공적개발원조(ODA)의 상당액을 민주적 거버넌스 프로그램 추진을 위해 활용하고 있다. 각 국의 민주주의 전통에 기반한 다양한 민주주의 기관 및 재단들은 각각의 특색을 잘 나타내는 민주주의 지원 프로그램을 갖추고 적극적인 활동을 펼치고 있다. 이들 민주주의 기관 및 재단들은 정당과 시민사회, 지역 공동체의 민주주의 역량을 강화하여 수원국의 자체적인 민주주의 동력이 형성될 수 있도록 다양한 지원 활동을 펼치고 있다. 또한 인도주의적 지원 및 구호를 실행하는 재단들의 경우에도 시민교육과 시민사회 강화와 같은 프로그램을 운영하고 있다. 전 세계 수많은 NGO들에 의해 실행되고 있는 민주주의 국제협력 활동은 이루 언급할 수 없을 정도로 다양하다. 이와 같은 행위자의 다양성과 활동의 다양성은 민주주의 국제협력이 현재 국제사회의 규범적 의무로 인식되고 있다는 사실을 확인시켜 주고 있다.

전 지구적 민주주의를 향하여

규범적 글로벌 스탠더드는 반드시 그 실행을 보증하지는 않는다. 하지만 전후 자결주의에 대한 글로벌 스탠더드가 결국은 식민지 독립이라는 결과를 가져왔듯이 규범의 설정은 그 자체로 혁신적인 변화를 준비하는 것과 다름이 없다. 현 시기 국제사회의 민주주의에 대한 글로벌 스탠더드는 인민에게 권력을 되돌려주는 변화의 대장정에 시종을 울렸다. 규범을 현실로 만드는 길에서 수많은 행위자들이 민주주의 국제협력을 추진하며 민주주의의 지구화를 이끌어 가고 있다.

그러나 민주주의 국제협력은 90년대의 폭발적인 발전 이후, 급격한 위축을 경험해야 했다. 미국의 대테러 전쟁이 민주주의의 이름

으로 이루어지면서, 국제사회에서 이라크 전쟁과 민주주의 지원이
동일시되는 결과를 낳았다. 따라서 민주주의 국제협력은 이라크
전쟁과 함께 정당성을 결여한 행위로 취급 받기에 이르렀다. 독재
와 권위주의 체제는 이라크 전쟁을 근거로 외부의 민주주의 지원
을 거부하는 행위를 정당화하기 시작했다. 민주주의 국제협력은
패권 국가의 정치경제적 이익과 밀접하게 결부된 신제국주의적,
일방주의적 정책이라는 인식이 민주주의의 거부자들은 물론 민주
주의의 옹호자들 사이에서도 광범위하게 확산되어 갔다. 결국 전
지구적 민주주의 확산을 위한 노력은 중대한 기로에 서게 되었다.[6]

　　그러나 민주주의 국제협력은 수많은 국제기구, 지역기구, 확립된
민주주의 국가의 독립적 기관 및 재단은 물론 비정부 기구들의
헌신적인 노력을 통해 이루어지고 있다. 민주주의 국제협력은 반드
시 군사적인 개입이나 일방주의적 체제 이식 및 정권교체를 의미하
는 것은 아니다. 다양한 행위자만큼이나 다양한 민주주의 이념과
사상이 존재하며, 시민사회와 지역 공동체 수준에서 끈질기게 민주
적 리더십과 민주주의 문화를 정착시키고자 하는 노력이 이루어지
고 있다. 즉 미국의 일방주의적 민주주의 외교의 이미지가 전 세계
에 걸쳐 이루어지고 있는 민주주의 국제협력의 존재 의의 자체를
훼손하게 하는 것은 정당하지 못한 일이다. 또한 현재 민주주의

---

6) 민주주의 지원 혹은 민주주의 증진 정책에 대한 비민주적 체제로부터의
강한 비판은 상당히 설득력 있는 근거를 가지고 있다. 실제로 미국이
민주주의를 내세우면서 전쟁을 수행하는 동시에, 정치경제적 이유로 파
키스탄, 이집트, 사우디아라비아, 요르단 등과 긴밀한 관계를 형성한 것
은 분명 이율배반적인 행동이다. 동시에 이라크, 아프가니스탄, 관타나모
등지에서 이루어진 수용자와 민간인에 대한 광범위한 인권 침해 및 폭력
은 미국의 민주주의 의제의 정당성을 크게 침식했다. 결과적으로 민주주
의 국제협력은 이러한 이율배반적인 행위들로 인해 정당성에 큰 상처를
입었을 뿐만 아니라 민주주의 지원에 대한 수원국의 신뢰마저도 훼손되
고야 말았다.

국제협력이 당면한 어려움이 전 지구적 규범으로서 민주주의의 정당성을 훼손할 수는 없기 때문에 글로벌 스탠더드를 확장해 나가기 위한 민주주의 국제협력의 근본적 의의 또한 축소될 없는 것이다. 전 지구적 민주주의를 향한 대장정은 계속되어야 하며, 일련의 문제점과 난관들을 해결해 나가기 위한 국제협력이 더욱 긴밀하게 이루어져야 할 것이다.

한편으로 미국의 대테러 전쟁은 민주주의 국제협력에 귀중한 교훈을 안겨 주었다. 전쟁 이후 아프가니스탄과 이라크에서 이루어진 민주주의 증진 프로젝트는 심각한 도전에 직면했다. 지난 수십 년간 축적된 민주주의 지원, 민주주의 증진 프로젝트의 지식과 경험에도 불구하고 한 사회에 민주주의를 정착하고자 하는 프로그램이 성공하는 것은 여전히 어려운 일이라는 사실이 확인되었다. 물론 민주주의 국제협력이 괄목할만한 민주주의 발전을 이루어낸 사례도 상당히 많이 있으나, 국제사회가 주목해야할 부분은 민주주의 국제협력의 실패를 줄이고 보다 많은 국가와 사회에서 민주주의 정착이 가능하도록 스스로를 개혁해 나가는 일일 것이다.

외부에 의한 민주주의 지원과 증진 프로젝트의 성공과 실패는 결국 지원을 제공받는 국가와 사회에 얼마나 적합한 프로그램이 실행되었는가의 여부에 따라 결정된다. 해당 국가와 사회의 상황에 대한 정확한 이해가 필수적이며, 필요한 프로그램의 방식 및 유형, 가용자원의 동원 등 모든 요소가 해당 사회와 국가에 적합한 것이어야 한다. 민주주의 국제협력의 역사를 통해 효과적인 '맞춤형 지원(customized assistance)'을 위한 수많은 연구와 조사가 이루어져 왔다. 하지만 이러한 연구와 조사는 일정 수준에서 종료될 수 있는 것이 아니며, 끊임없이 상황 변화를 주시하고 새로운 발견을 위한 노력을 지속해야 할 주제이다.

종합하면, 최근 민주주의 국제협력이 당면한 어려움은 민주주의의 지구화를 위한 민주주의 국제협력이 지속적인 자기 개혁과 발전을 추구해야 한다는 사실을 확인시켜 주고 있다. 본 연구서는 이러한 맥락에서 이루어진 기초적 연구·조사의 성과물이다. 전 지구적 민주주의를 향한 대장정에 본 연구서의 미력한 성과가 도움이 되기를 기대한다.

Ⅰ. 민주주의의 지구화, 한국의 의식지도
- 국내 수요조사의 의의와 목적

〈민주주의의 지구화와 한국의 현실 진단〉은 '민주주의 국제협력 국내 수요조사(이하 국내 수요조사)'에 대한 조사분석 보고서이다. 국내 수요조사는 현 시기 국제사회의 중요한 흐름인 민주주의의 지구화 상황에서 한국의 국제협력 담당자들이 가지고 있는 의식의 지형을 확인하기 위해 추진되었다.

민주주의 국제협력 국내 수요조사는 민주화운동기념사업회가 실시한 민주주의 국제협력 수요조사의 일환으로 이루어졌다. 민주주의 국제협력 수요조사는 향후 한국이 민주주의 증진을 위한 국제사회의 노력에 동참하여 중요한 역할을 수행하기 위한 준비 작업으로서 의의를 지닌다. 한국 민주주의의 경험과 성과를 바탕으로 해외 민주주의의 심화와 발전에 기여하기 위해서는 민주주의 국제협력의 구체적인 전략과 방향성을 설정할 필요가 있다. 바로 이러한 전략과 방향성을 설정하기 위한 기초적인 정보와 근거들을 수집하는 것에서 본 수요조사의 의의가 있다고 할 수 있다.

민주주의 국제협력 수요조사는 세 가지 수요조사로 구성되었다. 수요조사의 대상에 따라 글로벌 수요조사, 국내 수요조사, 아시아 수요조사가 각각 진행되었다. 각 수요조사는 민주주의 국제협력에 대한 응답자들의 인식과 평가 및 전망을 확인한다는 데에서는 동일한 목적을 가지고 있다. 하지만 조사 대상이 상이하기 때문에 응답 결과를 통해 확인하고자 하는 중점 내용에서는 다소 차이가 있다.

첫째, 글로벌 수요조사에서는 민주주의 국제협력의 현황이 무엇인지 파악하는 데 중점을 두었다. 즉 민주주의 증진을 위한 지원·협력이 이루어지는 전반적인 양상을 확인하는 것을 목적으로 조사가 이루어졌다고 할 수 있다. 글로벌 수요조사는 전 세계에 걸쳐 정부 및 공공기관 종사자와 시민사회 활동가 및 민주주의 관련 기관의 담당자들이 가지고 있는 민주주의 국제협력에 대한 의식을 파악하는 데 중점을 두고 진행되었다. 특히 공여국(donor country)과 수원국(recipient country) 간 응답의 차이에 주목하여 민주주의 증진을 위한 지원·협력을 제공하는 측과 지원·협력을 제공받는 측의 의식 차이를 확인하고자 했다. 또한 민주주의 국제협력에 대한 응답자들의 의식에서 지역(region)에 따른 차이가 어떻게 나타나는지 확인하고자 했다.

둘째, 국내 수요조사에서는 한국의 국제교류협력 담당자들이 가지고 있는 민주주의 국제협력에 대한 의식을 확인하는 데 중점을 두었다. 특히 국내 수요조사에서는 일반적인 국제교류협력과 민주주의 증진을 위한 교류 협력에 대한 응답자들의 의식을 비교 분석함으로써 민주주의 국제협력이 한국에서 어떻게 받아들여지고 있는지 확인하고자 했다.

셋째, 아시아 수요조사에서는 아시아 10개국에서 민주주의 국제협력에 대한 의식이 어떻게 나타나는지 확인하는 데 중점을 두었다. 즉 민주주의 국제협력의 수원국이라고 할 수 있는 아시아 10개국의 민주주의 국제협력에 대한 의식의 지형도를 확인하는 것이 아시아 수요조사의 목적이라고 할 수 있다. 아시아 수요조사는 민주주의 국제협력에 대한 아시아 전체의 의식 지형을 확인하는 동시에 각 국가별로 나타나는 응답자들의 구체적인 의식 양상을 확인하는 데 초점을 두고 진행되었다.

이 때 국내 수요조사가 갖는 구체적 의의는 세 가지 정도로 요약해 볼 수 있다.

첫째, 국내 수요조사는 향후 민주주의 국제협력을 추진해 나가는 데 있어서 현재 한국이 발 딛고 있는 기반의 상태가 어떤지 파악하는 조사로서 의의를 지닌다. 민주주의 증진을 위한 국제협력 또한 일종의 국제교류협력이라고 할 수 있다. 즉 현재 한국에서 실행되고 있는 다양한 국제교류협력의 양상은 향후 민주주의 국제협력이 추진되는 데 기반이 된다고 할 수 있을 것이다. 종래의 국제교류협력의 양상 속에서 더욱 발전시켜야 할 부분과 개혁해 나가야 할 부분을 확인함으로써 민주주의 국제협력을 보다 효과적으로 추진해 나갈 수 있는 방안을 모색할 수 있을 것이다. 가령 다양한 국제교류협력의 경험 속에서 효과적인 협력 방식과 유형, 프로그램은 곧 민주주의 국제협력을 추진하는 데에도 적용될 수 있는 것이다. 이러한 맥락에서 국내 수요조사의 주요 목적은 현재 한국의 국제교류협력의 현황을 명확히 파악함으로써 민주주의 국제협력의 추진에 중요한 정보와 근거를 확보하는 데 있다고 하겠다.

둘째, 민주주의 국제협력에 대한 국제교류협력 전문가들의 제언을 확인하는 데 국내 수요조사의 의의가 있다. 한국에서 민주주의와 관련된 국제협력은 아직 첫 걸음도 떼지 못한 상황이지만 다른 영역에서의 국제교류협력의 경우에는 다양한 기관 및 단체와 개인에 의한 활발한 활동이 이루어져 왔다. 국제교류협력 담당자들이 생각하고 있는 민주주의 국제협력의 전망과 방향성은 국제교류협력의 현실 경험에 근거한 판단으로서 향후 민주주의 국제협력을 추진하는데 있어서 귀중한 제언이라고 할 수 있다.

셋째, 민주주의 국제협력에 대한 국내의 인식과 지지를 이끌어

내는 데 필요한 다양한 요소들을 확인하는 데 국내 수요조사의 의의가 있다. 민주주의 국제협력은 일종의 해외 지원 사업으로서 국민의 지지와 공감을 필수적으로 요한다. 민주주의 심화, 발전을 위한 지원·협력의 필요성과 의의가 사회적인 동의를 얻지 못한다면 민주주의 국제협력이 장기적이고 안정적인 기반 하에서 진행될 수 없다. 이 때 민주주의 국제협력에 대한 국제교류협력 담당자들의 인식과 평가는 민주주의 국제협력에 대한 사회적 지지를 확보하는 데 필요한 의식 변화의 지점을 보여줄 수 있다. 또한 민주주의 국제협력에 대한 국제교류협력 담당자들의 기대와 전망은 사회적 지지와 동의를 얻을 수 있는 민주주의 국제협력의 방식을 확인하는 데 도움을 줄 수 있을 것이다.

Ⅱ. 의식지도의 조각 찾기
- 국내 수요조사의 진행

민주주의 국제협력 수요조사의 측정문항개발은 크게 네 단계의 절차를 거쳐 이루어졌다. 1단계에서는 국제교류 관련 국내외 선행조사를 검토하고 국내외 전문가들의 면담결과를 토대로 여러 차례에 걸친 전문가 자문회의와 전략기획회의를 통해 기본적인 조사모형을 구상하였다. 2단계에서는 국내외 국제교류 기존 설문조사문항을 검토하고 글로벌 수요조사, 국내 수요조사, 아시아 수요조사의 설문문항을 개발하였다. 3단계에서는 설문지의 규모, 자기기입식 가능성 여부, 내용의 타당성 등을 고려하여 우선순위를 정하고 문항을 개발하였다. 마지막 단계에서는 개발 측정문항을 전략기획회의를 거쳐 설문실시 문항으로 최종 선택하였으며 분석 의도에 따라 문항을 재배열하였다.

이 과정에서 국제기구와 해외 민주주의 지원기관의 조사 연구결과를 확인하고 한국의 민주주의 국제협력 개념에 적합한 모형을 개발하고자 했다. 또한 민주주의 국제협력 전문가는 물론 다양한 관련 연구자와의 협의가 진행되었다. 다양한 국제교류협력 분야에서 경험을 가지고 있는 국내외 연구자와 활동가들과의 개별 면담과 포커스 그룹 인터뷰를 통해 국내의 국제교류협력 담당자들의 의식을 효과적으로 조사할 수 있는 방안을 전략적으로 모색하였다.

설문조사는 세 가지 방식으로 진행되었다. 첫째로 직접 방문 설문조사를 진행하였다. 국내 수요조사의 책임자가 주요 국제교류협력기관과 단체에 방문하여 국제교류협력 실무 담당자들에 대한 설문조사를 실시하였다. 이 경우 국제교류협력 담당자와의 인터뷰를 진행하여 민주주의 국제협력에 대한 인식과 평가에 대해 보다 자세한 조사를 진행하였다. 인터뷰 과정에서 나타난 주요 시사점은 〈Ⅲ. 민주주의 국제협력 세계 지도 속의 한국 – 수요조사의 분석 결과〉 부분의 소결에서 상술하도록 할 것이다. 두 번째 주요 행사에 참여하여 설문조사를 진행하였다. 한국동남아학회 춘계 학술대회(2008.4.4), 중앙일보 주최 시민사회 포럼(2008.5.24), 2008 광주 국제 평화 포럼(2008.5.16) 등의 행사에 국내 수요조사 책임자가 참가하여 행사 참여자 중 국제교류협력 담당자를 대상으로 설문조사를 진행했다. 세 번째로 주요 기관과 단체에 설문지를 발송하여 국제교류협력 담당자로부터 설문조사에 응하도록 요청하였다.

설문조사는 2008년 4월 4일부터 6월 17일까지 총 2개월 이상의 시간이 소요되었다. 어려운 사정 속에서도 설문조사에 참여한 국제교류협력 담당자들이 속한 기관과 단체는 다음과 같다.

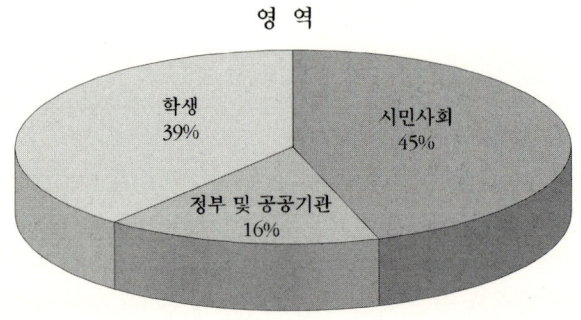

영 역

시민사회 45%

학생 39%

정부 및 공공기관 16%

Copion, KDI, KOICA, UNESCO, 경기도 자원봉사센터, 경성대학교, 고려대학교, 공감, 장애인 차별금지 실천연대, 국제 화학에너지 광산일반 노동조합연맹, 참여연대, YMCA, 경실련, 아름다운재단, 국가인권위원회, 동북아평화연대, 민주노동당, 민화협, 서울대학교, 시흥시 종합 자원봉사센터, 아리, 연세대학교, 열린새시민조합, 이화여대, 인하대학교, 자유주의연대, 전국재해구호협회, 제주 4.3 연구소, 주거복지연대, 중앙일보 시민사회연구소, 평화네트워크, 포스코 청암재단, 한겨레통일문화재단, 한국복지연구원, 한국여성개발원, 한국매니페스토 실천본부, 한국여성재단, 한국외국어대학교, 한국외국어대학교, 한국지방자치단체, 한국노총, 민주노총, 행정안전부, 환경재단, 환경운동연합, 흥사단, 희망제작소

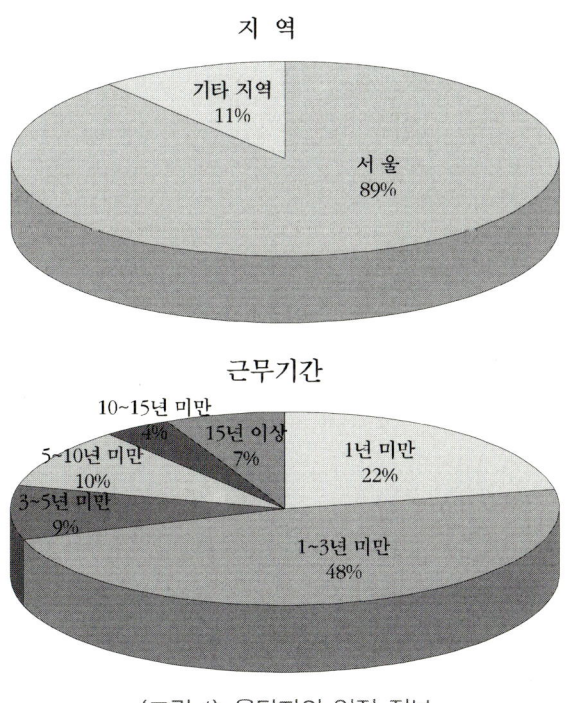

〈그림 1〉 응답자의 인적 정보

국내 수요조사는 이상의 과정을 거쳐 수합된 설문지를 토대로 국내의 국제교류협력 담당자들이 가지고 있는 국제교류협력과 민주주의 국제협력에 대한 인식, 평가, 전망에 대해 확인하였다. 설문에 응한 국제교류협력 담당자들의 기본 사항에 대한 정보는 다음과 같다. 이 때 기본 인적 정보에 대해 무응답을 한 경우에는 각 결과 분석에서 제외하였다.

설문에 응한 국내의 국제교류협력 담당자들 중 45.4%는 시민사회 영역, 15.8%는 정부 및 공공기관, 38.8%는 학생으로 분포되어 있는 것으로 나타났다. 특히 설문에 참여한 학생들은 국제교류협력 분야에서 연구를 시작한 학생들로서 대부분 국제교류협력의 경험을 가진 학생들로 구성되었다. 이들을 설문조사에 참여하도록 한 것은 미래의 국제교류협력의 주역이 될 학생들의 의식을 확인함으로써 향후 한국의 국제교류협력의 전망을 확인하기 위해서이다. 또한 응답자의 대부분에 해당하는 89.2%가 서울 지역에 기반을 두고 활동하는 단체에 소속되어 있으며 10.8%만이 지방 소재의 기관 및 단체에 활동하고 있는 것으로 나타나고 있다. 또한 국제교류협력 분야 근무 기간이 1년 미만인 경우는 22.1%, 1년에서 3년 사이인 경우는 48.9%, 3년에서 5년 사이인 경우는 8.5%, 5년에서 10년 사이인 경우는 10.1%, 10년에서 15년 사이인 경우는 3.8%, 15년 이상인 경우는 6.6%로 분포되고 있다. 교류 협력 담당자들이 속해 있는 기관 및 단체의 영역, 지역, 교류 협력 담당자들의 근무 기간은 다소 간의 편중을 보이고 있다. 즉 모집단이 특성별로 고르게 분포되어 있지 못한 것은 본 조사 연구의 일정한 한계라 할 수 있을 것이다. 이와 같은 한계를 극복하기 위해 응답자가 속한 기관 및 단체의 영역, 단체 활동 유형 및 사회 인구학적 특성에 따른 교차 분석을 통해 응답 간의 상대적인 비중을 중점적으로 비교하는 분석을 진행하였음을 밝히는 바이다.

　본 조사 연구에서는 국제교류 실태를 분석하기 위해서 기술통계와 평균차이검증(t검증과 ANOVA), 그리고 교차분석(이차원분할표와 다차원 분할표)을 실시하였다. 기술통계에서는 본 연구에서 사용된 국제교류 실태변인들의 수준을 탐색하기 위하여 기술적으로 분석하였다. 평균차이검증에서는 국제교류 실태의 각 영역에 대해 국제교류 실무담당자들이 속한 단체활동유형, 사회 인구학적 특성에 따라 국제교류의 정도와 그 차이가 있는지를 t검증과 분산분석(ANOVA)을 사용하여 분석하였다. 교차분석에서는 국제교류 실태에 대해 국제교류 실무담당자들이 속한 단체활동유형, 사회 인구학적 특성에 따라 국제교류 실태의 수준과 관계양상을 분석하였다. 이상의 분석방법에 사용된 프로그램은 SPSS 12.0 version이다.

Ⅲ. 민주주의 국제협력 세계 지도 속의 한국
- 국내 수요조사결과 분석

1. 조각과 전체 - 국내 수요조사분석의 개요

국내 수요조사의 결과 분석은 크게 두 부분으로 구성된다. 우선 첫 번째 부분에서는 국제협력에 일반에 대한 교류 협력 담당자들의 의식과 전망을 확인하였다. 이를 통해 한국의 국제협력이 어떤 영역과 지역, 방식 등에 집중되어 있는지를 확인하고자 했다. 또한 국제협력 전반에 대한 교류 협력 담당자들의 평가를 확인하고자 했다. 두 번째 부분에서는 민주주의 국제협력에 대한 교류 협력 담당자들의 인식과 평가를 확인하고자 했다. 비록 한국의 민주주의 국제협력은 매우 초보적인 단계이지만 민주주의와 관련된 국제협력을 진행한 교류 협력 담당자들이 자신들의 경험에 기반을 두어 어떤 평가를 내리고 있으며 향후 전망을 어떻게 설정하고 있는지 파악하고자 했다. 본 조사는 이상의 설문을 통해 한국에서 민주주의 국제협력이 어떻게 받아들여지고 있으며, 향후 전망이 어떻게 인식되고 있는지 확인하고자 했다.

국내 수요조사결과에 대한 분석의 개략은 다음과 같이 재구조화될 수 있다.

Ⅰ. 국제교류협력 일반
  ▢ 국제교류협력의 필요성과 실행 동기
    국제교류협력에 대한 필요성인식
    국제교류협력에서 가장 큰 기대 효과
  ▢ 국제교류협력 경험에 기반을 둔 평가
    교류 협력 지역
    가장 효과적인 국제협력 프로그램
    국제협력 프로그램에 대한 만족도 수준
    국제교류협력 프로그램을 실행하면서 가장 어려운 점
    국제교류협력 프로그램을 실행하면서 가장 부족한 점
  ▢ 한국의 국제교류협력에 대한 평가
    한국의 국제교류 노력에 대한 전반적 평가
    국제협력의 성과가 높은 분야
  ▢ 한국의 국제교류협력에 대한 전망
    확대되어야 할 국제협력분야
    국제협력이 필요한 지역

Ⅱ. 민주주의 국제협력
  ▢ 한국 민주주의에 대한 인식과 평가
    한국 민주주의 수준
    민주주의를 저해하는 사회문화적 요인의 심각성
    한국 민주주의 증진을 위한 개혁 과제의 시급성
  ▢ 민주주의 국제협력에 대한 인식
    국내 민주주의 증진에 대한 민주주의 국제협력의 기여
  ▢ 민주주의 국제협력 경험에 기반을 둔 평가
    민주주의 국제협력의 기대 효과
    민주주의 국제협력을 통한 긍정적 효과
    민주주의 국제협력 진행상의 어려움
  ▢ 아시아 민주주의 국제협력에서 한국의 기여와 전망
    향후 아시아 민주주의 국제협력에서 가장 효과적인 프로그램
    민주화운동기념사업회가 반드시 추진해야 할 프로그램
    민주화운동기념사업회가 추진해야 할 프로그램의 필요성 정도

이 때 교류 협력 담당자들을 정부 및 공공기관, 시민사회, 학생과 같이 국제협력을 추진하고 있는 영역을 나누어서 이들 사이에 나타나는 차이를 함께 관찰하였다. 교류 협력 담당자들이 속해 있는 활동 영역별로 접근함으로써 각각의 영역에서 민주주의 국제협력에 대한 인식과 평가, 전망이 어떻게 분화되는지 확인하고자 했다. 물론 각 설문에 대한 응답을 활동 영역별로 분류하여 접근하는 것뿐만 아니라 국제교류협력의 경험 및 교류 협력 중점 지역 등의 다양한 변인을 활용하여 분석이 이루어졌다. 분석 결과의 부록으로 보다 다양한 변인에 기반을 둔 분석 결과 또한 상세히 첨부하였다. 단, 분석 결과 부분에서는 주로 시민사회, 정부 및 공공 영역, 학생과 같은 영역별 분류를 중심으로 하여 분석 결과를 정리하여 응답자의 특성에 따른 의식 차이를 드러내고자 하였다.

2. 조각 맞추기 - 결과 분석

2.1. 국세교류협력 일반

한국은 비록 민주주의 국제협력의 분야에서는 아직 첫걸음도 떼지 못한 상태에 있지만 경제, 사회, 문화 영역에서 활발하게 국제협력을 추진해 온 경험을 가지고 있다. 한국이 국제협력의 무대에 나서게 된 것은 비교적 최근의 일임에도 불구하고 다양한 영역에서 국제협력의 성과들을 축적해 나가고 있다. 본 조사결과 분석은 다양한 영역의 국제협력 담당자들이 자신들의 업무 영역에서의 경험을 바탕으로 형성하고 있는 국제협력에 대한 인식과 평가를 확인하고 있다. 또한 본 조사결과 분석은 응답자들의 인식과 평가를 기반으로 향후 한국의 국제협력이 나아가야 할 방향성에 대한 교류협력 담당자들의 전망을 확인하고 있다. 국제교류협력 일반에 대한 교류 협력 담당자의 인식, 평가, 전망 등을 추적하는 것은 앞으로 한국이 민주주의 국제협력에 적극적인 역할을 하기 위해 필요한 전략 수립 과정에 반드시 참고해야 할 자료로서 의의를 지닌다.

2.1.1. 국제교류협력의 필요성과 실행 동기

국제협력의 필요성과 관련하여 대다수의 교류 협력 담당자들은 국제교류협력이 필요하다는 데 대해 공감하고 있다. 전체 설문 참여자의 54.0%가 국제협력이 '매우 필요'하다는 입장을 표명했으며 40.5%가 국제협력이 '필요'하다는 입장을 표명했다. 즉 전체의 94.5%에 이르는 교류 협력 담당자가 국제협력의 필요성을 인정하고 있는 셈이다. 현재 다양한 분야에서 어떤 방식으로든 국제협력이 필요하다는 인식이 광범위하게 확산되어 있다는 점은 분명하다고 할 수 있을 것이다.

국제 교류 협력에 대한 필요성 인식

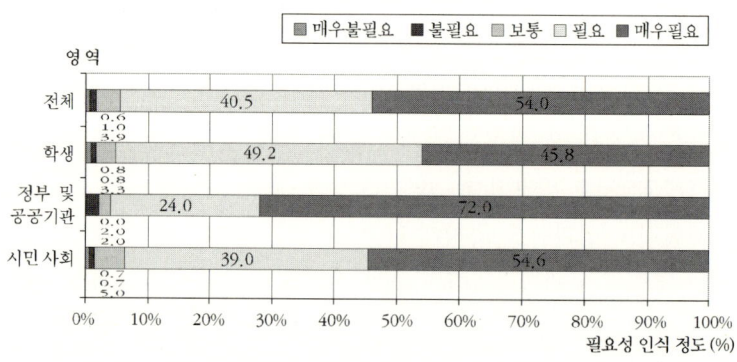

〈그림 2〉 국제교류협력에 대한 필요성 인식의 영역별 응답 결과

여기서 특히 정부 및 공공기관의 국제협력 담당자들에게서 국제협력이 '매우 필요'하다는 입장이 현저하게 높게 나왔다는 점에 주목할 필요가 있다. 이는 정부와 공공기관의 차원에서 국제협력의 강화가 중요한 과제로 인식되고 있다는 사실을 잘 보여주는 결과라고 할 수 있다. 물론 실제로 국제협력의 양상이나 질적 측면이 다양하게 나타날 수 있겠으나 일단 정부와 공공기관 등에서 국제협력의 증진을 중시하고 있다는 점은 긍정적으로 평가할만한 가치가 있다. 즉 향후 국제교류협력을 강화해 나가는 과정에서 정부 및 공공기관 영역에서 보다 활발한 활동이 이루어질 수 있는 의식적 기반이 조성되어 있다는 것이다.

국제 교류 협력의 기대효과

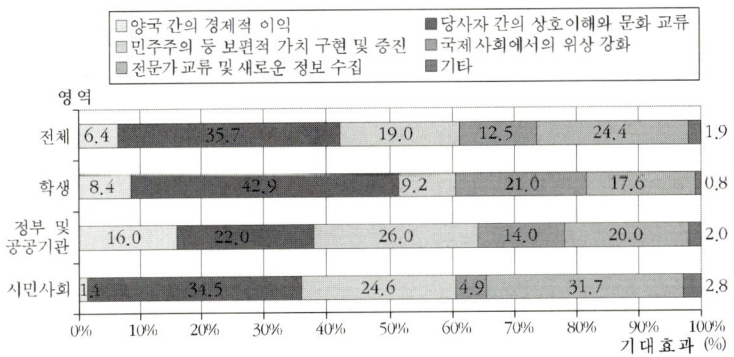

〈그림 3〉 국제교류협력에서 가장 큰 기대 효과에 대한 영역별 응답 결과

　한편 교류 협력 담당자들은 국제협력을 통해 '상호 이해와 문화 교류' 및 '전문가 교류, 정보 수집'을 기대하고 있는 것으로 나타났다. 국제협력의 주된 동기가 다양한 문화 간의 이해 증진에 초점을 맞추고 있으며 한편으로는 정보와 지식의 공유에 중점을 두고 있다

는 사실을 확인할 수 있다. 이러한 경향은 특히 시민사회 영역에서 두드러지게 나타나고 있다. 시민사회에 속한 교류 협력 담당자의 34.5%가 상호 이해와 문화 교류를 국제협력의 기대 효과로 꼽고 있으며 그 뒤를 이어 31.7%가 전문가 교류 및 정보 수집을 기대 효과로 꼽고 있다. 한편 학생의 경우 응답자의 42.9%가 상호 이해와 문화 교류를 국제협력의 기대 효과로 선택했으며 응답자의 21.0%가 국제사회에서의 위상 강화를 기대 효과로 선정했다.

정부 및 공공기관의 교류 협력 담당자들 중 26.0%는 국제협력의 기대 효과로 보편적 가치의 구현을 선택했다. 또한 22.0%가 상호 이해와 문화 교류, 20.0%가 전문가 교류 및 정보 수집을 국제협력의 기대 효과로 선택했다. 또한 시민사회의 경우에도 24.6%가 보편적 가치 실현을 국제협력의 기대 효과로 설정하고 있다.

요약하면 국제협력을 통해 상호 간의 이해 증진과 교류는 물론 정보의 공유 등이 국제교류협력의 기대 효과로서 중시되고 있는 가운데 인도주의, 인권, 민주주의 등의 보편적 가치 실현을 중시하는 입장도 비중 있게 제시되고 있는 것이다. 특히 정부 및 공공기관 영역에서 보편적 가치의 실현을 국제교류협력의 기대 효과로 인식하고 있는 응답자의 비중이 상대적으로 높게 나타나고 있다. 이와 같은 결과는 정부 및 공공기관 영역에 인도주의적 단체에 소속된 응답자의 비중이 높기 때문에 나타난 결과이다. 하지만 학생들의 경우에는 보편적 가치의 실현을 국제교류협력의 기대 효과라고 선택한 응답자의 비중이 현저히 낮은 것으로 드러나고 있다. 학생들의 특성 상 국제교류협력을 통한 상호 이해 증진과 정보 공유가 중시되는 반면 적극적인 가치 구현의 목표는 중시되지 않고 있음을 확인할 수 있다. 또한 젊은 세대들이 보편적 가치를 중심으로 한 국제협력에 대해서 상당히 비판적인 인식을 하고 있다는 사실을 확인할 수 있다.

한편 국제협력의 동기로서 '경제적 이익'이라고 답한 응답자의 비중이 전체의 6.4%로 낮게 나타나고 있다는 사실에 주목할 필요가 있다. 국제협력에서 단기적인 경제성을 중시하는 국익 중심주의적 접근이 설문 참여자의 응답에서는 나타나지 않고 있는 셈이다. 물론 설문 참여자들의 소속 기관 및 단체가 경제 협력을 추진하는 단체가 아니기 때문에 경제적 이익을 선택한 응답의 비중이 낮게 나타난 것이라고 할 수 있다. 하지만 전반적으로 국제교류협력의 목적으로서 경제적 이익 추구가 중시되지 않고 있는 것은 사실이다. 이러한 결과는 점차 이해 증진과 지식 정보의 공유와 같이 중장기적인 협력 기반 조성을 위한 과제나 보편적 가치의 실현과 같은 상호 호혜적 발전 과제가 국제협력의 기대 효과로 자리 잡아 가고 있다는 사실을 보여주고 있다.

2.1.2. 국제교류협력 경험에 기반을 둔 평가

응답 결과에 따르면 국내의 국제교류협력 담당자들이 수행한 국제협력의 대부분은 아시아 지역에 초점을 맞추고 있는 것으로

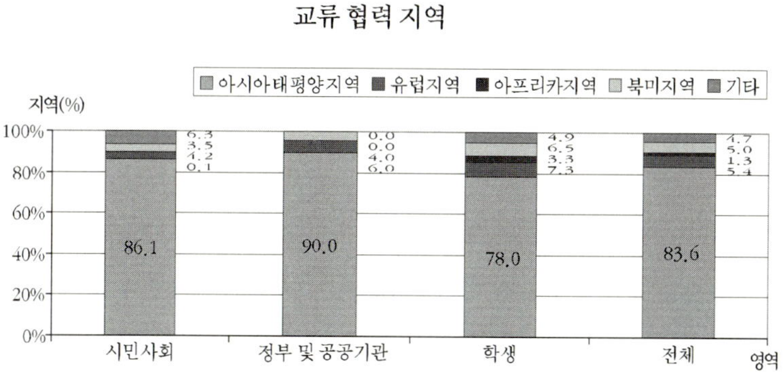

교류 협력 지역

〈그림 4〉 교류 협력 지역에 대한 영역별 응답 결과

나타나고 있다. 본 조사에 참여했던 교류 협력 담당자들 중 83.6%가 아시아 태평양 지역과의 국제교류협력을 진행한 경험이 있다는 응답을 하고 있다. 특히 정부 및 공공기관의 경우 90.0%가 아시아 태평양 지역과의 교류 협력을 진행하여 교류 협력 지역에 있어서 아시아 태평양 지역에 대한 강한 편중성을 보이고 있다. 단, 학생의 경우에는 아시아 태평양 지역에 대한 편중이 강하게 나타나지만 (78.0%) 유럽(7.3%), 북미(6.5%) 등과의 교류 협력도 일정 부분 이루어지고 있는 것으로 확인되고 있다. 하지만 응답 결과에서 중동 지역, 중남미 지역에 대한 교류 협력이 이루어지고 있다고 응답한 경우는 단 한 건도 나타나지 않고 있다. 한국의 국제교류협력이 심각한 지역적 편중성을 보이고 있다는 사실을 확인할 수 있다.[7]

응답 결과에 따르면 국내의 국제교류협력 담당자들의 상당수는 교류 협력 경험을 바탕으로 '교육 및 훈련 프로그램'이 가장 효과적인 프로그램이라고 답하고 있다. 전체의 63.0%에 해당하는 응답자가 '교육 및 훈련 프로그램'이 가장 효과적이었다는 평가를 내리고 있다. 이어서 응답자의 19.0%가 '국제연대활동'을 선택했으며, 응답자의 9.8%가 '인적교류 프로그램'을 선택했다.

특히 학생의 경우 '교육 및 훈련 프로그램'이 가장 효과적이라는 응답의 비중이 83.9%에 달하는 것으로 나타났다. 이와 함께 '인적교류 프로그램'을 선택한 응답이 차지하는 비중은 10.2%로 나타나고

---

7) 민주주의 국제협력 수요조사의 일환으로 진행된 글로벌 수요조사에서 대다수의 중남미 응답자들은 한국의 첫인상에 대해 남북 분단을 선택하고 있다. 글로벌 수요조사의 분석에서는 이와 같은 결과가 중남미 지역에 대한 한국의 국제교류협력이 잘 이루어지지 않기 때문에 나타난 결과라고 분석하고 있다. 실제로 국내 수요조사의 결과, 국제교류협력 담당자들이 중남미 지역과의 교류 협력을 진행했다고 보고하는 경우는 현저히 낮은 비중으로 나타나고 있다. 국내 수요조사와 글로벌 수요조사의 결과가 긴밀하게 연관되는 지점이라고 할 수 있다.(민주화운동기념사업회, 민주주의 국제협력 글로벌 수요조사 보고서(가) 참조)

있다. 이는 학생들에게 이루어지는 교류 협력의 방식이 대부분 교육, 훈련이나 인적교류로 구성되어 있기 때문에 나타나는 현상이라고 할 수 있다. 따라서 학생들의 응답 결과는 다소 특수한 결과라고 할 수 있을 것이다. 한편 시민사회의 경우에는 국제협력 담당자의 35.8%가 '국제연대활동'을 가장 효과적인 프로그램이라고 평가했다. 시민사회 영역에서 이루어지는 국제교류협력에서 국제연대활동이 다양하게 추진되고 있기 때문에 이러한 결과가 나타난 것이라고 할 수 있다. 이 경우에도 시민사회의 특수성이 반영되었다고 할 수 있을 것이다.

정부 및 공공기관의 경우에도 78.0%의 응답자가 '교육 및 훈련 프로그램'을 효과성이 가장 높은 프로그램으로 선택했다. 이에 비해 상대적으로 낮은 비중이지만 시민사회에서도 39.4%가 '교육 및 훈련 프로그램'을 가장 효과성이 높은 프로그램으로 선택하고 있다. 다소간의 특수성과 차이가 있지만 '교육 및 훈련 프로그램'이 효과적인 프로그램으로 평가되고 있다는 사실은 정부 및 공공기관, 시민사회, 학생에게서 공통적으로 나타나는 결과이다.

가장 효과적인 국제 협력 프로그램

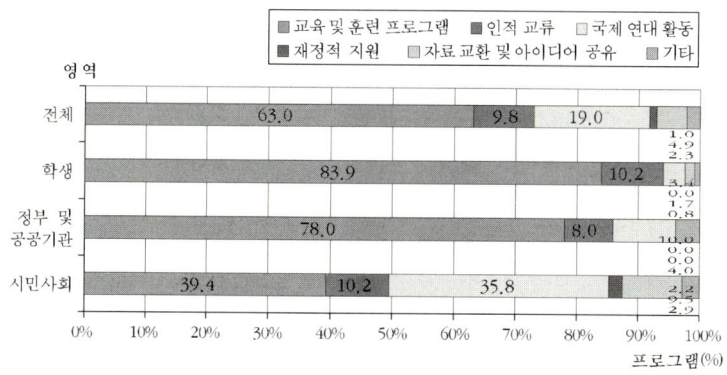

〈그림 5〉 가장 효과적인 국제협력 프로그램에 대한 영역별 응답 결과

'교육 훈련 프로그램'이 효과성에 대해 높은 평가가 나타나는 것은 민주주의 국제협력 수요조사의 일환으로 진행된 글로벌 수요조사의 결과와 상당 부분 일치하는 결과라고 할 수 있다. 민주주의 국제협력 글로벌 수요조사의 결과, 세계 각국의 국제협력 담당자의 38.9%가 또한 '교육 훈련 프로그램'을 가장 효과적인 프로그램으로 선택했다. 한편 가장 효과성이 적은 프로그램으로 교육 훈련을 선택한 경우는 16.9%에 그치고 있다.[8] 이러한 사실을 바탕으로 국내뿐만 아니라 세계적으로도 '교육 훈련 프로그램'에 대한 평가가 긍정적인 방향으로 이루어지고 있다는 사실을 확인할 수 있다.

국제 협력 프로그램에 대한 만족 수준

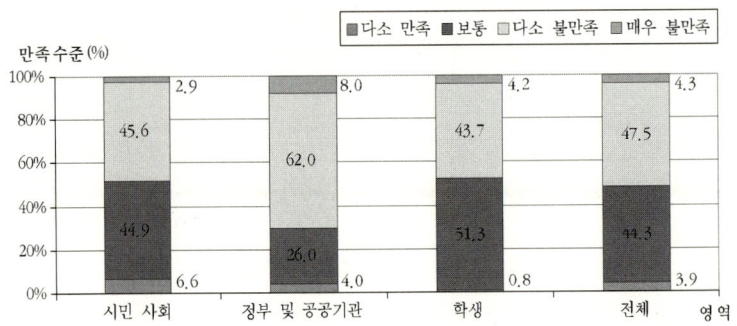

〈그림 6〉 국제협력 프로그램에 대한 영역별 만족도 수준

국제협력 프로그램에 대한 만족 수준의 응답 결과에 따르면, 일부 효과적인 프로그램에 대한 평가에도 불구하고 국제협력 프로그램에 대한 교류 협력 담당자들의 만족도는 비교적 낮은 수치를 기록하고 있다. '매우 불만족'에서부터 '매우 만족'까지 교류 협력

---

8) 민주화운동기념사업회, 민주주의 국제협력 글로벌 수요조사 보고서(가) 참조

프로그램에 대한 만족도를 측정한 결과 매우 만족에 해당하는 평가는 단 한 건도 나타나지 않은 것으로 확인되고 있다. 즉 현재의 프로그램 수준에 충분히 만족하고 있는 교류 협력 담당자는 없다는 것이다. '다소 만족'을 선택한 경우는 전체 응답자의 3.9% 밖에 안 되는 작은 비중을 차지하고 있다. 교류 협력 담당자 전체의 44.3%가 '보통'을 선택했으며, 47.5%가 '다소 불만족'을, 4.3%가 '매우 불만족'을 선택했다. 대체로 현재의 국제협력 프로그램에 대해 불만족스럽다는 평가가 이루어지고 있는 셈이다.

특히 '매우 불만족'과 '다소 불만족'을 선택한 비중이 정부 및 공공기관의 경우에 전체의 70.0%에 이르고 있다. 이는 정부 및 공공기관에서 실행하고 있는 국제협력 프로그램의 내용이 불충분하거나 프로그램을 위한 가용자원은 물론 국제협력 사업에 대한 제반 지원이 불충분한 상황을 반영하고 있다고 할 수 있다. 앞서 분석한 바와 같이 대다수의 교류 협력 담당자들이 향후 국제협력의 강화가 필요하다는 인식을 공유하고 있다는 점을 상기할 때, 국제협력 프로그램에 대한 광범위한 불만족은 현재의 한계와 문제점이 극복되고 개선되어야 한다는 응답자들의 의식이 반영된 결과라고 할 수 있을 것이다.

응답자들이 국제교류협력 프로그램에 대해 전반적으로 불만족스럽다는 평가를 하고 있는 것은 교류 협력 사업 진행상의 여러 가지 난관들과 자원 및 역량부족에 기인한다. 교류 협력 담당자들은 국제교류협력 진행상의 가장 큰 어려움으로 '교류 대상국의 문화 및 특수성에 대한 이해 부족'을 꼽고 있다. 이는 전체 응답자의 23.7%에 이르는 비중으로 상당수의 교류 협력 담당자들이 국제교류협력에 있어서 경험과 지적 측면에서의 한계를 가장 큰 어려움으로 꼽고 있는 것이다. 이어서 응답자의 22.4%가 '재정 부족'을, 22.0%가 '인적 자원의 부족'을 국제교류협력에서 가장 큰 어려움으로 꼽고 있다. '교류 대상국의 정치, 경제, 사회적 상황'이 가장 큰 어려움이라고 답한 경우는 전체의 18.4%, '한국내의 인식 및 이해 부족'을 가장 큰 어려움이라고 답한 경우가 11.8%를 차지했다.

정부 및 공공기관의 경우에는 '교류 대상국의 문화 및 특수성에 대한 이해 부족'을 선택한 응답의 비중이 가장 높지만 다른 요인을 선택한 응답 또한 비슷한 비중을 보이는 것으로 나타나고 있다. 전반적으로 정부 및 공공기관 응답자들의 응답은 여러 요소들에 걸쳐 분산되어 있다고 할 수 있다. 반면 학생의 경우에는 '교류 대상국의 문화 및 특수성에 대한 이해 부족'을 선택한 응답의 비중이 36.8%로 다른 영역에 비해 상대적으로 높은 비중을 보이고 있으며, '교류 대상국의 상황'을 선택한 경우도 26.5%로 상대적으로 높은 비중을 보이고 있다. 반면 '인적 자원'과 '재정의 부족' 문제를 선택한 응답의 비중은 상대적으로 낮게 나타나고 있다.

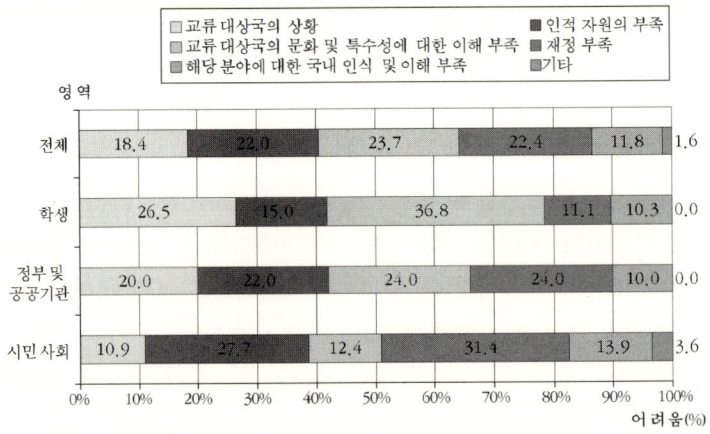

국제 협력 프로그램 실행 시 어려움

〈그림 7〉 국제교류협력 프로그램을 실행하면서 가장 어려운 점에 대한 영역별 응답 결과

학생의 응답 결과와 정반대로 시민사회 영역에서는 인적 자원과 재정의 부족 문제를 선택한 응답의 비중이 가장 높게 나타나고 있다. 시민사회 영역의 교류 협력 담당자 중 '재정 부족'을 선택한 응답자의 비중은 31.4%이며 '인적 자원의 부족'을 선택한 응답자의 비중은 27.7%에 이른다. 반면 '교류 대상국의 문화 및 특수성에 대한 이해 부족'을 선택한 응답자의 비중은 12.4%, '교류 대상국의 상황'을 선택한 응답자의 비중은 10.9%에 그치고 있다. 이와 같은 응답 결과는 상대적으로 시민사회 영역에서 물적, 인적 자원의 부족 문제가 심각한 문제로 받아들여지고 있다는 사실을 잘 보여주고 있다. 시민사회 영역의 교류 협력 담당자의 경우 상대국 시민사회와 긴밀한 관계를 형성하며 교류 협력을 진행하기 때문에 경험과 지적 측면에서의 이해 부족을 어려움으로 느끼는 경우가 상대적으로 적은 반면에 빈약한 가용자원 문제를 심각하게 느끼는 경우가 많다고 할 수 있을 것이다.

영역별로 다소간의 차이가 나타나지만 국제교류협력 담당자들은 대체로 교류 대상국의 문화 및 특수성에 대한 이해 부족과 같은 지적, 경험적 측면의 역량 부족 문제를 심각한 어려움으로 인식하고 있다고 할 수 있다. 또한 재정과 인적 자원의 부족과 같은 자원 부족 문제도 어려움으로 인식되고 있다. 즉 한국의 국제교류협력은 협력 상대국의 정치, 경제, 사회적 상황이나 한국 내의 인식 및 지지 문제보다는 국제교류협력을 추진하기 위한 역량과 자원 측면에서 어려움을 겪고 있으며, 이로 인해 국제교류협력 프로그램이 충분하지 못하다는 평가가 주를 이루고 있다고 해석할 수 있을 것이다.

교류 협력 담당자들에게 있어서 역량과 자원 측면의 한계 중 가장 큰 문제로 지적되고 있는 것은 '재정의 지속성 문제'이다. 전체 응답자의 29.4%가 '재정의 지속성 문제'를 한국의 국제협력에서 부족한 부분으로 꼽고 있다. 특히 안정적인 재정적 기반을 형성하지 못하고 있는 시민사회 영역의 경우 47.0%의 교류 협력 담당자가 '재정적 지속성'을 선택하고 있다. 또한 시민사회 영역 교류 협력 담당자의 25.8%가 '인적 자원의 문제'를 지적하고 있는 있다. 이와 같은 결과는 시민사회 영역에서 국제교류협력을 위한 재정적·인적 자원 부족 문제가 가장 큰 한계로 인식되고 있다는 사실을 확인시켜 주고 있다.

한편 정부 및 공공기관과 학생의 경우에는 가장 많은 응답자들이 국제교류협력 프로그램 실행 상의 가장 부족한 부분으로 '상대국에 대한 정보와 문화적 이해'를 꼽고 있다. 이어서 '프로그램 개발 및 연구 능력'을 선택한 응답의 비중이 높게 나타나고 있다. 즉 정부 및 공공기관과 학생 영역의 응답자들은 경험과 지적 측면에서의 역량 문제를 국제교류협력 실행 상의 가장 큰 한계로 인식하고 있다는 것이다.

흥미로운 점은 국제교류협력 분야에서 근무한 기간에 따라 교류 협력 담당자들이 평가하는 한계와 어려움의 양상이 상이하게 나타난다는 것이다. 근무 연한이 길수록 '재정의 지속성'과 '인적 자원의 부족 문제'를 국제교류협력의 부족한 부분으로 평가하는 응답의

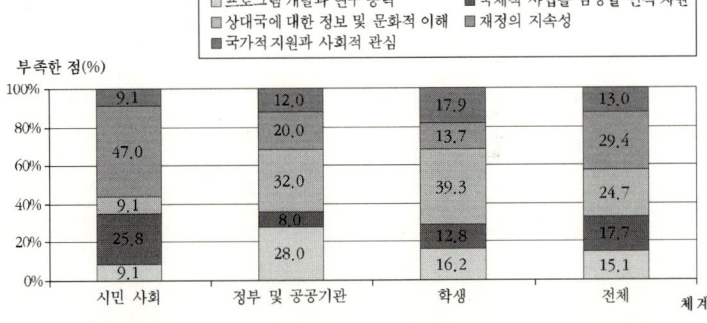

국제 협력 프로그램 실행 시 부족한 점 - 체계별 조사

〈그림 8〉 국제교류협력 프로그램을 실행하면서 가장 부족한 점에 대한 영역별 응답 결과

비중이 높아지고 있다. 반면 근무 연한이 길수록 '상대국 정보 및 문화적 이해의 부족 문제'를 선택한 응답의 비중이 낮아지고 있다. 이는 교류 협력 담당자들이 국제교류협력 분야에서 경험을 축적함에 따라 상대국에 대한 정보 및 이해 부족 문제를 점차 해결해 가는 반면에 국제협력의 경험 속에서 재정 및 인적 자원의 한계 문제를 상대적으로 더욱 크게 느끼게 된다는 점을 보여주고 있다. 즉 오랜 교류 협력의 경험 속에서 교류 협력 담당자들이 지적, 경험적 한계를 극복하고 있는 것이다.

따라서 국제교류협력이 활성화되기 위해 재정의 안정성과 인적 자원의 확충이 필요한 상황이라고 할 수 있다. 또 한편으로는 장기적으로 국제협력 분야에서 업무를 수행할 수 있는 전문가 집단을 구성하고 안정적으로 교류 협력 전문가 자원을 관리해야 할 필요성도 제기된다. 안정적이고 중장기적인 교류 협력 경험은 곧 상대국에 대한 지식과 이해의 축적으로 이어진다. 경험을 갖춘 교류 협력 전문가를 통해 상대국의 특성에 맞춘 프로그램 개발 및 적절한 프로그램 실행이 가능하게 될 수 있을 것이다. 응답 결과에 따르면 실제로

국제 협력 프로그램 실행 시 부족한 점 - 근무기간

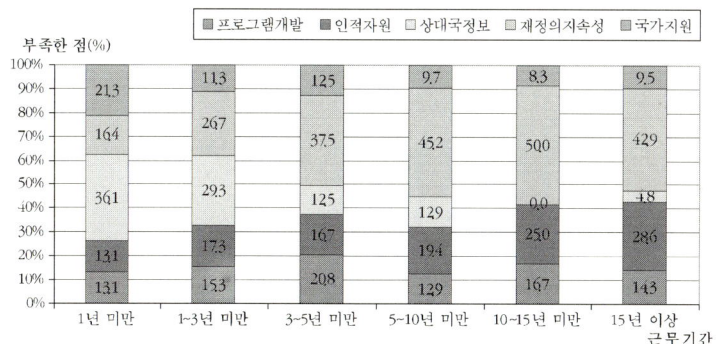

〈그림 9〉 국제교류협력 프로그램을 실행하면서 가장 부족한 점에 대한 근무기간 별 응답 결과

교류 협력 담당자의 절반 이상이 채 3년도 안 되는 국제교류협력 근무 경험을 가지고 있으며 이로 인해 지적, 경험적 측면에서의 한계가 나타나고 있다. 따라서 국제교류협력을 전문적으로 담당할 수 있는 인적 자원의 육성 및 관리는 국제교류협력 과정에서 나타나는 역량과 자원의 한계를 함께 해결할 수 있는 길이 될 것이다.

2.1.3. 한국의 국제교류협력에 대한 평가

앞서 국제교류협력 담당자들은 국제교류협력 프로그램에 대한 전체적인 평가에서 주로 불만족스럽다는 입장을 보인 바 있다. 즉 교류 협력 담당자들이 속한 기관과 단체에서 이루어진 국제교류협력 프로그램이 만족스럽지 못했다는 평가를 하고 있는 것이다. 교류 협력 담당자들이 자신들이 수행한 프로그램에 대해 불만족스럽다는 평가를 했다면 한국의 국제교류협력 노력 전반에 대해서는 어떤 평가를 하고 있는지 파악하기 위해 질문을 제시했다. 한국의 국제교류협력 노력이 필요와 수요에 부응해 왔는지에 대해 교류 협력 담당자들에게 질문을 제시했으며, 평가 척도로서 '매우 불충

한국의 국제교류 노력에 대한 전반적 평가

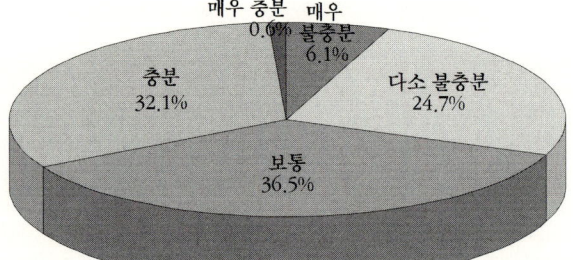

〈그림 10〉 한국의 국제교류 노력에 대한 전반적 평가의
응답 결과

분'에서 '매우 충분'까지 5개 척도를 제시하고 설문 참여자들이 응답하도록 했다.

한국의 국제교류협력에 대한 평가에서 '보통'이라는 응답이 36.5%로 가장 높은 비중을 차지한 가운데 불충분하다는 입장(매우 불충분, 다소 불충분)과 충분하다는 입장(충분, 매우 충분)이 각각 32.7%와 30.8%로 비슷한 비중을 보이고 있다. '매우불충분'을 1점, '매우 충분'을 5점으로 환산하여 평균 점수를 산출하였을 때, 국제교류협력 담당자들은 한국의 국제교류협력 노력에 대해 2.96점의 평가를 하고 있는 셈이다. 즉 한국의 국제교류협력 노력이 보통 수준으로서 평가되고 있다는 것이다.

한국의 국제협력의 성과가 높은 분야에 대한 응답 결과에 따르면, 국내의 교류 협력 담당자들의 절반 가까이가 국제교류협력에서 성과가 크게 나타나고 있는 분야로 경제 및 개발 분야를 선택했다. 국제교류협력의 성과가 두드러진 분야로서 '경제 및 개발협력'을 선택한 경우는 전체 응답자의 48.1%에 이르렀으며, 이어서 '인도주의 지원 및 구호 분야'를 선택한 경우가 응답자의 27.2%에 달했다.

국제 협력의 성과가 높은 분야 - 영역별 응답

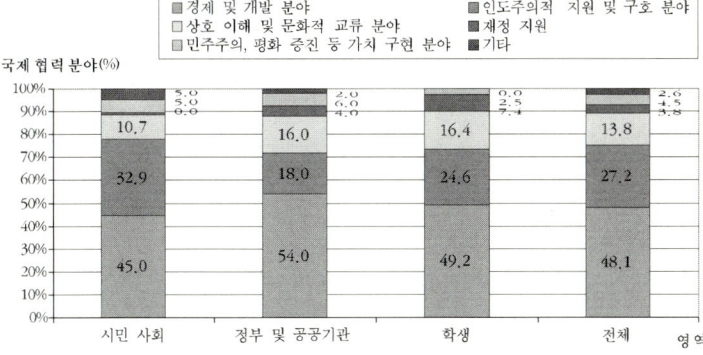

〈그림 11〉 국제협력의 성과가 높은 분야에 대한 영역별 응답 결과

이와 같은 결과는 곧 한국의 국제교류협력이 경제 및 개발 분야에 초점을 맞추고 있었다는 데 대해 설문 참여자들의 공통된 평가가 이루어지고 있다는 것으로 해석할 수 있다. 경제 협력 분야에서 한국 경제가 이룬 일련의 성과와 기업의 적극적인 해외 진출이 이루어지고 있는 현실이 응답자들로 하여금 경제 및 개발 분야를 선택하게 한 동기가 될 것이다.

한편 시민사회 영역에서 교류 협력 담당자들의 상당수에 이르는 32.9%는 '인도주의적 지원 및 구호 분야'에서 한국의 국제교류협력이 두드러진 성과를 내고 있다고 평가하고 있다. 이는 시민사회 영역 내에서 국제적 차원의 빈곤 감소와 인도주의적 구호 활동이 활발하게 이루어지고 있는 현실을 반영하고 있다. 물론 정부 및 공공기관과 학생 응답자의 상당 비중이 인도주의적 지원 및 구호 분야에서 한국의 국제교류협력이 성과를 내고 있다고 평가하고 있다. 이러한 결과는 한국이 ODA 확대와 국제 빈곤 감소 노력에 참여 폭을 확대하고 있는 상황을 잘 반영하고 있다고 해석할 수 있을 것이다.

한편 상호 이해 및 문화적 교류 분야에서 한국의 국제교류협력이 두드러진 성과를 나타내고 있다는 응답도 일정한 비중을 차지하고 있다. 반면 '민주주의, 평화 증진 등 가치 구현 분야'에서 한국이 두드러진 성과를 내고 있다는 응답은 전체의 4.5%에 머물고 있다. 국제교류협력 담당자들이 국제적 가치 구현 분야에 한국이 큰 역할을 하지 못하고 있다는 사실을 인정하고 있는 셈이다. 즉 평화, 인권, 민주주의 등 일련의 국제적 규범 및 가치에 대한 국제사회의 관심과 노력이 지속되고 있는 상황에서 한국의 국제교류협력은 이에 대한 실질적인 기여를 하지 못하고 있다는 것이다.

2.1.4. 한국의 국제교류협력에 대한 전망

가치 구현 분야에서 한국이 실질적인 기여를 하지 못하고 있다는 평가는 곧 이 분야에 대한 국제교류협력이 확대되어야 한다는 인식으로 이어지고 있다. 교류 협력 담당자들은 향후 확대되어야 할 국제교류협력의 분야로서 '민주주의, 평화 증진 등 가치 구현 분야'를 가장 중시하고 있는 것으로 나타났다. 설문 참여자의 31.5%가 가치 구현 분야에서 한국의 국제교류협력이 다소 미흡했으며 앞으로 이 분야에서의 교류 협력을 강화해야 한다는 입장을 표명하고 있다. 특히 시민사회, 정부 및 공공기관, 학생 모두에서 가치 구현 분야에 대한 국제교류협력 확대의 필요성을 지적한 응답이 가장 큰 비중으로 나타났다는 점에 주목할 필요가 있다. 이는 한국이 국제사회에서의 위상에 걸맞게 보편적인 가치를 실현해 나가는 분야에서 역할을 강화해야 한다는 교류 협력 담당자들의 공통된 인식이 반영된 결과이다.

또한 상당수의 교류 협력 담당자들이 '인도주의적 지원 및 구호

확대되어야 할 국제 협력 분야

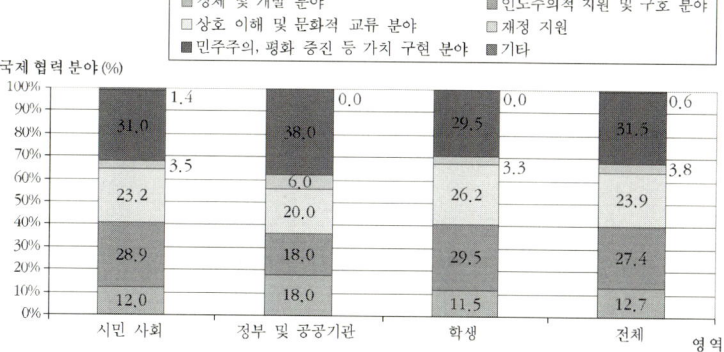

〈그림 12〉 확대되어야 할 국제협력분야에 대한 영역별 응답 결과

분야'와 '상호 이해 및 문화적 교류 분야'에서 국제교류협력이 강화되어야 한다는 입장을 나타내고 있다. 반면 '경제 및 개발 분야'에서 교류 협력의 확대가 이루어져야 한다는 응답의 비중은 12.7%에 그쳤다. 앞선 응답 결과 분석에 따르면 한국의 국제교류협력이 가장 두드러진 성과를 내고 있는 분야는 '경제 및 개발 분야'라고 할 수 있지만 앞으로의 국제교류협력은 과거와는 다른 방향으로 이루어져야 한다는 인식이 응답자들에게 공유되고 있는 것이다. 즉 경제 분야에 집중된 국제교류협력을 탈피하여 국제적으로 제기되고 있는 다양한 과제들, 즉 평화, 인권, 민주주의와 같은 보편적 가치는 물론 빈곤 감소, 지속적 발전, 문화적 화해와 이해 등의 과제를 해결하기 위해 한국이 보다 적극적인 역할을 해야 한다는 인식이 응답 결과를 통해 나타나고 있는 것이다.

향후 국제협력이 이루어져야 할 지역으로 국제교류협력 담당자들은 단연 '아시아·태평양 지역'에 가장 중시하고 있다. 전체 응답자의 66.8%가 향후 '아시아·태평양 지역'에서 교류 협력이 이루어

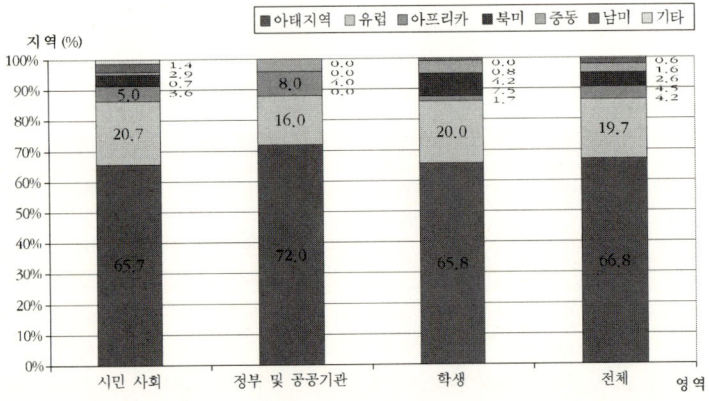

〈그림 13〉 국제협력이 필요한 지역에 대한 영역별 응답 결과

져야 할 필요가 있다고 응답했다. 이어서 전체의 19.7%가 '유럽'과
의 교류 협력이 필요하다는 입장을 제시했다. 정부 및 공공기관,
시민사회, 학생 모두에서 '아시아·태평양 지역'을 선택한 응답의
비중이 높게 나타났으며, 그 뒤를 이어 '유럽'을 선택한 응답의 비중
이 높았다. 정부 및 공공기관 영역에서 '아프리카'에 대해 상대적으
로 높은 비중의 응답자들이 협력 필요성을 제기하고 있지만 전체적
으로 '아프리카', '중동', '남미' 등의 지역은 국내의 교류 협력 담당자
들의 관심을 받지 못하고 있는 것으로 나타났다.

'아시아·태평양 지역'에 대한 응답의 편중은 개발협력과 관련된
국제교류협력 단체의 응답자들에게서 강하게 나타나고 있다. 응답
결과를 교류 협력 담당자들이 속한 단체의 유형별로 분류하여 분석

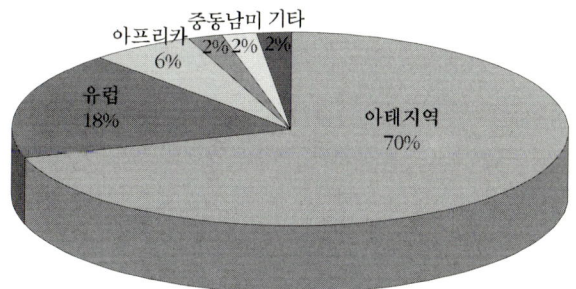

단체 활동 유형-권익 보호 단체

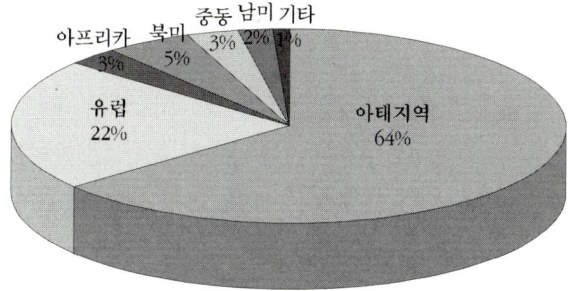

단체 활동 유형-연구 교육 단체

하였을 때, 자선 구호 분야와 지역 사회 발전 분야와 같은 국제 개발협력(international development cooperation)분야의 응답자들이 '아시아·태평양 지역'을 향후 교류 협력 지역으로서 집중적으로 설정하고 있다. 이 때 지역 사회 발전 분야에서 상당한 비중의 응답자가 '북미' 지역을 향후 교류 협력 분야로 설정하고 있는 것을 확인할 수 있다. 또한 권익 보호(advocacy) 분야와 연구 교육 분야의 응답자들은 '아시아·태평양 지역'에 대한 편중을 보이고 있지만 동시에 상당수의 응답자가 '유럽'을 향후 협력 분야로 설정하고 있다. 이는 각 분야에서 '북미', '유럽' 지역과의 국제협력을 통한 경험과 지식 공유에 대한 수요가 제기되고 있다는 사실을 보여주고 있다.

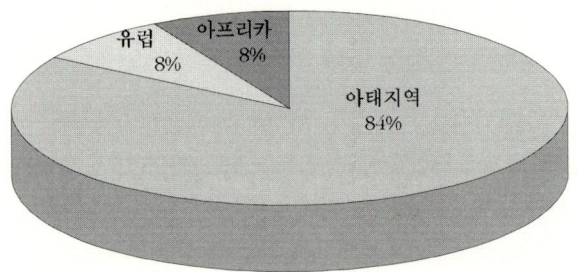

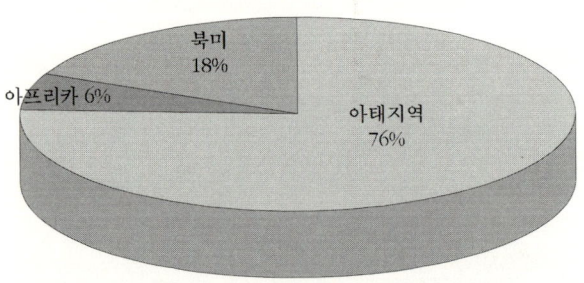

〈그림 14〉 국제협력이 필요한 지역에 대한 단체활동유형별 응답 결과

이와 같은 사실은 향후 국제협력이 필요한 지역에 대한 설문 참여자들의 응답 결과를 국제교류협력에서 가장 효과적인 프로그램에 대한 응답과 교차하여 분석했을 때 더욱 명확하게 드러난다. 가장 효과적인 프로그램으로 재정적 지원을 선택한 응답자들의 경우, 전원이 '아시아·태평양 지역'을 향후 교류 협력이 필요한 지역으로 설정하고 있다.

또한 국제연대활동을 가장 효과적인 프로그램이라고 선택한 응답자들의 경우, 다른 지역에 비해 '아시아·태평양 지역'을 국제협력이 필요한 지역으로 선택한 응답의 비중이 높게 나타났다. 즉 한국이 지원하는 측의 입장에 있는 국제교류협력의 경우에 교류협력의 초점이 '아시아·태평양 지역'으로 집중되고 있는 것이다.

효율적인 국제협력프로그램-교육 및 훈련프로그램

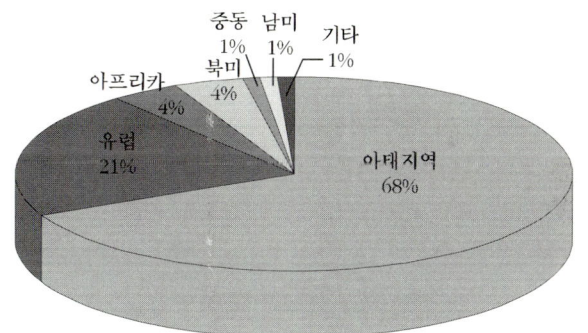

효율적인 국제협력프로그램-인적 교류

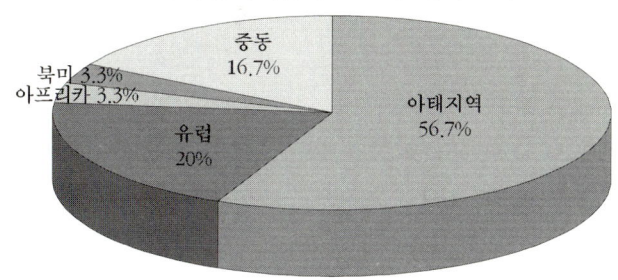

한편 자료 교환 및 아이디어 공유를 가장 효과적인 프로그램이라고 선택한 응답자들의 42.9%는 국제교류협력이 필요한 지역으로 '유럽'을 선택했다. 이때 '북미'를 제외한 다른 지역과의 교류 협력 필요성은 전혀 나타나지 않고 있다. 이는 유럽과 북미 지역으로부터 다양한 경험 및 자료, 아이디어 등을 수입하고자 하는 교류 협력 담당자들의 요구가 반영된 결과라고 할 수 있다.

　　교육 및 훈련 프로그램과 인적교류 프로그램을 가장 효과적인 프로그램으로 선택한 응답자들은 향후 교류 협력이 필요한 지역으로 '아시아 · 태평양 지역'을 주로 선택하고 있다. 동시에 '유럽'을 선택한 응답의 비중도 각각 20.5%와 20.0%로 높게 나타나고 있다. 이러한 결과를 두고 교류 협력 담당자들이 교육 훈련과 교류 사업

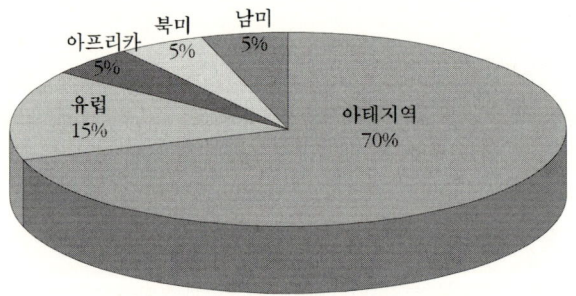

효율적인 국제협력프로그램-국제 연대 활동

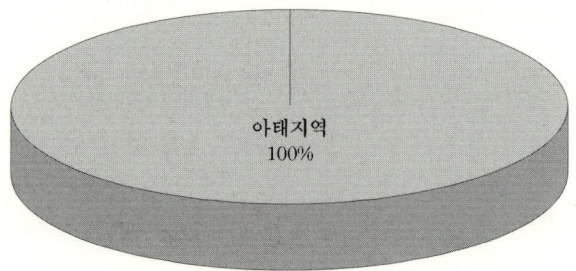

효율적인 국제협력프로그램-재정적 지원

을 통한 지원의 대상으로서 아시아를 주로 설정하고 있으며, 교육 훈련과 교류 사업을 통한 지식과 경험의 수입처로서 유럽을 주로 설정하고 있다고 해석할 수 있을 것이다.

사실 한국은 아시아 내에서도 국제 교류 협력의 파트너로서 자리 잡지 못하고 있다. 지역 내의 협력이 강화되어야 할 필요성은 물론 정치, 경제, 사회, 문화적 연관 관계의 측면에서 대 아시아 국제교류 협력이 더욱 강화되어야 할 것이다. 하지만 국제교류협력 담당자들 이 아프리카, 중동, 남미 지역과의 국제교류협력에 대해 큰 비중을 두고 있지 않고 있는 것을 결코 올바르다고 할 수는 없을 것이다. 응답 결과에서 지역 사회 개발을 위해 활동하고 있는 단체들의 경우에는 일부 응답자들이 아프리카에 대한 국제교류협력을 제기 하고 있다. 국제 개발협력 진영에서 아프리카의 절대적 빈곤 상태 와 심각한 인간 안보의 위기 문제가 절실한 문제로 제기되고 있는 현실을 고려한다면 아프리카를 향한 국제교류협력이 강화되어야 할 필요성이 있을 것이다. 즉 아시아 외의 지역에 대한 관심이 다른 활동 영역에서도 확산되어야 할 필요가 있을 것이다.

효율적인 국제협력프로그램-자료교환 및 아이디어 공유

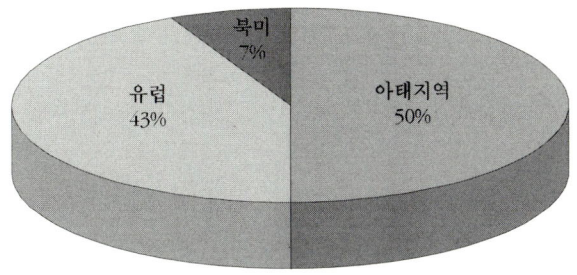

〈그림 15〉 가장 효과적인 국제협력 프로그램에 대한 응답 결과와 국제협력이 필요한 지역에 대한 응답 결과 간 교차 분석 결과

2.2. 민주주의 국제협력

민주주의 증진을 위한 국제협력에서 한국의 기여는 극히 미미하다. 일부 국제 개발협력 단체와 시민사회단체 차원에서 민주주의와 관련된 해외 지원 및 협력이 이루어지고 있지만 전체 사업에서 민주주의 관련 지원·협력의 비중은 매우 작은 실정이다. 하지만 앞선 분석 결과에서 국제교류협력 담당자들의 상당수가 평화, 인권, 민주주의와 같은 보편적인 가치의 실현을 위해 한국이 국제사회에 대한 기여와 역할을 확대해야 한다는 인식을 공유하고 있다는 사실에 주목할 필요가 있다. 이 때 민주주의 국제협력은 국제사회의 규범적 가치의 실현을 목적으로 하는 활동으로서 향후 한국의 역할이 확대되어야 할 분야라고 할 수 있다.

국내 수요조사는 민주주의 국제협력에 대해 국내의 국제교류협력 담당자들이 어떤 인식과 평가를 가지고 있는지 확인하고 있다. 또한 앞으로 한국이 민주주의 국제협력에 어떤 방식과 내용으로 기여할 수 있는지에 대한 전망을 확인하고 있다. 나아가 앞으로 민주주의 국제협력을 적극적으로 실행해 나갈 민주화운동기념사업회가 담당해야 할 역할에 대한 교류 협력 담당자들의 제언 및 권고를 확인하고 있다. 국내 수요조사결과의 분석은 향후 민주주의 국제협력을 실행함에 있어서 한국의 특수한 경험과 비교 우위에 기반을 둔 적절한 프로그램을 개발하는 데 기여할 것이다.

2.2.1. 한국 민주주의에 대한 인식과 평가

한국 민주주의에 대한 국제교류협력 담당자들의 인식과 평가를 확인하는 것은 민주주의 국제협력이 보다 효과적으로 이루어질 수 있는 방향을 모색하기 위한 기초 작업으로서 의의를 지닌다.

즉 민주주의 국제협력에 대한 논의를 시작하기에 앞서 한국의 민주주의의 수준은 어느 정도이고 앞으로 해결해야 할 과제들이 무엇인지를 파악함으로써 한국의 민주주의 경험 속에 나타나는 성과와 문제점이 무엇인지를 확인할 필요가 있는 것이다. 이는 한국 민주주의의 성과와 한계를 바탕으로 한 한국적 민주주의 국제협력 프로그램의 개발에 필수적인 작업이라고 할 수 있다. 또한 한국 민주주의가 안고 있는 결함이나 문제점, 과제에 대한 교류 협력 담당자들의 인식과 평가는 한국 민주주의가 심화, 발전해 나가야 할 방향성을 모색하기 위한 근거가 될 것이며, 동시에 한국 민주주의의 심화 발전에 기여할 수 있는 민주주의 국제협력의 방향성을 모색하기 위한 근거가 될 것이다.

2.2.1.1. 한국 민주주의 수준에 대한 평가

한국 민주주의의 수준에 대한 일반적인 평가에서 국제교류협력 담당자들은 평가를 다소 유보하는 태도를 보이고 있다. 설문 참여자의 절반이 넘는 58.4%가 한국 민주주의 수준에 대해 '보통'이라는

한국의 민주주의 수준

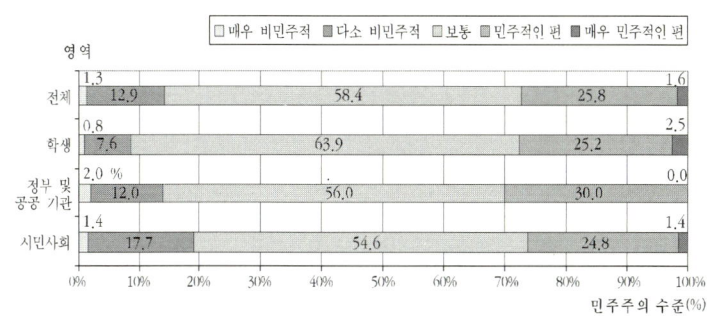

〈그림 16〉 한국 민주주의 수준에 대한 영역별 응답 결과

응답을 하고 있다. 이어서 한국 사회가 '다소 민주적'이라는 평가는 25.8%, '다소 비민주적'이라는 평가는 12.9%의 비중을 보였다. '매우 민주적'이라는 응답과 '매우 비민주적'이라는 응답은 각각 1.6%, 1.3%로 극히 작은 비중을 보이고 있다. 결국 대다수의 교류 협력 담당자들이 한국 민주주의의 수준이 '보통' 수준이거나 '다소 민주적' 혹은 '비민주적인' 상태에 있다고 평가하고 있는 셈이다.

이상의 결과를 두고 응답자의 대다수가 한국 사회를 명확하게 민주적이지도 명확하게 비민주적이지도 않은 수준이라고 평가하고 있다고 해석할 수 있다. 물론 한국 사회에 대해 '민주적'이라는 평가를 내린 쪽이 '비민주적'이라는 평가를 내린 쪽보다 다소 높은 비중을 기록하고 있다. 하지만 한국 민주주의가 이룩한 제도적, 절차적 측면의 성과와 민주주의 발전을 위한 노력의 역사에 비추어 보았을 때, 응답 결과는 다소 실망스럽다고 할 수 있다. 특히 전체의 14.2%(다소 민주적, 매우 비민주적)에 이르는 응답자가 한국 사회에 대해 민주적이지 않다는 평가를 내렸다는 점에 대해서는 진지한 고민이 필요하다.

이상의 결과는 한국 민주주의가 실제 처해 있는 상황과 무관하지 않다. 성공적인 민주화와 민주주의의 제도적, 절차적 공고화(consolidation)가 이루어졌음에도 불구하고 교류 협력 담당자들은 한국의 민주주의의 수준에 대해 확신을 가지지 못하고 있는 것이다. 이는 비단 교류 협력 담당자들만의 평가라고 할 수 없으며, 현재 한국의 민주주의에 대한 시민들의 전반적인 평가와 연관된다고 볼 수 있다. 즉 민주주의 공고화, 시민적 권리와 자유의 성장, 민주주의 시민 문화의 확산 등과 같은 주목할 만한 성과에도 불구하고 사회경제적 민주화의 지체, 사회경제적 권리의 실질적 후퇴, 민주주의적 가치와 원리에 대한 합의 부재, 비민주적 문화의 존속 등 한국 민주주의가 해결하지 못한 문제들이 산적해 있다. 또한 제도 영역이 담지해야 할 책임성, 투명성, 대표성 등 기본적인 민주주의 원리가 충분히 제자리를 잡지 못하고 있는 복잡한 현실도 함께 나타나고 있다. 결국 민주주의의 발전과 심화라는 과제의 진행이 반복되는 지체와 후퇴를 보이면서 과연 한국이 민주적인가라는 질문에 설문 참여자들이 선뜻 긍정적인 답을 할 수 없는 상황이 초래된 것이다.

2.2.1.2. 민주주의를 저해하는 사회문화적 요인에 대한 평가

한국 민주주의가 직면해 있는 난관과 도전에 대해 사회문화적 측면에서 원인을 분석할 수 있을 것이다. 국내 수요조사는 사회문화적 측면에서 한국 민주주의를 저해하는 요소들을 제시하고 다양한 요소들의 심각성에 대한 교류 협력 담당자들의 평가를 확인했다. 교류 협력 담당자들은 민주주의를 저해하는 사회문화적 요소에 대해서 1에서 5까지의 심각성 척도를 통해 평가를 진행했다. 응답

민주주의를 저해하는 사회문화적 요인

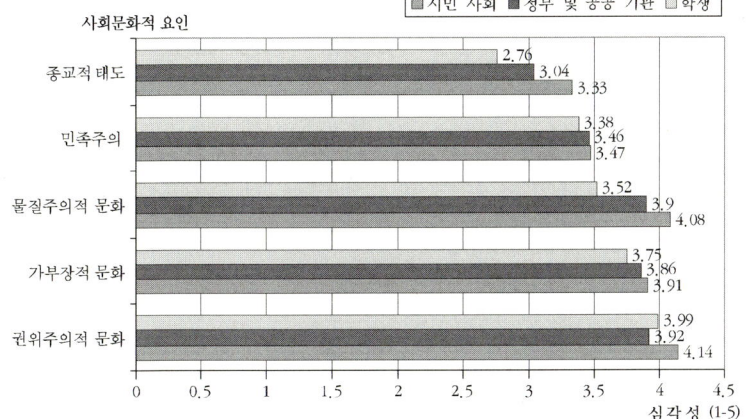

〈그림 17〉 민주주의를 저해하는 사회문화적 요인의 심각성 평가지수 응답 결과

자들이 심각성 정도에 대해 부여한 점수를 바탕으로 평균값을 산출하여 심각성 평가지수로 변환하였다.

민주주의를 저해하는 사회 문화적 요인에 대한 평가에서 교류협력 담당자들은 '권위주의 문화'의 심각성을 높게 평가하고 있다. 시민사회, 정부 및 공공기관, 학생 모두에서 '권위주의 문화'의 심각성에 대한 지적이 높게 나타나고 있다. 또한 '가부장적 문화'와 '물질주의 문화'의 심각성에 대한 평가도 높게 나타나고 있다. 반면 '민족주의', '종교적 태도'가 가진 심각성에 대해서는 상대적으로 낮은 평가가 나타나고 있다. 전반적으로 시민사회 영역의 국제교류협력 담당자들에게서 민주주의를 저해하는 사회문화적 요인의 심각성 평가지수가 높게 나타나고 있는 것도 하나의 특징이라고 할 수 있다. 시민사회 영역에서 한국 민주주의의 문화적 측면에 대해 비판적인 입장이 강하게 제기되고 있다고 할 수 있을 것이다.

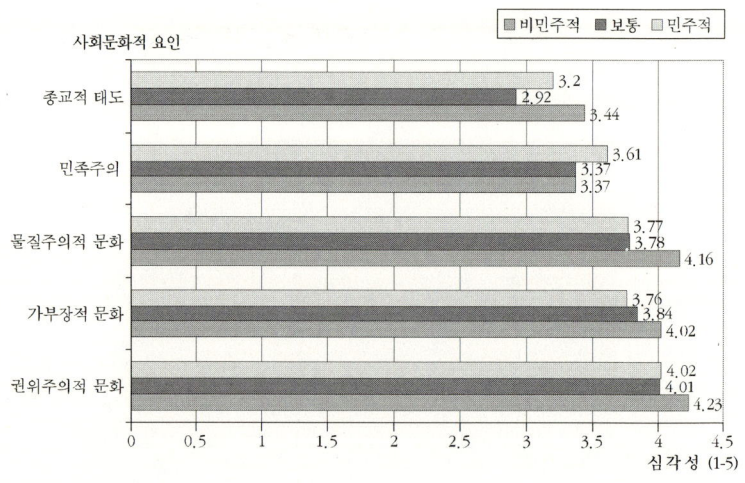

민주주의를 저해하는 사회문화적 요인과 민주화 수준

〈그림 18〉 한국 민주주의 수준에 대한 응답 결과와 민주주의를 저해하는 사회문화적 요인의 심각성 평가지수 응답 결과 간 교차 분석 결과

한국 민주주의 수준에 대해 비민주적(매우 비민주적, 다소 비민주적)이라고 답한 경우와 보통이라고 답한 경우, 민주적(다소 민주적, 매우 민주적)이라고 답한 경우에 따라 민주주의를 저해하는 사회문화적 요인의 심각성 평가지수를 교차 분석하여 접근할 경우 흥미로운 결과가 나타난다. 한국 사회를 비민주적이라고 평가한 응답자들이 각 사회문화적 요소의 심각성을 전반적으로 높게 평가했다는 것은 자연스러운 결과이다. 주목할 부분은 물질주의적 문화의 심각성 평가에서 한국 사회가 비민주적이라고 평가한 응답자들의 심각성 평가지수(4.16)가 현저히 높게 나타나고 있다는 점이다. 즉 한국 민주주의에 대한 낮은 평가의 중요한 근거가 물질주의적 문화의 심각성과 관계된다는 것이다.

물질주의적 문화에 대한 우려는 부정부패에 대한 우려와 깊은 연관을 지닌다. 민주주의 국제협력 수요조사의 일환인 글로벌 수요조사와 아시아 수요조사의 결과, 부정부패 문제와 물질주의적 문화가 상호 긴밀한 연관을 형성하고 있다는 데 대해 응답자들의 공통된 인식이 나타나고 있다.[9] 결국 한국 민주주의가 비민주적이라고 평가하는 응답자들에게서 사회적으로 만연한 부정부패 문제가 한국 민주주의에 심각한 장애 요인이 되고 있으며, 부정부패 문제의 근간에는 물질주의적 문화가 자리 잡고 있다는 의식이 응답 결과를 통해 드러나고 있다고 할 수 있다. 다시 말해 금전적 이익을 위해서라면 민주적 절차와 법치(rule of law)를 무시할 수도 있다는 물질주의적 문화의 일면이 정치, 경제, 사회 전 영역에서 민주주의를 저해하고 있다는 평가가 나타나고 있는 것이다.

또한 물질주의적 문화의 심각성에 대한 평가는 곧 성장제일주의, 사회적 안전망 축소, 경제 영역에서 법치의 무력화 등과 관련하여

---

[9] 민주화운동기념사업회, 민주주의 국제협력 글로벌 수요조사 보고서(가) / 민주주의 국제협력 아시아 수요조사 보고서(가) 참조

시민의 사회경제적 권리가 후퇴되고 있는 현실에 대한 강한 우려를 담고 있다. 즉 한국 민주주의에 대해 비판적 입장을 가진 응답자들이 한국 민주주의 발전의 지체 및 결함의 원인으로서 물질주의적 가치관에 따라 나타나는 계층적 소외 문제, 사회경제적 불평등과 사회정의의 후퇴 등을 중요한 문제로 인식하고 있다는 것이다. 결국 권위주의, 가부장적 문화와 함께 물질주의 문화가 한국 민주주의를 저해하는 심각한 요소로 제기되고 있다고 할 수 있다.

2.2.1.3. 한국 민주주의 발전을 위한 개혁 과제 평가

다양한 민주주의 저해 요인과 장애 요인을 제거하고 한국 민주주의를 심화 발전시키기 위해서는 일련의 개선과 개혁 과제가 도출된다. 법률 등 제도적 장치의 개선, 정당정치 등 정치문화 및 수준의 발전, 행정체계의 효율화, 언론 자유의 증진, 대의제 보완을 위한 시민의 직접 참여, 민주적 가치 및 문화의 발전, 언론 공정성 확보 및 개혁 등의 과제가 향후 한국 민주주의의 심화, 발전을 위해 성취되어야 한다.

국내 수요조사에서 국제교류협력 담당자들은 이들 과제들 각각의 시급성을 1에서 5사이의 척도를 바탕으로 평가했다. 응답자들이 각 과제의 시급성 정도에 대해 부여한 점수를 바탕으로 평균값을 산출하여 시급성 평가지수로 변환하였다. 응답 결과 '법률 등 제도적 장치의 개선', '행정체계의 효율화', '언론 자유의 증진'과 같은 과제의 시급성은 다른 과제에 비해 상대적으로 낮게 평가되었다. 반면 '정당정치 등 정치문화 및 수준의 발전', '대의제 보완을 위한 시민의 직접 참여', '민주적 가치 및 문화의 발전', '언론 공정성 확보 및 개혁' 과제의 시급성 평가지수는 전반적으로 높게 나타나고 있다.

특히 '정당정치 등 정치문화 및 수준의 발전'에 대한 시급성 평가지수가 높게 나타나고 있다. 이는 한국의 정당정치가 민주적 의사 결정 과정에서 제 기능을 하지 못하고 있으며, 동시에 시민의 의사 와 이해를 정치 과정에 충분히 반영하고 있지 못하고 있다는 현실 인식과 관련된다. 이와 연관하여 대의제 보완을 위한 참여 민주주 의의 증진 과제도 시급한 과제로 나타나고 있는 것이다. 즉 의회와 정당을 통한 대의 민주주의가 실질적인 민주주의를 담보하지 못하 고 있다는 응답자들의 평가가 응답 결과를 통해 드러나고 있는 것이다.

또한 민주적 가치와 문화가 한국 사회에 확고하게 자리 잡지 못하고 있는 현실에 대한 개혁과제도 시급하게 요청되고 있다. 반 면 법률 및 정치 제도, 행정체계, 언론의 자유 보장과 같은 제도적

한국 민주주의 증진을 위한 개혁 과제의 시급성

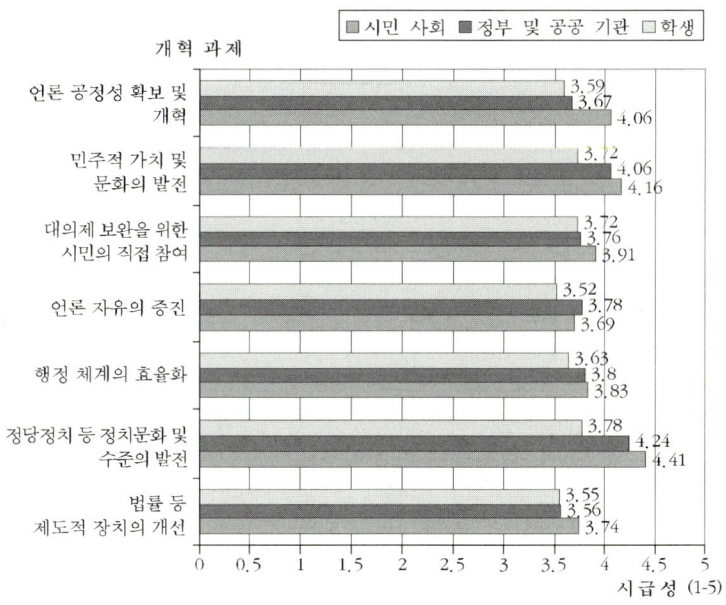

〈그림 19〉 한국 민주주의 증진을 위한 개혁 과제의 시급성 평가지수 응답 결과

과제들은 한국 민주주의가 일정한 성과를 이룩한 영역이기 때문에 이들 과제에 대한 시급성 평가지수가 상대적으로 높지 않은 것으로 나타나고 있다. 즉 민주주의의 제도적 측면보다는 민주주의 정치과정의 실행과 민주주의 문화의 사회적 정착 측면의 과제가 시급하게 요청되고 있는 것이다.

여기서 흥미로운 점은 시민사회 영역에서 언론 공정성의 확보 및 언론 개혁 과제의 시급성 평가지수가 다른 영역에 비해 현저히 높게 나타나고 있다는 것이다. 이러한 응답 결과는 시민사회 영역

한국 민주주의 증진을 위한 개혁 과제의 시급성과 민주화 수준

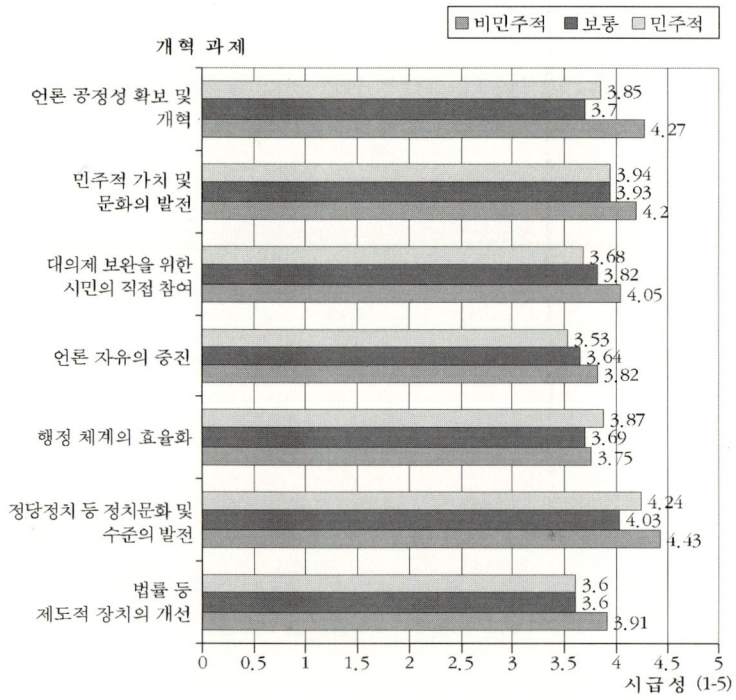

〈그림 20〉 한국 민주주의 수준에 대한 응답 결과와 한국 민주주의 증진을 위한 개혁 과제의 시급성 평가지수 응답 결과 간 교차 분석 결과

에서 언론 자유에 대한 시급성 평가지수가 다소 낮게 나타나고 있다는 사실과 매우 대조적인 결과이다. 즉 시민사회 영역의 교류 협력 담당자들은 언론 문제에 있어서 언론 자유보다는 언론의 공정성을 문제시하고 있다고 할 수 있다. 나아가 언론 자유의 보장보다는 현재 언론에 대한 개혁의 과제를 더욱 중시하고 있다고 할 수 있을 것이다.

한국 민주주의 수준에 대해 비민주적(매우 비민주적, 다소 비민주적)이라고 답한 경우와 보통이라고 답한 경우, 민주적(다소 민주적, 매우 민주적)이라고 답한 경우에 따라 민주주의 증진을 위한 개혁 과제의 시급성 평가지수를 교차 분석하여 접근할 경우 언론 문제에 대한 응답자들의 입장 차이를 보다 명확히 확인할 수 있다. 한국 사회를 비민주적이라고 응답한 교류 협력 담당자들의 경우 정당정치 등 정치문화 및 수준의 발전, 민주적 가치 및 문화 발전의 시급성을 높게 평가하고 있으며, 특히 언론 공정성 확보 및 개혁의 시급성(4.27)에 대해 높은 평가를 하고 있다. 한국 민주주의에 대한 평가에서 '보통'이나 '민주적'이라고 답한 응답자에 비해 '비민주적'이라고 답한 응답자에게서 언론 공정성 및 개혁의 시급성 평가지수가 현저하게 높게 나타나고 있는 것이다. 이러한 결과를 바탕으로 한국 민주주의 수준을 낮게 평가하는 주요 근거로서 언론 공정성 문제가 제기되고 있다는 추론이 가능하다. 즉 언론은 한국 민주주의의 한계 내지 결함의 주요 원인 중 하나로 인식되고 있으며 향후 시급한 개선과 개혁이 필요한 영역으로 평가되고 있는 것이다.

2.2.2. 민주주의 국제협력에 대한 인식

민주주의 국제협력은 해외의 민주화에 대한 지원과 해외 민주주의의 심화 발전을 위한 협력 활동인 동시에 자국의 민주주의를

국제적 기준(global standard)에 따라 평가하고 발전시켜 나가는 방안
이 되기도 한다. 민주주의 국제협력의 과정은 단순한 해외 지원
사업이 아니라 민주주의의 원리와 가치, 민주적 절차와 제도 및
민주적 문화에 대한 시민의 의식을 제고하는 과정이다. 한편 민주
주의 국제협력은 지원·협력의 주체가 되는 행정부 기관, 사법 시
스템의 기관, 의회, 정당 및 시민사회가 한국 민주주의를 재발견하
고 민주주의를 공고하게 뿌리 내릴 수 있도록 하는 기회가 된다.
곧 민주주의 국제협력에 대한 참여는 한국의 민주주의를 심화 발전
시키기 위한 효과적인 방법이 될 수 있을 것이다.

　이러한 맥락에서 국내의 국제교류협력 담당자들의 대다수는 민
주주의 국제협력이 한국 민주주의의 심화와 발전에 기여할 것이라
는 인식을 표명하고 있다. 설문 참여자의 15.0%가 민주주의 국제협
력이 한국 민주주의 증진에 '매우 도움이 된다'는 입장을 보였으며
60.5%가 '도움이 된다'는 입장을 보이고 있다. 여기에 '보통'이라고
답변한 응답자가 21.6%이며 '도움이 안 된다'는 입장은 2.6%, '전혀
도움이 되지 않는다'는 입장은 0.3%에 그쳤다. 특히 시민사회 영역
에서 민주주의 국제협력과 한국 민주주의 증진 간의 긍정적 상관관

국내 민주주의 증진에 대한 국제 민주주의 협력의 기여

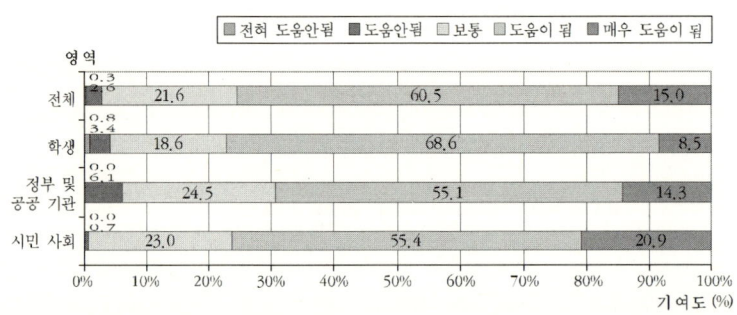

〈그림 21〉 국내 민주주의 증진에 대한 민주주의 국제협력의 기여 영역별 응답 결과

계를 인정하는 의견이 강하게 나타났다. 시민사회 영역의 교류 협력 담당자들 중 20.9%가 민주주의 국제협력이 한국 민주주의 증진에 '매우 도움이 된다'는 입장을 보이고 있다.

국제교류협력 담당자들이 민주주의 국제협력과 한국 민주주의 증진 사이에 긍정적 상관관계에 대한 인식을 공유하고 있다는 사실은 향후 민주주의 국제협력에서 한국이 더욱 적극적인 역할을 수행해야 한다는 필요성을 다시 한 번 상기시키고 있다.

2.2.3. 민주주의 국제협력 경험에 기반을 둔 평가

국내 수요조사는 해외 민주주의 증진과 관련된 국제교류협력의 경험을 가지고 있는 교류 협력 담당자들만을 대상으로 민주주의 국제협력에 대한 평가를 확인했다. 일단 민주주의 증진과 관련된 국제교류협력을 진행한 경험이 있는 교류 협력 담당자는 일부에 그치고 있는 것으로 나타나고 있다. 전체 설문 참여자 319명 중 93명이 민주주의 증진과 관련된 국제교류협력에 참여한 경험을 가지고 있는 것으로 나타났다. 이들의 응답 결과는 초보적 단계에서 이루어지고 있는 한국 민주주의 국제협력의 현 주소를 확인하는 데 귀중한 근거로서 의의를 지닌다.

2.2.3.1. 민주주의 국제협력의 기대 효과와 긍정적 결과

국내 수요조사는 민주주의 국제협력 경험을 가지고 있는 응답자들이 어떤 효과를 기대하면서 교류 협력 사업을 추진했는지 확인했다. 응답 결과에 따르면 응답자의 44.6%가 '국제사회의 일원으로서의 인식 제고'를 기대 효과로 선택하고 있다. 이어서 응답자의 17.4%가 '국내 민주주의 증진 효과'를 선택하고 있으며, '외교적 영향력 확대'를 기대 효과로 본 응답의 비중은 15.2%에 이르고 있다.

즉 전반적으로 민주주의 국제협력의 기대 효과로서 '국제사회의 일원으로서 인식'을 높이는 효과와 함께 '국내 민주주의의 증진 효과'가 중시되고 있는 것이다. 이 때 '국제사회 일원으로서 인식 제고'와 '한국 민주주의 증진' 한꺼번에 선택한 응답도 4.3%의 비중을 보이고 있다. 특히 시민사회에서 '국내의 민주주의 증진'을 기대 효과로 선택한 응답의 비중이 다른 영역에 비해 상대적으로 높게 나타나고 있다. 또한 시민사회의 특성상 '국가 브랜드 이미지', '외교적 영향력', '경제적 이익'을 기대 효과라고 응답한 경우는 극히 적은 비중을 나타내고 있다.

한편 정부 및 공공기관 영역에서는 '국제사회의 일원으로서 인식 제고'를 선택한 응답의 비중(52.2%)이 가장 높은 가운데 '외교적 영향력 확대'를 기대 효과로 선택한 응답(26.1%)의 비중도 높게 나타나고 있다. 이러한 결과는 정부 및 공공기관에서 민주주의 관련

민주주의 국제 협력의 기대 효과

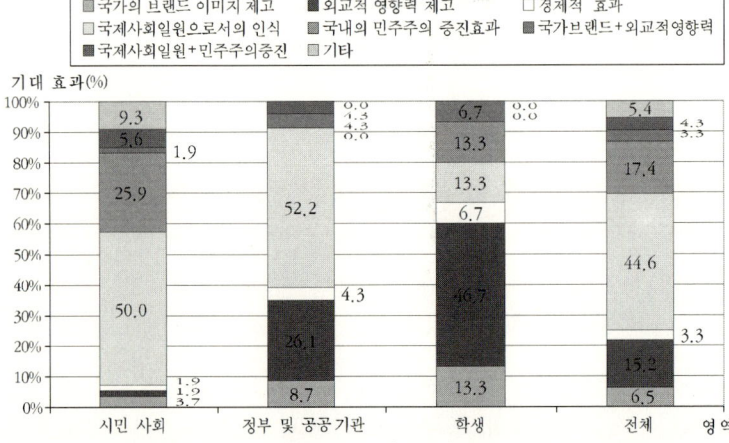

〈그림 22〉 민주주의 국제협력의 기대 효과에 대한 영역별 응답 결과

국제협력을 진행하는 데에 국제사회에 대한 책임감과 국제사회 일원으로서 의식이 주된 동기가 되지만 '외교적 영향력'을 강화하기 위한 의도나 동기가 일부 작용하고 있음을 보여주는 결과이다.

흥미로운 것은 학생의 응답 결과에서 민주주의 국제협력의 기대 효과로 '외교적 영향력 제고'를 선택한 응답의 비중이 높게 나타나고 있다는 점이다. 이는 학생들 중 민주주의 국제협력의 경험을 가진 응답자는 다소 소수이기 때문에 응답 결과상의 편중이 나타나고 있는 것이다. 즉 학생 영역의 모집단이 작기 때문에 외교적 영향력 제고를 선택한 일부 응답의 비중이 높게 나타나고 있다는 것이다. 따라서 학생 영역의 응답 결과는 다소 예외적인 비중 분포를 보이고 있다고 할 수 있다. 하지만 한편으로는 학생 응답자 일부가 민주주의 국제협력이 외교적 영향력의 확대와 같은 정치적 동기에서 비롯된다는 평가를 내리고 있다고 응답 결과를 해석할 수 있을 것이다. 실제로 일부 논자들은 민주주의 국제협력이 세계적, 지역

민주주의 국제 협력을 통한 긍정적 효과

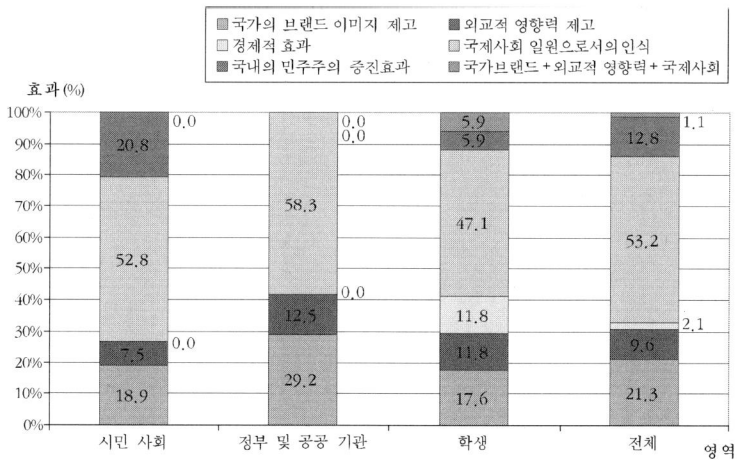

〈그림 23〉 민주주의 국제협력을 통한 긍정적 효과에 대한 영역별 응답 결과

적 패권의 강화와 같은 정치적 의도에서 비롯된다고 비판하고 있으며, 이와 같은 부정적인 이미지가 국내 수요조사의 응답 결과에 영향을 미치고 있다고 볼 수 있다.

실제 민주주의 국제협력이 가져온 긍정적인 효과에 대한 질문에서는 '국제사회 일원으로서의 인식 제고'를 선택한 응답이 가장 높은 비중을 보이고 있다. '국제사회 일원으로서의 인식 제고'를 민주주의 국제협력의 긍정적인 효과라고 선택한 응답의 비중은 시민사회(52.8%), 정부 및 공공기관(58.3%), 학생(47.1%)에서 공통적으로 높게 나타나고 있다. 또한 '국가 브랜드 이미지 제고'를 민주주의 국제협력의 긍정적 효과로 선택한 응답의 비중이 21.3%로 나타나고 있다. 결국 '국제사회의 일원으로서의 인식 제고' 효과와 '국가 브랜드 이미지 제고' 효과가 민주주의 국제협력을 통한 긍정적인 결과로서 중시되고 있는 것이다.

이때 시민사회 영역에서 민주주의 국제협력의 긍정적 효과로 '국내 민주주의 증진 효과'를 선택한 응답이 다른 영역에 비해 높은 비중을 보이고 있다. 이는 정부 및 공공기관 영역에서 '국내 민주주의 증진'에 대한 응답이 단 한 건도 없다는 사실과 대조적인 결과라고 할 수 있다. 즉 민주주의 국제협력을 통해 국내 민주주의의 발전과 심화가 이루어진다는 입장이 시민사회 영역에서 강하게 제기되고 있는 것이다. 동시에 시민사회 영역을 제외하면 민주주의 국제협력을 통한 국내 민주주의 증진 효과가 크게 주목 받지 못하고 있다는 사실도 확인할 수 있다.

2.2.3.2. 민주주의 국제협력 과정의 장애 요인

국내 수요조사는 민주주의 국제협력 과정에서 어떤 형태의 난관이나 장애 요인이 작용했는지를 파악하기 위해 민주주의 국제협력 진행상의 어려움에 대한 질문을 제시했다. 응답자의 44.4%가 민주주의 국제협력 진행상의 어려움으로 '외부적 요인'을 선택하고 있다. 이어서 '상대국의 비효율적인 행정체계'를 선택한 응답의 비중이 20.0%, '국내의 사회정치적 갈등'을 선택한 응답의 비중이 13.3%에 달했다.

전반적으로 민주주의 국제협력을 경험한 국제교류협력 담당자들은 '외부적 요인'을 가장 큰 어려움으로 꼽고 있는 것이다. 즉 국제정치, 경제상황의 변화와 신자유주의의 확산, 전쟁 등의 요인이 민주주의 국제협력을 어렵게 하는 요인이라는 것이다. '외부적 요인'을 선택한 응답의 비중은 학생과 시민사회에서 각각 62.5%와 43.1%로 정부 및 공공기관에 비해 상대적으로 높은 비중을 보이고 있다.

한편 정부 및 공공기관 영역에서는 '외부적 요인'보다 '상대국의 비효율적인 행정체계'를 민주주의 국제협력 진행상의 어려움으로 선택한 응답의 비중이 39.1%로 높게 나타나고 있다. 이는 '외부적 요인'을 선택한 응답(34.8%)보다 높은 비중이다. 또한 시민사회, 학

민주주의 국제 협력 진행 상의 어려움

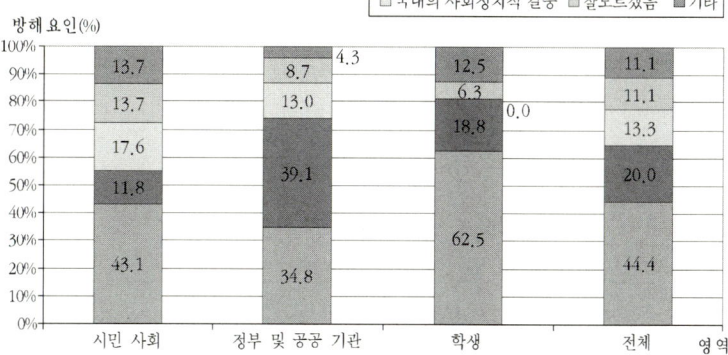

〈그림 24〉 민주주의 국제협력 진행상의 어려움에 대한 영역별 응답 결과

생과 비교했을 때에도 상대국의 비효율적인 행정체계를 선택한 정부 및 공공기관 영역의 응답비중이 상대적으로 높게 나타나고 있다. 이러한 결과를 토대로 정부 및 공공기관 영역에서 민주주의 국제협력의 주된 장애 요인으로서 '상대국의 비효율적인 행정체계의 문제'를 중시하는 경향이 있다고 할 수 있을 것이다.

민주주의 국제협력 수요조사의 일환으로 이루어진 글로벌 수요조사의 결과에 따르면, 주요 공여국을 중심으로 민주주의 국제협력 프로그램의 장애 요인이 수원국의 비효율적 행정체계에 있다는 의견이 강하게 제기되고 있다. 실제로 공적개발원조(ODA)와 관련된 민주주의 지원 프로그램에서 프로그램의 실패 요인을 수원국의 무능하고 부패한 거버넌스 시스템에 돌리는 경향이 나타나고 있다. 즉 공적 자금을 활용한 대규모 지원·협력 사업의 효과성 평가에서 사업과 프로그램 자체의 문제보다는 수원국의 무능과 부패 문제를 지적하는 경우가 많다는 것이다. 이와 유사하게 한국에서도 정부 및 공공기관에 의한 민주주의 국제협력의 경우, 지원·협력을 제공받는 국가의 비효율적 행정체계를 장애 요인으로 평가하는 입장이 우세하다는 사실을 확인할 수 있다.

2.2.4. 아시아 민주주의 국제협력에서 한국의 기여와 전망

국내 수요조사는 민주주의 국제협력뿐만 아니라 다양한 국제교류협력의 경험을 바탕으로 향후 한국의 민주주의 국제협력이 어떤 방향성을 가지고 이루어져야 하는지에 대한 국제교류협력 담당자들의 전망을 확인했다. 특히 한국의 민주주의 국제협력이 전략적인 출발점으로 삼아야 할 아시아 지역에 집중하여 민주주의 심화, 발전을 위한 지원·협력의 내용과 방식을 모색하는 데 국제교류협력 담당자들의 제언을 활용하고자 했다.

민주주의 국제협력 프로그램의 유형은 몇 가지로 나누어 볼 수 있다. 우선 민주주의 증진과 발전을 위해 활동하는 다양한 행위자들 간의 네트워크를 형성하고 공동의 행동을 기획하는 국제적 연계 및 연대 프로그램을 들 수 있다. 또한 민주주의와 관련된 다양한 연구 조사 프로그램이 존재한다. 정당 지원, 시민 단체 지원은 물론 민주주의 현안에 대한 연대 활동 등 협력 대상국에 대한 적극적인 개입을 특징으로 하는 프로그램도 존재한다. 또한 민주적 리더십과 시민의 민주주의 의식 고양을 위한 교육 및 훈련 프로그램, 민주주의 관련 재정적 지원 등의 프로그램 등이 실시되고 있다.

　　한국의 민주주의 국제협력의 주 대상이 될 아시아 지역에서 가장 효과적으로 시행될 수 있는 프로그램으로 국제 연계 및 연대 프로그램을 선택한 응답의 비중이 가장 높게 나타나고 있다. 설문 참여자의 44.1%가 '국제 연계 및 연대' 프로그램이 가장 효과적일 것이라고 응답했으며 이어서 23.0%가 해당국에 대한 적극적인 '사회 참여 활동', 21.1%가 '교육 및 훈련' 프로그램을 선택했다. 민주주의 관련 '재정지원'과 '연구 조사' 프로그램을 선택한 응답의 비중은

향후 아시아 민주주의 국제 협력에서 효과적인 프로그램

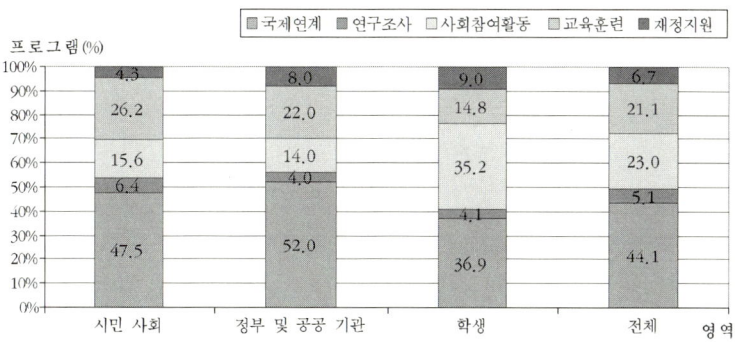

〈그림 25〉 향후 아시아 민주주의 국제협력에서 가장 효과적인 프로그램에 대한 영역별 응답 결과

각각 6.7%와 5.1%로 낮게 나타나고 있다.

앞서 국제교류협력 일반의 경험에 기반을 둔 평가에서 교류 협력 담당자들 중 63.0%가 '교육 및 훈련' 프로그램을 가장 효과적인 프로그램으로 평가한 바 있다. 그러나 민주주의 국제협력에 대해서는 '국제적 연계 및 연대' 프로그램이 가장 효과적일 것이라는 전망이 가장 큰 비중으로 나타나고 있는 것이다. 물론 민주주의 국제협력에서 '교육 및 훈련' 프로그램이 가장 효과적이라는 응답(21.1%)도 상당한 비중을 차지하고 있다. 하지만 국제교류협력 일반과 민주주의 국제협력에 대한 응답 차이가 엄연히 나타나고 있는 것이다. 이러한 결과는 일반적인 국제교류협력과 민주주의 국제협력 사이에 차별성이 존재한다는 응답자들의 인식이 반영된 결과라 할 수 있다. 즉 민주주의 국제협력의 경우 비민주적 체제에 반대하는 민주주의 운동과 관련되기 때문에 협력 대상국의 민주주의 운동에 연대하거나 직접 참여하는 방식이 보다 효과적일 것이라는 인식이

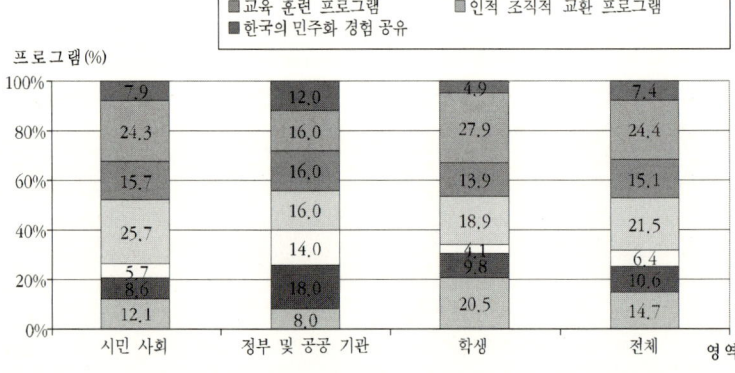

반드시 필요한 국제 협력 프로그램

〈그림 26〉 민주화운동기념사업회가 반드시 추진해야 할 프로그램에 대한 영역별 응답 결과

나타난 것이라고 추론할 수 있을 것이다.

또 한편으로는 국제적 연계 및 연대 프로그램이 다른 활동과 프로그램을 위한 기반이 된다는 사실을 상기할 필요가 있다. 한국의 민주주의 국제협력은 그 기반조차 조성하지 못하고 있는 실정이므로 지속적인 협력·지원 프로그램을 실행하기 위해서는 광범위한 네트워크와 튼튼한 파트너십을 형성해야 할 필요가 있다. 즉 아시아 각국의 정부 및 공공기관, 민주주의 관련 제도 영역, 시민사회 영역, 관련 학계 등과 긴밀한 협력 관계를 구축하는 것이 당면한 최대 과제가 될 것이다. 가장 효과적인 민주주의 국제협력 프로그램에 대한 응답에서 국제적 연계 및 연대 프로그램의 비중이 높은 이유는 바로 국제협력 기반 조성에 대한 요구가 반영된 결과라고 해석할 수 있다.

한편 민주화운동기념사업회가 향후 추진해야 할 구체적 프로그램에 대한 국제교류협력 담당자들의 응답 결과는 '인적·조직적 교환 프로그램'(24.4%), '커뮤니티 프로그램 증진'(21.5%), '교육 훈련 프로그램'(15.1%), '지역적·세계적 포럼 개최'(14.7%), '책임성 있고 효율적인 통치모델 개발'(10.6%), '한국의 민주화 경험 공유'(7.4%), '지식 기반 서비스'(6.4%)와 같은 비중 순위로 나타나고 있다. 전반적으로 민주화운동기념사업회가 상호 교류 중심의 프로그램과 협력 대상국의 지역 기반 프로그램을 실행해야 한다는 의견이 많이 제기되고 있다고 할 수 있을 것이다.

전체적으로는 각각의 프로그램에 대한 응답 비중이 큰 차이를 보이지 않는 가운데 시민사회, 정부 및 공공기관, 학생의 영역별 구분에 따라 응답 분포의 차이가 나타나고 있다. 정부 및 공공기관 영역의 국제협력 담당자들은 모든 프로그램에 대해 분산된 응답을 보이고 있다. 단 책임성 있고 효율적인 통치 모델의 개발과 같은 민주적 거버넌스에 대한 기술적 지원 부분에서 민주화운동기념사업회가 프로그램을 진행해야 한다는 입장이 시민사회와 학생에 비해 상대적으로 높게 나타나고 있다. 이는 공적 기관으로서 민주화운동기념사업회가 민주주의 제도와 기제에 대한 공식적인 기술적 지원을 책임져야 한다는 정부 및 공공기관 교류 협력 담당자들의 요구가 반영된 결과라고 해석할 수 있다. 요약하면 한국 민주주의의 경험을 기반으로 아시아 지역에서 민주주의를 발전시키기 위한 제도적, 절차적 모델을 구상해 내는 역할이 정부 및 공공기관 영역 응답자들로부터 요청되고 있는 것이다.

한편 시민사회 영역의 경우에는 풀뿌리 민주주의 역량 강화와 관련되는 '커뮤니티 프로그램 증진'에 민주화운동기념사업회가 역할을 담당할 것을 요구하는 의견의 비중이 높았으며 '인적·조직적 교환 프로그램'에 대한 요구도 높게 나타나고 있다. 이는 시민사회 영역에서 민주화운동기념사업회가 협력 상대국 시민사회의 민주주의 역량과 자생적인 리더십의 강화에 기여해 줄 것을 요구하고 있는 것이라고 해석할 수 있다. 즉 상대국 시민사회와 밀접한 연관을 형성하면서 민주주의 역량을 강화하기 위한 프로그램을 실행하는 역할이 시민사회영역 응답자들로부터 요청되고 있는 것이다.

또한 학생들의 경우에는 '인적·조직적 교환 프로그램'에 대한 요구가 큰 비중을 차지하고 있는 가운데 지역적, 세계적 포럼개최에 대한 요구가 시민사회, 정부 및 공공기관에 비해 상대적으로 높은 비중을 차지하고 있다. 이는 학생들의 학문적 관심이 반영된 결과로서 이해할 수 있다. 학생 응답자들은 경험과 지식, 자료의 공유 및 협력적 발전을 위해 교류 프로그램이나 포럼과 같은 행사를 민주화운동기념사업회가 추진해야 한다고 요청하고 있는 것이다.

국내 수요조사에서는 앞서 언급한 다양한 민주주의 국제협력 프로그램의 필요성을 1부터 5까지의 척도로 제시하고 응답자들이 민주화운동기념사업회가 추진해야 할 프로그램의 필요성 정도를 평가하도록 했다. 응답자들이 부여한 각 프로그램에 대한 필요성 점수를 바탕으로 평균값을 산출하여 필요성 평가지수로 변환했다.

응답 결과에 따르면 각각의 프로그램의 필요성 평가지수 또한 앞선 응답 결과 분석과 궤를 같이 하고 있다. 국제교류협력 담당자들은 '인적·조직적 교류 프로그램'의 필요성을 가장 높게 평가하고 있으며 이어서 '교육 훈련 프로그램'과 '커뮤니티 프로그램 증진'의 필요성을 높게 평가하고 있다.

한편 영역 간의 필요성 평가지수가 큰 차이를 보이지 않는 가운데 학생들에게서 '세계적·지역적 포럼 개최'의 필요성 평가지수가 상대적으로 높게 나타나고 있으며, 정부 및 공공기관에서 '통치 모

민주화기념사업회가 추진해야 할 프로그램의 필요성 정도

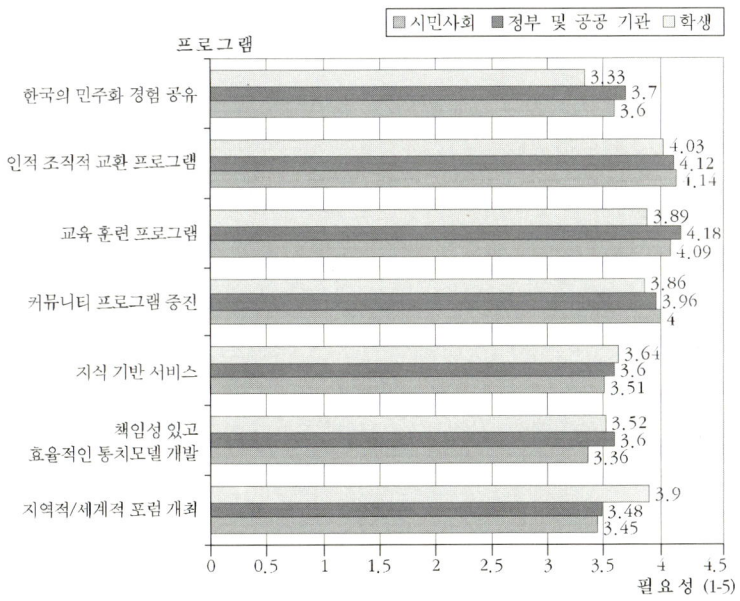

〈그림 27〉 민주화운동기념사업회가 추진해야 할 프로그램의 필요성
평가지수 응답 결과

델 개발'의 필요성 평가지수가 상대적으로 높게 나타나고 있다.

결국 요약하면 영역별로 다소 간의 차이가 있지만 국내의 국제교류협력 담당자들은 대체로 민주화운동기념사업회가 '인적·조직적 교환 프로그램', '교육 훈련 프로그램', '커뮤니티 프로그램 증진'과 같은 민주주의 국제협력 프로그램을 진행해야 한다는 입장을 제시하고 있다. 물론 다른 프로그램의 중요성도 강조되고 있지만 이들 프로그램이 민주화운동기념사업회의 위상과 역할에 적절하며 또한 향후 성과를 얻을 수 있을 것으로 전망되고 있다고 할 수 있을 것이다.

3. 소결 - 민주주의 국제협력을 향한 한국의 출발점

이상의 분석 결과를 통해 국내의 국제교류협력 분야에서 활동하고 있는 정부 및 공공기관 담당자, 시민사회단체 활동가, 교류 협력 분야에서 연구를 하고 있는 학생들이 한국의 국제교류협력과 민주주의 국제협력에 대해 어떤 인식과 평가, 전망 및 수요를 가지고 있는지 파악하였다. 설문조사의 특성 상 응답 결과를 바탕으로 한국의 국제교류협력과 민주주의 국제협력의 현황을 평가하는 것은 다소 무리가 따른다. 본 분석 결과는 응답자들의 주관적인 인식과 평가에 기반하고 있는 것이기 때문에 이를 바탕으로 구체적인 국제교류협력의 현황을 파악하기는 어려우며, 특히 국제교류협력 담당자들의 의식을 일반화시켜 한국 사회 전반의 의식을 확인할 수도 없는 것이다.

따라서 한국의 국제교류협력 현황에 대한 보다 구체적인 접근이 사후 연구로서 필요할 것이다. 특히 한국의 공공기관을 통해서 이루어지고 있는 국제교류협력의 현황을 파악하는 작업이 시급하게 요청된다. 일부 시민사회단체를 중심으로 하여 이루어지고 있는 국제적 연대 활동 및 교류 협력에 대한 연구 조사가 몇 차례 이루어진 바 있지만 행정·사법·입법의 각 국가 기관, 공공기관, 정당을 통한 국제교류협력의 현황은 구체적으로 보고된 바가 없다. 따라서 국내 수요조사의 결과를 기반으로 한국의 국제교류협력 현황을 정리하기 위한 노력이 필요하다고 할 수 있다.

국내 수요조사의 응답 결과는 한국의 국제교류협력의 현실을 그대로 반영하지는 않지만 한국의 국제교류협력이 당면한 문제 지점들을 여실히 보여 주고 있다. 한국의 국제교류협력이 충분히 효과적으로 진행되고 있지 않고 있다는 사실이 응답 결과 분석을 통해 확인되었으며, 그 원인 또한 다방면에서 확인되고 있다. 또한 국제교류협력의 문제점과 한계 지점은 설문조사를 보충하기 위해 진행된 개별 인터뷰와 그룹 인터뷰의 결과를 통해 잘 나타나고 있다.

전반적으로 한국 사회에서 국제교류협력이 필요하다는 인식은 널리 확산되어 있다. 실제로 대부분의 기관 및 단체에서 국제교류협력 사업을 추진하거나 추진할 계획을 가지고 있다. 자매결연과 상호 방문과 같은 사업은 지자체는 물론 각급 학교, 이익 단체, 사적 결사체(association) 등 사회 전역에 걸쳐 일종의 필수 사업처럼 인식되고 있다. 그러나 국제교류협력의 필요성이 사회적 공감대를 형성하고 있지만 여전히 국제교류협력은 핵심적인 사업이나 활동이라기보다는 부차적인 사업이나 활동으로 취급 받고 있다. 언제나 우선순위에서 뒤로 밀리는 것이 국제교류협력이라는 것이다.

다시 말해, 국제교류협력이 명목상으로는 중시되고 있지만 실질적으로는 중시되지 않고 있다고 할 수 있다. 국내 수요조사의 분석 결과에 따르면 다수의 국제교류협력 담당자들은 자신들이 추진한 국제교류협력 프로그램이 불충분했다는 평가를 내리고 있다. 또한 국제교류협력 담당자들이 보고하고 있는 자원과 역량 상의 한계는 국제교류협력 사업이 충분한 지원과 지지를 받지 못하고 있다는 사실을 확인시켜 주고 있다. 한편 개별 인터뷰와 포커스 그룹 인터뷰의 결과는 보다 구체적으로 한국의 국제교류협력이 안고 있는 문제점을 보여주고 있다. 국내 수요조사와 인터뷰 결과를 바탕으로 하여 한국의 국제교류협력에서 나타나고 있는 한계와 문제점을 다음의 세 가지 지점으로 정리할 수 있을 것이다.

첫째, 한국의 국제교류협력은 방향성과 목적이 결여되어 있다. 즉 국제교류협력을 통해서 추구하는 바가 불명확한 가운데 비체계적으로 국제교류협력이 이루어지고 있다는 것이다. 실제 다양한 국제교류협력을 실행하고 있으면서도 각 프로그램 간의 연관이 없는 경우가 자주 나타나고 있다. 게다가 국제교류협력을 진행하기 위한 충분한 사전 준비와 기획 과정이 필요함에도 불구하고 이러한 과정을 결여한 채 교류 협력 사업이 추진되고 있다. 이로 인해 국제교류협력은 단발성 행사 이상의 의의를 갖기 어려운 실정이다. 국제교류협력 담당자의 입장에서는 수많은 단발성 행사들을 관리하는 것만으로도 업무량이 폭주하여 이렇다 할 사전 준비나 고민 없이 행사 일정에 끌려 다니고 있는 상황에 처해있다. 상황이 이렇다 보니 각 기관 및 단체의 정체성과 활동 방향 속에서 국제교류협력 사업이 무슨 의미를 가지는지 명확하게 대답할 수 있는 담당자는 극히 드물었다. 한국의 국제교류협력이 주먹구구식으로 이루어지고 있다는 사실을 여실히 보여주는 현실이다.

둘째, 인적, 물적 자원의 문제가 심각하다. 개별 인터뷰와 포커스 그룹 인터뷰의 결과 인터뷰에 참여한 교류 협력 담당자들은 재정적 자원의 부족 문제를 매우 심각한 문제로 지목하고 있다. 심지어 재정 문제만 해결된다면 국제교류협력이 질적으로 변화할 수 있을 것이라는 의견도 제기되고 있다. 특히 재정적 자원의 부족 문제는 인적 자원의 부족으로 직결된다. 국제교류협력을 담당할 전문 인력을 확보할 수 없을 정도로 국제교류협력 분야의 재정이 빈약하다는 것이다. 기관 및 단체의 전체 사업과 활동 속에서 국제교류협력이 부차적으로 취급되다 보니 국제교류협력에 배정된 재정이 쉽사리 다른 용도로 사용되거나 삭감되는 경우가 자주 나타나고 있는 것이다. 심지어 정부 기관에서조차 국제교류협력 부분에서 재정 부족을 호소하는 목소리가 나오고 있는 것은 국제교류협력이 정책적, 전략적으로 매우 낮은 위상을 가지고 있다는 사실을 다시금 확인시켜 주고 있다.

셋째, 국제교류협력 담당자들의 자질과 역량의 문제이다. 일부 국제교류협력 담당자들은 한국의 국제교류협력이 상대방에 대한 충분한 이해에 기반하고 있지 않을 뿐만 아니라 상대방에 대한 기본적인 배려조차 결여하고 있는 경우가 많다고 비판하고 있다. 특히 교류 협력의 파트너에 대한 경청의 자세조차 결여되어 있는 경우는 국제교류협력 사업의 의의 자체를 무시하는 행동과 같다는 점에서 문제가 있다. 즉 국제교류협력을 해도 그만 안 해도 그만이다는 식으로 접근하기 때문에 신뢰에 기반을 둔 협력적 관계의 구축에 관심을 가지지 않는 태도가 나타나고 있다는 것이다. 단발성 행사만을 목적의식 없이 지속하고 있는 경우에 국제교류협력 사업은 오히려 국제무대에서 한국의 활동을 더욱 위축시키는 부정적 효과만을 산출하게 될 것이다.

이상의 문제와 한계는 민주주의 국제협력의 추진에도 똑같이 적용될 수 있는 문제와 한계들이 될 것이다. 만일 이와 같은 난관을 해결하지 못한다면 민주주의 국제협력 또한 긍정적 효과보다는 부정적 효과를 더 많이 발생시킬 것이며, 결국에는 한국 민주주의의 심화, 발전에도 결정적 패착으로 귀결될 가능성이 높다. 민주주의 국제협력이 기존의 국제교류협력에서 나타나는 일련의 문제점과 한계를 뛰어 넘기 위해서는 보다 전략적인 접근이 필요하다.

결국 가장 중시되어야 할 것은 명확한 전략적 목적과 구체적인 세부 목표들을 설정하는 것이다. 민주주의 국제협력의 전반적 방향에 대한 모색이 급선무라고 할 수 있을 것이다. 과연 어떤 목적과 목표를 위해서 민주주의 지원·협력 활동을 추구하는지에 대한 근본적인 질문에 먼저 답할 수 있어야만 사업과 프로그램이 일관성을 가지고 배치될 수 있을 것이다. 특히 가용자원이 충분하지 않은 현실에서 자원의 효율적인 투입과 전략적 배분을 위해 강령 수준의 계획과 전략적 행동 계획이 정교하게 구성되어야 할 필요가 있다.

동시에 민주주의 국제협력은 스스로 앞으로 나아갈 경로를 안정적으로 확보하기 위해 기획되어야 한다. 아직 한국에서는 민주주의 국제협력을 위한 정치적, 사회적 기반이 충분히 형성되어 있지 않은 상황이다. 게다가 민주주의 국제협력을 위한 국제적 네트워크와 지원·협력의 실행 주체가 될 전문가 집단도 형성되어 있지 않다. 민주주의 발전을 위한 지원·협력은 중장기적인 시야에서 끈질긴 노력을 필요로 하기 때문에 안정적인 사업 및 활동 기반의 조성이 필수적이다. 따라서 민주주의 국제협력의 과정 속에서 미래의 전문가를 양성하고 광범위한 협력 네트워크를 조성하는 작업이 최우선 순위를 가지는 일이라고 할 수 있을 것이다.

국내 수요조사의 결과에 따르면 다수의 국제교류협력 담당자들이 가치 구현 분야에서 국제교류협력이 확장되어야 한다는 입장을 보이고 있다. 또한 한국 민주주의 심화, 발전을 위해 민주주의 국제협력이 필요하다는 입장을 공유하고 있다. 민주주의 국제협력의 추진에서 사회적 동의와 지지의 확보가 갖는 중요성은 아무리 강조해도 지나침이 없다. 특히 해외 민주주의 지원·협력에 국민적 관심이 높을수록 자국 민주주의를 국제적 기준에 따라 평가하고 개혁해 나가고자 하는 국민적 의지의 결집이 용이해진다. 즉 민주주의 국제협력을 통한 한국 민주주의 증진을 위해서도 대중적인 인식 제고와 지지 확보가 필수적이라는 것이다. 물론 국제교류협력 담당자들 사이에서 민주주의 국제협력에 대한 긍정적 의식이 나타난다고 해서 이러한 사실을 국민적인 긍정적 의식으로 일반화할 수 없다. 하지만 국제교류협력 담당자들이 다양한 교류 협력의 경험 속에서 민주주의 국제협력에 대한 긍정적인 의식을 가지게 되었다면 국민적 차원에서도 인식 제고를 위한 노력과 경험 공유를 통해 민주주의 국제협력에 대한 관심과 지지를 확보할 수 있을 것이라고 전망해 볼 수 있을 것이다.

Ⅳ. 부 록

1. 국제교류협력의 일반 현황

〈표 1〉은 영역, 지역, 교류협력경험, 근무기간수준별 단체활동유형에 대한 교차분석결과이다. 표에 제시된 분석내용을 구체적으로 논의하면 다음과 같다.

첫째, 영역별 단체활동유형에 대한 교차분석결과, 시민사회단체는 권익보호 및 증진 분야 단체가 가장 높게 나타났고, 그 다음으로 연구 교육 분야, 세 가지 활동 이상, 기타, 지역사회 발전 등의 순서로 높게 분포된데 비해, 정부 및 공공기관에서는 세 가지 활동이상, 연구 교육 분야, 권익보호 및 증진 분야, 기타, 지역사회 발전 분야, 자선 및 구호 분야 등의 순서로 높게 분포되었으며 학생에서는 연구 교육 분야기능이 가장 높게 나타났고 그 다음으로 기타, 지역사회 발전 분야와 세 가지기능이상 등으로 구성되었음을 보여준다. 이러한 분석결과는 통계적으로 유의미하다.

둘째, 지역별 단체활동유형에 대한 교차분석결과, 서울지역에 있는 국제협력 전문가들의 단체는 주로 연구 교육 분야가 가장 높게 구성되었으며, 그 다음으로 기타, 권익보호 및 증진 분야, 세 가지 기능이상, 지역사회 발전 분야, 자선 및 구호 분야 등의 순서로 높게 구성되었고, 서울이외 지역에 있는 국제협력 전문가들의 단체는 주로 세 가지 이상의 기능을 수행하고 있으며, 그 다음으로 연구 교육 분야, 권익보호 및 증진 분야, 자선 및 구호 분야와 지역사회 발전 분야, 기타 등의 순서로 높게 구성되었음을 보여준다. 이러한 분석결과는 통계적으로 유의미하다.

셋째, 해외교류협력경험별 단체활동유형에 대한 교차분석결과, 국제교류협력경험이 있는 사람들은 주로 연구 교육 분야가 가장 많이 분포되었으며, 그 다음으로 기타, 권익보호 및 증진 분야, 세 가지이상의 기능, 지역사회 발전 분야, 자선 및 구호 분야 등의 순서로 높게 구성되었고, 국제교류협력경험이 없는 사람들은 주로 기타 유형이 가장 많이 분포되었으며, 그 다음으로 세 가지 이상의 분야와 지역사회 발전 분야, 연구 교육 분야 등의 순서로 나타났다. 이러한 분석결과는 통계적으로 유의미하다.

넷째, 근무기간별 단체활동유형에 대한 교차분석결과, 1년 미만의 경험자들은 주로 권익·연구교육·자선·지역사회 발전 분야 등 이외의 기능을 수행하는 단체가 가장 많이 분포되었으며, 그 외 연구 교육 분야와 자선 및 구호 분야로만 구성되었다. 반면에, 1~3년 미만의 경험자들은 연구 교육 분야가 가장 많이 분포되었으며, 그 다음으로 세 가지 이상의 기능, 권익보호 및 증진 분야, 지역사회 발전 분야, 자선 및 구호 분야와 기타 등으로 구성되었고, 3~5년 미만의 경험자들은 연구 교육 분야, 권익보호 및 증진 분야, 세 가지 이상 분야 등으로 구성되었으며, 5~10년 미만의 경험자들은 세 가지 이상의 기능을 수행하는 단체가 가장 많이 분포되었으며 그 다음으로 권익보호 및 증진 분야, 자선 및 구호 분야, 연구 교육 분야 등으로 구성되었다. 10~15년 미만의 경험자들은 권익보호 및 증진 분야와 연구 교육 분야가 가장 많이 분포되었으며 그 다음으로 기타와 지역사회 발전 분야, 자선 및 구호 분야와 세 가지 이상 분야 등의 순서로 분포되었고, 15년 이상의 경험자들은 연구 교육 분야가 가장 많이 분포되었으며, 그 다음으로 권익보호 및 증진 분야, 세 가지 이상, 자선 및 구호 분야와 지역사회 발전 분야, 기타 등의 순서로 구성되었음을 보여준다. 이러한 분석결과는 통계적으로 유의미하다.

《표 1》 영역, 지역, 교류협력경험, 근무기간수준별 단체활동유형에 대한 이차원 분할표

		단체활동유형						전체	X^2
		권익보호 및 증진 분야	연구 교육 분야	자선 및 구호 분야	지역사회 발전 분야	세 가지 이상 분야	기타		
영역	시민사회	38	31	11	14	27	23	144	
		26.4%	21.5%	7.6%	9.7%	18.8%	16.0%	100.0%	
	정부 및 공공기관	11	14	1	2	17	5	50	***
		22.0%	28.0%	2.0%	4.0%	34.0%	10.0%	100.0%	130.082
	학생	0	75	0	1	1	46	123	
		0.0%	61.0%	0.0%	0.8%	0.8%	37.4%	100.0%	
전체		49	120	12	17	45	74	317	
		15.5%	37.9%	3.8%	5.4%	14.2%	23.3%	100.0%	
지역	서울	46	109	10	15	30	72	282	
		16.3%	38.7%	3.5%	5.3%	10.6%	25.5%	100.0%	***
	기타지역	3	10	2	2	15	2	34	31.124
		8.8%	29.4%	5.9%	5.9%	44.1%	5.9%	100.0%	
전체		49	119	12	17	45	74	316	
		15.5%	37.7%	3.8%	5.4%	14.2%	23.4%	100.0%	
해외교류 협력경험	있음	49	117	12	15	43	66	302	
		16.2%	38.7%	4.0%	5.0%	14.2%	21.9%	100.0%	*
	없음	0	1	0	2	2	6	11	13.155
		0.0%	9.1%	0.0%	18.2%	18.2%	54.5%	100.0%	
전체		49	118	12	17	45	72	313	
		15.7%	37.7%	3.8%	5.4%	14.4%	23.0%	100.0%	
근무기간	1년 미만	0	2	1	0	0	67	70	
		0.0%	2.9%	1.4%	0.0%	0.0%	95.7%	100.0%	
	1~3년 미만	18	94	4	12	23	4	155	
		11.6%	60.6%	2.6%	7.7%	14.8%	2.6%	100.0%	
	3~5년 미만	11	12	0	0	4	0	27	
		40.7%	44.4%	0.0%	0.0%	14.8%	0.0%	100.0%	***
	5~10년 미만	12	2	4	1	13	0	32	339.870
		37.5%	6.3%	12.5%	3.1%	40.6%	0.0%	100.0%	
	10~15년 미만	3	3	1	2	1	2	12	
		25.0%	25.0%	8.3%	16.7%	8.3%	16.7%	100.0%	
	15년 이상	5	7	2	2	4	1	21	
		23.8%	33.3%	9.5%	9.5%	19.0%	4.8%	100.0%	
전체		49	120	12	17	45	74	317	
		15.5%	37.9%	3.8%	5.4%	14.2%	23.3%	100.0%	

* : p<.05(단측검증), ** : p<.01(단측검증), *** : p<.001(단측검증)

〈표 2〉는 영역, 지역, 교류협력경험, 근무기간수준별 주요 국제교류협력 지역에 대한 교차분석결과이다. 표에 제시된 분석내용을 구체적으로 살펴보면 다음과 같다.

첫째, 영역별 주된 국제교류협력 지역에 대한 교차분석결과, 시민사회단체에서는 아시아태평양지역과 가장 많이 교류협력하는 것으로 나타났으며, 그 다음으로 기타, 북미지역, 유럽지역 등의 순서로 높게 나타났고, 정부 및 공공기관에서도 또한 아시아태평양지역이 90%이내의 주된 교류협력지역이고 그 외 유럽지역과 북미지역과 교류협력하는 것으로 나타났으며, 학생에서도 아시아태평양지역이 78.0%로 가장 높게 나타났으며 그 다음으로 유럽지역, 북미지역, 기타, 아프리카지역 등의 순서로 구성되었음을 보여준다.

둘째, 지역별 주요 국제교류협력 지역에 대한 교차분석결과, 서울지역에서 종사하는 전문가들은 아시아태평양지역교류협력이 가장 많이 나타났으며, 그 다음으로 유럽지역, 북미지역과 기타지역, 아프리카지역 등의 순서로 교류협력하는 것으로 나타났고, 기타지역에서도 아시아태평양지역이 가장 많이 교류협력하고 있으며, 그 다음으로 북미지역과 기타지역으로 교류협력하고 있음을 보여준다.

셋째, 단체활동 유형별 주요 국제교류협력 지역에 대한 교차분석결과, 권익보호 및 증진 분야단체에서는 아시아태평양지역교류협력이 93.9%로 가장 높게 나타났으며, 그 다음으로 북미지역과 유럽지역에서 교류협력하는 것으로 나타났고, 연구 교육 분야에서도 아시아태평양지역이 가장 많이 분포되었으며 그 다음으로 유럽지역, 북미지역, 기타지역, 아프리카지역 등의 순서로 나타났고, 자선 및 구호 분야에서는 아시아태평양지역과 유럽지역에서만 교류협력하는 것으로 나타났다. 지역사회 발전 분야에서는 아시아태평양지역이 82.4%로 가장 많이 교류협력하며 그 다음으로 기타지역, 유럽지역으로 나타났고, 세 가지 이상의 기능을 수행하고 있는 단체에서는 아시아태평양지역, 북미지역, 유럽지역과 기타지역 등의 순서로 나타났으며 기타 단체에서는 아시아태평양지역, 기타지역, 유럽지역, 북미지역, 아프리카지역 등의 순서로 교류협력하고 있음을 보여준다.

　넷째, 근무기간별 주요 국제교류협력 지역에 대한 교차분석결과, 1년 미만에서는 아시아태평양지역, 기타지역, 유럽지역, 북미지역, 아프리카지역 등의 순서로 교류협력하고 있으며, 1~3년 미만에서는 아시아태평양지역, 북미지역, 유럽지역, 기타지역, 아프리카지역 등의 순서로 교류협력하는 것으로 나타났고, 3~5년 미만에서도 아시아태평양지역교류협력이 92.6%로 가장 많이 교류협력하며 그 다음으로 북미지역과 기타지역으로 교류협력하는 것으로 나타났다. 5~10년 미만에서는 아시아태평양지역, 유럽지역, 북미지역과 기타지역 등의 순서로 교류협력하며, 10~15년 미만에서는 아시아태평양지역에서만 교류협력하는 것으로 나타났다. 15년 이상에서는 아시아태평양지역, 북미지역, 유럽지역, 기타지역 등의 순서로 교류협력하고 있음을 보여준다.

〈표 2〉영역, 지역, 활동유형, 근무기간의 수준별 주요 교류협력지역에 대한 이차원 분할표

		주요 교류협력지역					전체	X^2
		아시아 태평양지역	유럽 지역	아프리카 지역	북미 지역	기타		
영역	시민사회	124	5	0	6	9	144	12.909
		86.1%	3.5%	0.0%	4.2%	6.3%	100.0%	
	정부 및 공공기관	45	3	0	2	0	50	
		90.0%	6.0%	0.0%	4.0%	0.0%	100.0%	
	학생	96	9	4	8	6	123	
		78.0%	7.3%	3.3%	6.5%	4.9%	100.0%	
전체		265	17	4	16	15	317	
		83.6%	5.4%	1.3%	5.0%	4.7%	100.0%	
지역	서울	237	15	4	13	13	282	1.745
		84.0%	5.3%	1.4%	4.6%	4.6%	100.0%	
	기타지역	27	2	0	3	2	34	
		79.4%	5.9%	0.0%	8.8%	5.9%	100.0%	
전체		264	17	4	16	15	316	
		83.5%	5.4%	1.3%	5.1%	4.7%	100.0%	
단체 활동 유형	권익보호 및 증진 분야	46	1	0	2	0	49	18.232
		93.9%	2.0%	0.0%	4.1%	.0%	100.0%	
	연구 교육 분야	96	9	3	8	4	120	
		80.0%	7.5%	2.5%	6.7%	3.3%	100.0%	
	자선 및 구호 분야	11	1	0	0	0	12	
		91.7%	8.3%	.0%	.0%	.0%	100.0%	
	지역사회 발전 분야	14	0	0	1	2	17	
		82.4%	0.0%	0.0%	5.9%	11.8%	100.0%	
	세 가지 이상 분야	38	2	0	3	2	45	
		84.4%	4.4%	.0%	6.7%	4.4%	100.0%	
	기타	60	4	1	2	7	74	
		81.1%	5.4%	1.4%	2.7%	9.5%	100.0%	
전체		265	17	4	16	15	317	
		83.6%	5.4%	1.3%	5.0%	4.7%	100.0%	
근무 기간	1년 미만	55	5	1	2	7	70	17.247
		78.6%	7.1%	1.4%	2.9%	10.0%	100.0%	
	1~3년 미만	130	8	3	9	5	155	
		83.9%	5.2%	1.9%	5.8%	3.2%	100.0%	
	3~5년 미만	25	0	0	1	1	27	
		92.6%	0.0%	0.0%	3.7%	3.7%	100.0%	
	5~10년 미만	28	2	0	1	1	32	
		87.5%	6.3%	0.0%	3.1%	3.1%	100.0%	
	10~15년 미만	12	0	0	0	0	12	
		100.0%	0.0%	0.0%	0.0%	0.0%	100.0%	
	15년 이상	15	2	0	3	1	21	
		71.4%	9.5%	0.0%	14.3%	4.8%	100.0%	
전체		265	17	4	16	15	317	
		83.6%	5.4%	1.3%	5.0%	4.7%	100.0%	

* : p〈.05(단측검증), ** : p〈.01(단측검증), *** : p〈.001(단측검증)

영역과 활동유형에 따른 주요 국제교류협력 지역에 대한 다차원 분할표이다. 〈표 3〉에 제시된 분석내용을 구체적으로 살펴보면 다음과 같다.

첫째, 시민사회, 영역, 교류협력지역에 대한 다차원 교차분석결과, 권익보호 및 증진 분야 시민사회단체에서는 아시아태평양지역 94.7%와 북미지역 5.3%로 교류협력하고 있으며, 연구 교육 분야 시민사회단체에서는 아시아태평양지역, 북미지역, 유럽지역, 기타지역 등의 순서로 교류협력하고, 자선 및 구호분야 시민사회단체에서는 아시아태평양지역 90.9%와 유럽지역 9.1%로 교류협력하는 것으로 나타났다. 지역발전분야 시민사회단체에서는 아시아태평양지역, 기타지역, 북미지역에서 교류협력하고 있으며, 세 가지 이상의 기능을 수행하는 시민사회단체에서는 아시아태평양지역, 기타지역, 유럽지역 등의 순서로 교류협력하고, 기타 시민사회단체에서는 아시아태평양지역이 가장 많이 교류협력하며 그 다음으로 기타지역, 유럽지역 등의 순서로 교류협력하고 있다.

둘째, 정부 및 공공기관, 영역, 교류협력지역에 대한 다차원 교차분석결과, 권익보호 및 증진 분야를 위한 정부 및 공공기관에서는 아시아태평양지역 90.9%와 유럽지역 9.1%로 교류협력하고 있으며, 연구 교육 분야의 정부 및 공공기관에서는 아시아태평양지역에서만 교류협력하고 있고, 자선 및 구호를 위한 정부 및 공공기관에서도 아시아태평양지역에서만 교류협력하고 있는 것으로 나타났다. 지역사회 발전 분야를 위한 정부 및 공공기관에서는 아시아태평양지역에서만 교류협력하고 있는 것으로 나타났다.

셋째, 시민사회, 영역, 교류협력지역에 대한 다차원 교차분석결과, 학생의 권익보호 및 증진 분야단체에서는 아시아태평양지역이 76%로 가장 많이 교류협력하며, 그 다음으로 유럽지역, 북미지역, 아프리카지역과 기타지역 등의 순서로 교류협력하고. 지역사회 발전 분야를 위한 학생의 단체에서는 아시아태평지역에서만 교류협력하며, 세 가지 이상의 기능을 수행하는 학생의 단체에서는 북미지역에서만 교류협력하는 것으로 나타났다. 학생의 기타 단체에서는 아시아태평양지역이 82.6%로 가장 많이 교류협력하며, 그 다음으로 기타지역, 유럽지역과 북미지역, 아프리카지역 등의 순서로 교류협력하고 있는 것으로 나타났다.

<표 3> 영역, 활동유형 그리고 주요 교류협력지역에 대한 다차원 분할표

| | | 주요 교류협력지역 | | | | | 전체 | X^2 |
		아시아 태평양지역	유럽 지역	아프리카 지역	북미 지역	기타		
시민 사회	권익보호 및 증진 분야	36	0	0	2	0	38	
		94.7%	0.0%	0.0%	5.3%	0.0%	100.0%	
	연구 교육 분야	25	2	0	3	1	31	
		80.6%	6.5%	0.0%	9.7%	3.2%	100.0%	
	자선 및 구호 분야	10	1	0	0	0	11	
		90.9%	9.1%	0.0%	0.0%	0.0%	100.0%	
	지역사회 발전 분야	11	0	0	1	2	14	19.196
		78.6%	0.0%	0.0%	7.1%	14.3%	100.0%	
	세 가지 이상 분야	24	1	0	0	2	27	
		88.9%	3.7%	0.0%	0.0%	7.4%	100.0%	
	기타	18	1	0	0	4	23	
		78.3%	4.3%	0.0%	0.0%	17.4%	100.0%	
전체		124	5	0	6	9	144	
		86.1%	3.5%	0.0%	4.2%	6.3%	100.0%	
정부 및 공공 기관	권익보호 및 증진 분야	10	1	0	0	0	11	
		90.9%	9.1%	0.0%	0.0%	0.0%	100.0%	
	연구 교육 분야	14	0	0	0	0	14	
		100.0%	0.0%	0.0%	0.0%	0.0%	100.0%	
	자선 및 구호 분야	1	0	0	0	0	1	
		100.0%	0.0%	0.0%	0.0%	0.0%	100.0%	
	지역사회 발전 분야	2	0	0	0	0	2	7.067
		100.0%	0.0%	0.0%	0.0%	0%	100.0%	
	세 가지 이상 분야	14	1	0	2	0	17	
		82.4%	5.9%	0.0%	11.8%	0.0%	100.0%	
	기타	4	1	0	0	0	5	
		80.0%	20.0%	0.0%	0.0%	0.0%	100.0%	
전체		45	3	0	2	0	50	
		90.0%	6.0%	0.0%	4.0%	0.0%	100.0%	
학생	권익보호 및 증진 분야	57	7	3	5	3	75	
		76.0%	9.3%	4.0%	6.7%	4.0%	100.0%	
	지역사회 발전 분야	1	0	0	0	0	1	
		100.0%	0.0%	0.0%	0.0%	0.0%	100.0%	
	세 가지 이상 분야	0	0	0	1	0	1	16.789
		0.0%	0.0%	0.0%	100.0%	0.0%	100.0%	
	기타	38	2	1	2	3	46	
		82.6%	4.3%	2.2%	4.3%	6.5%	100.0%	
전체		96	9	4	8	6	123	
		78.0%	7.3%	3.3%	6.5%	4.9%	100.0%	

* : p〈.05(단측검증), ** : p〈.01(단측검증), *** : p〈.001(단측검증)

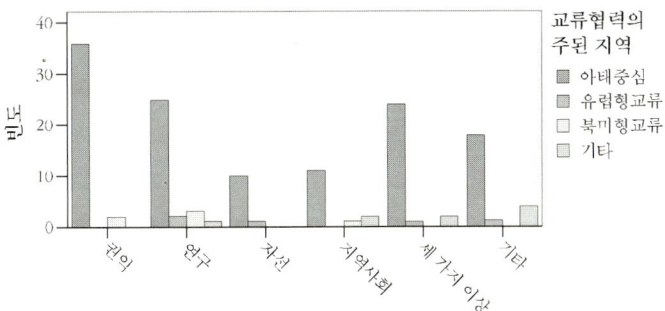

〈그림 1〉 시민사회, 활동유형, 교류협력지역에 대한 도표

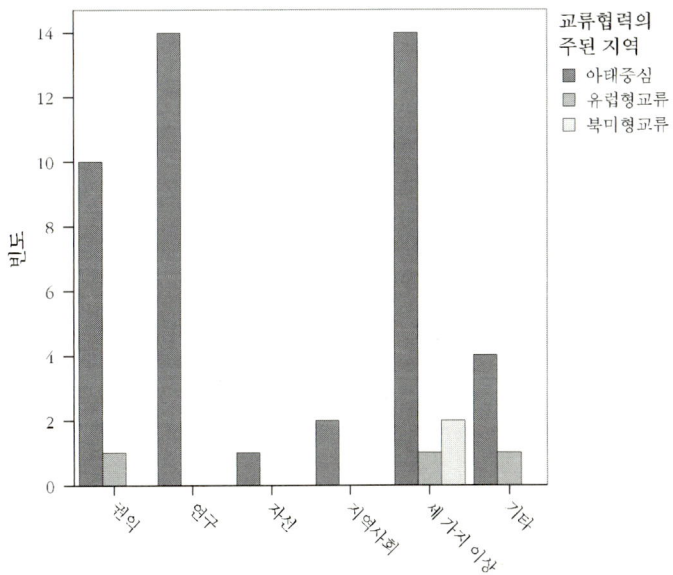

〈그림 2〉 정부 및 공공기관, 활동유형, 교류협력지역에 대한 도표

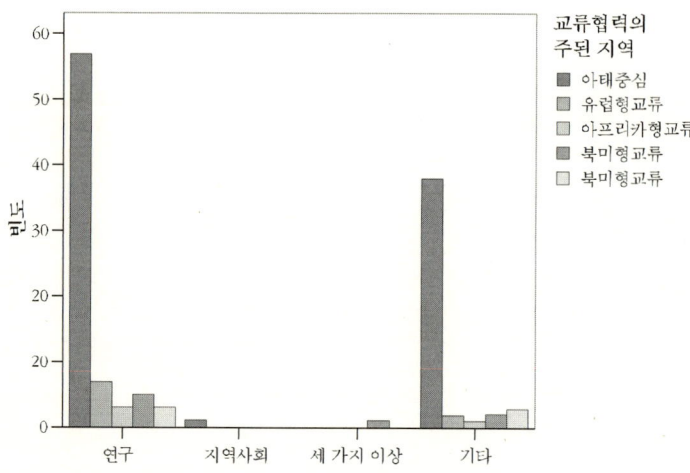

〈그림 3〉 학생, 활동유형, 교류협력지역에 대한 도표

〈표 4〉는 영역, 지역, 활동유형, 근무기간수준별 국제교류협력 지역의 크기에 대한 교차분석결과이다. 표에 제시된 분석내용을 구체적으로 살펴보면 다음과 같다.

첫째, 영역별 국제교류협력 지역의 크기에 대한 교차분석결과, 시민사회단체에서는 1개 지역 교류협력이 가장 많으며, 2개 지역 교류협력과 3개 지역 교류협력 순으로 나타났고, 정부 및 공공기관에서도 1개 지역 교류협력, 3개 이상 지역 교류협력, 2개 지역 교류협력 등의 순서로 나타났으며, 학생에서는 1개 지역 교류협력이 91.5%로 가장 많고 그 다음으로, 2개 지역 교류협력, 3개 이상 지역 교류협력 등의 순서로 나타났다. 이러한 분석결과는 통계적으로 유의미하다.

둘째, 지역별 국제교류협력지역 크기에 대한 교차분석결과, 서울에서는 1개 지역교류협력이 84.6%로 가장 많고, 그 다음으로 2개 지역 교류협력, 3개 이상 지역 교류협력 등의 순서로 나타났으며, 서울 이외지역에서는 1개 지역 교류협력, 3개 이상 지역 교류협력, 2개 지역 교류협력 등의 순서로 나타났고 통계적으로 유의미하다.

셋째, 단체활동 유형별 국제교류협력 지역의 크기에 대한 교차분석결과, 권익보호 및 증진 분야단체에서는 1개 지역 교류협력이 79.6%로 가장 많고 그 다음으로 3개 이상 지역 교류협력, 2개 지역 교류협력 등의 순서로 나타났으며, 연구 교육 분야에서는 1개 지역 교류협력, 2개 지역 교류협력, 3개 이상 지역 교류협력 등의 순서로 나타났고, 자선 및 구호 분야에서는 1개 지역 교류협력, 3개 이상 지역 교류협력, 2개 지역 교류협력 등의 순서로 교류협력하는 것으로 나타났다. 지역사회 발전 분야에서는 1개 지역 86.7%와 3개 지역 이상 13.3%로 교류협력하며 세 가지 이상의 기능을 수행하는 단체에서는 1개 지역 교류협력이 72.1%로 가장 많고 그 다음으로 3개 이상 지역 교류협력, 2개 지역 등의 순서로 교류협력하며, 기타 단체에서는 1개 지역, 2개 지역, 3개 이상 지역 등의 순서로 교류협력하는 것으로 나타났다.

넷째, 근무기간별 국제교류협력 지역의 크기에 대한 교차분석결과, 1년 미만에서는 1개 지역 교류협력이 가장 많고 그 다음으로 2개 지역교류협력, 3개 이상 지역 교류협력 등의 순서로 나타났으며, 1~3년 미만에서도 1개 지역교류협력이 가장 많고 그 다음으로 2개 지역교류협력, 3개 이상 지역교류협력 등의 순서로 나타났다. 3~5년 미만에서는 1개 지역교류협력이 가장 많고 그 다음으로 3개 이상 지역교류협력, 2개 지역교류협력 순서로 나타났으며, 5~10년 미만에서도 1개 교류협력이 74.2%로 가장 많이 나타났고 2개 지역 교류협력과 3개 이상 지역 교류협력이 동일하게 나타났다. 10~15년 미만에서는 1개 지역 교류협력이 58.3%로 가장 많은 분포를 나타냈고 그 다음으로 2개 지역교류협력, 3개 이상 지역 교류협력 등의 순서로 나타났다. 15년 이상에서는 1개 지역 교류협력, 3개 이상 지역 교류협력, 2개 지역 교류협력 등의 순서로 높게 나타났다.

<표 4> 영역, 지역, 활동유형, 근무기간의 수준별 교류협력지역의 크기에 대한 이차원 분할표

		교류협력지역의 크기			전체	X^2
		1개 지역	2개 지역	3개 지역이상		
영역	시민사회	108	15	15	138	15.611**
		78.3%	10.9%	10.9%	100.0%	
	정부 및 공공기관	35	5	10	50	
		70.0%	10.0%	20.0%	100.0%	
	학생	107	6	4	117	
		91.5%	5.1%	3.4%	100.0%	
	전체	250	26	29	305	
		82.0%	8.5%	9.5%	100.0%	
지역	서울	230	22	20	272	14.702**
		84.6%	8.1%	7.4%	100.0%	
	기타지역	20	3	9	32	
		62.5%	9.4%	28.1%	100.0%	
	전체	250	25	29	304	
		82.2%	8.2%	9.5%	100.0%	
단체 활동 유형	권익보호 및 증진 분야	39	4	6	49	13.382
		79.6%	8.2%	12.2%	100.0%	
	연구 교육 분야	100	11	6	117	
		85.5%	9.4%	5.1%	100.0%	
	자선 및 구호 분야	8	1	3	12	
		66.7%	8.3%	25.0%	100.0%	
	지역사회 발전 분야	13	0	2	15	
		86.7%	0.0%	13.3%	100.0%	
	세 가지 이상 분야	31	4	8	43	
		72.1%	9.3%	18.6%	100.0%	
	기타	59	6	4	69	
		85.5%	8.7%	5.8%	100.0%	
	전체	250	26	29	305	
		82.0%	8.5%	9.5%	100.0%	
근무 기간	1년 미만	57	4	3	64	19.035*
		89.1%	6.3%	4.7%	100.0%	
	1~3년 미만	128	12	11	151	
		84.8%	7.9%	7.3%	100.0%	
	3~5년 미만	21	2	3	26	
		80.8%	7.7%	11.5%	100.0%	
	5~10년 미만	23	4	4	31	
		74.2%	12.9%	12.9%	100.0%	
	10~15년 미만	7	3	2	12	
		58.3%	25.0%	16.7%	100.0%	
	15년 이상	14	1	6	21	
		66.7%	4.8%	28.6%	100.0%	
	전체	250	26	29	305	
		82.0%	8.5%	9.5%	100.0%	

* : p<.05(단측검증), ** : p<.01(단측검증), *** : p<.001(단측검증)

영역과 활동유형에 따른 국제교류협력 지역의 크기에 대한 다차원 분할표이다. 〈표 5〉에 제시된 분석내용을 구체적으로 살펴보면 다음과 같다.

첫째, 시민사회, 영역, 교류협력지역에 대한 다차원 교차분석결과, 시민사회 권익보호 및 증진 분야단체에서는 1개 지역교류협력 81.6%, 3개 이상 지역교류협력 10.5%, 2개 지역교류협력 7.9% 순서로 교류협력하고 있으며, 시민사회 연구 교육 분야단체에서는 1개 지역교류협력 71.0%, 2개 지역교류협력 19.4%, 3개 이상 지역교류협력 교류협력 9.7% 순서로 교류협력하고, 자선시민사회단체에서는 1개 지역교류협력 72.7%, 3개 이상 지역교류협력 18.2%, 2개 교류협력지역 9.1%로 교류협력하는 것으로 나타났다. 시민사회 지역발전단체에서는 1개 교류협력지역 91.7%와 3개 이상 교류협력지역 8.3%로 교류협력하고 있으며, 세 가지 이상의 기능을 수행하는 시민사회단체에서는 1개 교류협력지역 88.0%, 3개 이상 교류협력지역 8.0%, 2개 교류협력지역 4.0% 순서로 교류협력하고, 기타 시민사회단체에서는 1개 교류협력지역 66.7%로 가장 많이 교류협력하며 그 다음으로 2개 지역교류협력, 3개 이상 지역교류협력 등의 순서로 교류협력하고 있다.

둘째, 정부 및 공공기관, 영역, 교류협력지역에 대한 다차원 교차분석결과, 권익보호 및 증진 분야를 위한 정치단체에서는 1개 지역교류협력 72.7%, 3개 이상 지역교류협력 18.2%, 2개 지역교류협력 9.1% 등의 순서로 교류협력하고 하였으며, 연구 교육 분야의 정치단체에서는 1개 지역에서만 교류협력하고 있고, 자선을 위한 정치단체에서는 3개 이상 지역 모두에서 교류협력하고 있는 것으로 나타났다. 지역사회 발전 분야를 위한 정치단체에서는 1개 지역 교류협력과 3개 이상 지역모두에서 교류협력하며, 세 가지 이상의 기능을 수행하는 정치단체에서는 1개 교류협력지역 47.1%, 3개 이상

교류협력지역 35.3%, 2개 지역교류협력 17.6% 등의 순서로 교류협력하고, 기타 정치단체에서는 1개 지역교류협력 80.0%와 2개 지역교류협력 20.0%로 3개 이상 지역의 교류협력은 하고 있지 않는 것으로 나타났다.

셋째, 시민사회, 영역, 교류협력지역에 대한 다차원 교차분석결과, 권익보호 및 증진 분야교육단체에서는 1개 지역교류협력 88.9%, 2개 지역교류협력 6.9%, 3개 이상 지역교류협력 4.2% 등의 순서로 교류협력하며, 지역사회 발전 분야를 위한 교육단체에서는 1개 지역에서만 교류협력하며, 세 가지 이상의 기능을 수행하는 교육단체에서도 1개 지역에서만 교류협력하는 것으로 나타났다. 기타 교육단체에서는 1개 지역 95.3%로 가장 많이 교류협력하며, 2개 지역과 3개 지역 이상은 동일하게 교류협력하고 있는 것으로 나타났다.

〈표 5〉 영역, 활동유형, 그리고 교류협력지역의 크기에 대한 다차원 분할표

		교류협력지역의 크기			전체	χ^2
		1개 지역	2개 지역	3개 지역이상		
시민 사회	권익보호 및 증진 분야	31	3	4	38	8.395
		81.6%	7.9%	10.5%	100.0%	
	연구 교육 분야	22	6	3	31	
		71.0%	19.4%	9.7%	100.0%	
	자선	8	1	2	11	
		72.7%	9.1%	18.2%	100.0%	
	지역사회 발전 분야	11	0	1	12	
		91.7%	0.0%	8.3%	100.0%	
	세 가지. 이상 분야	22	1	2	25	
		88.0%	4.0%	8.0%	100.0%	
	기타	14	4	3	21	
		66.7%	19.0%	14.3%	100.0%	
	전체	108	15	15	138	
		78.3%	10.9%	10.9%	100.0%	
정부 및 공공 기관	권익보호 및 증진 분야	8	1	2	11	17.085
		72.7%	9.1%	18.2%	100.0%	
	연구 교육 분야	14	0	0	14	
		100.0%	0.0%	0.0%	100.0%	
	자선	0	0	1	1	
		0.0%	0.0%	100.0%	100.0%	
	지역사회 발전 분야	1	0	1	2	
		50.0%	0.0%	50.0%	100.0%	
	세 가지 이상 분야	8	3	6	17	
		47.1%	17.6%	35.3%	100.0%	
	기타	4	1	0	5	
		80.0%	20.0%	0.0%	100.0%	
	전체	35	5	10	50	
		70.0%	10.0%	20.0%	100.0%	
학생	권익보호 및 증진 분야	64	5	3	72	1.700
		88.9%	6.9%	4.2%	100.0%	
	지역사회	1	0	0	1	
		100.0%	0.0%	0.0%	100.0%	
	세 가지 이상 분야	1	0	0	1	
		100.0%	0.0%	0.0%	100.0%	
	기타	41	1	1	43	
		95.3%	2.3%	2.3%	100.0%	
	전체	107	6	4	117	
		91.5%	5.1%	3.4%	100.0%	

* : p〈.05(단측검증), ** : p〈.01(단측검증), *** : p〈.001(단측검증)

124

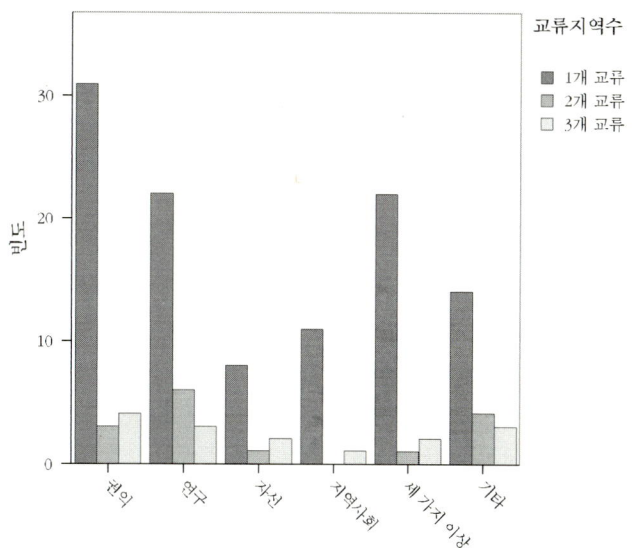

〈그림 4〉 시민사회, 활동유형, 교류협력 수에 대한 도표

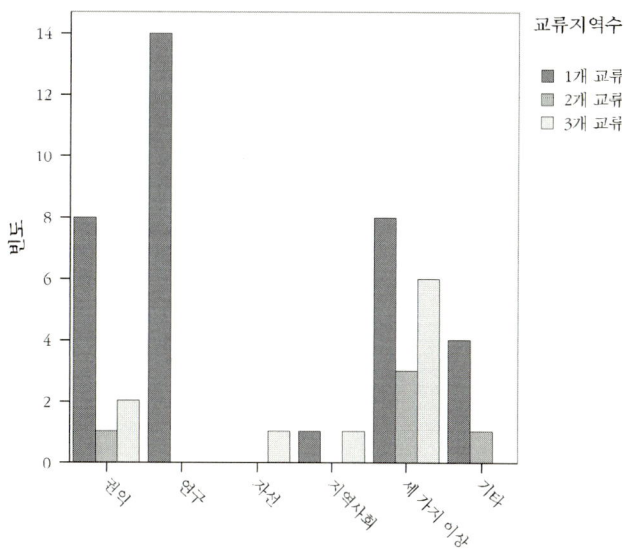

〈그림 5〉 정부 및 공공기관, 활동유형, 교류협력 수에 대한 도표

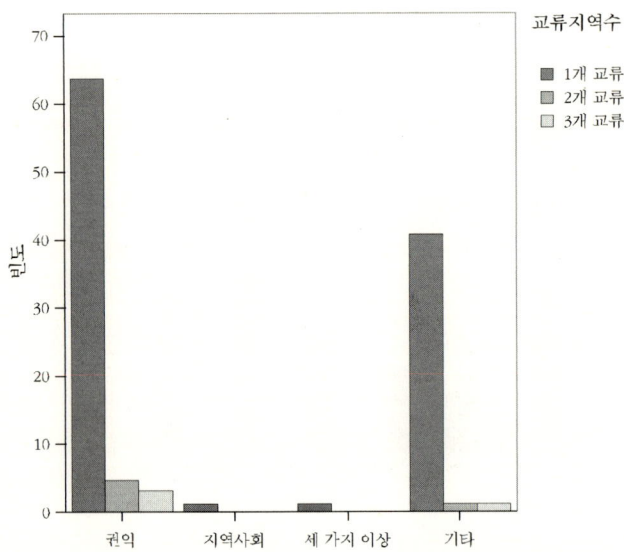

〈그림 6〉 학생, 활동유형, 교류협력 수에 대한 도표

2. 국제교류협력 일반에 대한 의식 조사

국제교류협력에 대한 필요성 인식

〈표 6〉은 영역, 지역, 활동유형, 근무기간의 수준별 국제교류협력의 필요성 인식에 대한 교차분석결과이다. 표에 제시된 분석내용을 구체적으로 논의하면, 첫째, 영역별 국제교류협력의 필요성 인식에 대한 교차분석결과, 시민사회단체에서는 매우필요가 54.6%로 가장 높고 그 다음으로 다소 필요 39.0%, 보통 5.0%, 다소 필요 없음 0.7%, 매우 필요 없음 0.7% 등의 순서로 분포되었으며, 정부 및 공공기관에서도 매우필요가 72.0%로 가장 높고 그다음으로 다소 필요, 보통, 다소 필요 없음 등의 순서로 분포되었고, 학생에서는 다소 필요 49.2%, 매우필요 45.8%, 보통 3.3%, 다소 필요 없음 0.8%, 매우 필요 없음 0.8%등의 순서로 분포되었음을 보여준다.

둘째, 지역별 국제교류협력의 필요성 인식에 대한 교차분석결과, 서울지역에서는 매우필요가 54.0%로 가장 높고 그 다음으로 다소 필요 40.9%, 보통 3.6%, 다소 필요 없음 0.7% 의 순서로 높게 분포되었으며 서울 이외 지역에서는 매우필요가 52.9%로 가장 높으며 그 다음으로 다소 필요 38.2%, 보통 5.9%, 다소 필요 없음 2.9%의 순서로 높게 분포되었다.

셋째, 단체활동 유형별 국제교류협력의 필요성 인식에 대한 교차분석결과, 권익보호 및 증진 분야단체는 매우필요 63.3%, 다소 필요 30.6%, 보통 6.1%로 구성되었으며, 연구 교육 분야에서는 매우필요 52.9%, 다소 필요 44.5%, 보통 2.5%로 구성되었고, 자선 및 구호 분야단체에서는 매우필요 50.0%, 다소 필요 41.7%, 매우 필요 없음 8.3%로 구성되었다. 지역사회 발전 분야단체에서는 다소 필요 58.8%, 매우필요 35.3%, 다소 필요 없음 5.9%로 구성되었으며, 세 가지 이상의 기능을 수행하는 단체에서는 매우 필요가 52.3%로 가장 높고 그 다음으로 다소 필요 40.9, 보통 4.5%, 다소 필요 없음

2.3%로 분포되었으며 기타 단체에서는 매우필요가 55.7%로 가장 높고, 그 다음으로 다소 필요, 보통, 다소 필요 없음, 매우 필요 없음 등의 순서로 높게 분포되었음을 보여준다.

넷째, 근무기간별 국제교류협력의 필요성 인식에 대한 교차분석 결과, 1년 미만에서는 매우필요가 50.0%, 다소 필요가 40.9%로 필요 하다에 90.9%로 구성되었으며, 1~3년 미만에서도 매우필요가 54.8%, 다소 필요가 39.4%로 필요하다 93.2%로 구성되었고, 3~5년 미만에서는 다소 필요 53.8%와 매우필요 46.2%로만 구성되었다. 5~10년 미만에서는 매우필요 51.6%, 다소 필요 41.9%, 보통 6.5%로 구성되었으며, 10~15년 미만에서는 매우필요 75.0%와 다소 필요 25.0%로만 구성되었고, 15년 이상에서도 매우필요 61.9%와 다소 필요 38.1%로만 구성되었음을 보여준다.

<표 6> 영역, 지역, 활동유형, 근무기간의 수준별 국제교류협력의 필요성 인식에 대한 이차원 분할표

| | | 국제교류협력에 대한 필요성 인식 | | | | | 전체 | X^2 |
		매우 필요 없음	다소 필요 없음	보통	다소 필요	매우필요		
영역	시민사회	1	1	7	55	77	141	12.204
		0.7%	0.7%	5.0%	39.0%	54.6%	100.0%	
	정부 및 공공기관	0	1	1	12	36	50	
		0.0%	2.0%	2.0%	24.0%	72.0%	100.0%	
	학생	1	1	4	59	55	120	
		0.8%	0.8%	3.3%	49.2%	45.8%	100.0%	
	전체	2	3	12	126	168	311	
		0.6%	1.0%	3.9%	40.5%	54.0%	100.0%	
지역	서울	2	2	10	113	149	276	2.243
		0.7%	0.7%	3.6%	40.9%	54.0%	100.0%	
	기타지역	0	1	2	13	18	34	
		0.0%	2.9%	5.9%	38.2%	52.9%	100.0%	
	전체	2	3	12	126	167	310	
		0.6%	1.0%	3.9%	40.6%	53.9%	100.0%	
단체 활동 유형	권익보호 및 증진 분야	0	0	3	15	31	49	28.589
		0.0%	0.0%	6.1%	30.6%	63.3%	100.0%	
	연구 교육 분야	0	0	3	53	63	119	
		0.0%	0.0%	2.5%	44.5%	52.9%	100.0%	
	자선 및 구호 분야	1	0	0	5	6	12	
		8.3%	0.0%	0.0%	41.7%	50.0%	100.0%	
	지역사회 발전 분야	0	1	0	10	6	17	
		0.0%	5.9%	0.0%	58.8%	35.3%	100.0%	
	세 가지 이상 분야	0	1	2	18	23	44	
		0.0%	2.3%	4.5%	40.9%	52.3%	100.0%	
	기타	1	1	4	25	39	70	
		1.4%	1.4%	5.7%	35.7%	55.7%	100.0%	
	전체	2	3	12	126	168	311	
		0.6%	1.0%	3.9%	40.5%	54.0%	100.0%	
근무 기간	1년 미만	1	1	4	27	33	66	9.972
		1.5%	1.5%	6.1%	40.9%	50.0%	100.0%	
	1~3년 미만	1	2	6	61	85	155	
		0.6%	1.3%	3.9%	39.4%	54.8%	100.0%	
	3~5년 미만	0	0	0	14	12	26	
		0.0%	0.0%	0.0%	53.8%	46.2%	100.0%	
	5~10년 미만	0	0	2	13	16	31	
		0.0%	0.0%	6.5%	41.9%	51.6%	100.0%	
	10~15년 미만	0	0	0	3	9	12	
		0.0%	0.0%	0.0%	25.0%	75.0%	100.0%	
	15년 이상	0	0	0	8	13	21	
		0.0%	0.0%	0.0%	38.1%	61.9%	100.0%	
	전체	2	3	12	126	168	311	
		0.6%	1.0%	3.9%	40.5%	54.0%	100.0%	

* : p〈.05(단측검증), ** : p〈.01(단측검증), *** : p〈.001(단측검증)

〈표 7〉은 교류협력의 경험 및 지역, 크기별 국제교류협력의 필요성 인식에 대한 교차분석결과이다. 표에 제시된 분석내용을 구체적으로 논의하면 다음과 같다.

　첫째, 교류협력경험별 국제교류협력의 필요성 인식에 대한 교차분석결과, 교류협력경험이 있는 담당자들은 매우필요가 54.8%로 가장 높고 그 다음으로 다소 필요, 보통, 다소 필요 없음, 매우 필요 없음 등의 순서로 분포되었으며, 교류협력경험이 없는 담당자들은 매우필요 40.0%, 다소 필요 40.0%, 보통 10.0%, 다소 필요 없음 10.0%로 분포되었으며 통계적으로 유의미하다.

　둘째, 교류협력지역별 국제교류협력의 필요성 인식에 대한 교차분석결과, 아시아태평양지역교류협력에 답한 담당자들은 매우필요가 56.3%로 가장 높고 그 다음으로 다소 필요, 보통, 다소 필요 없음, 매우 필요 없음 등의 순서로 분포되었으며, 유럽지역교류협력에 답한 담당자들은 다소 필요 64.7%, 매우필요 29.4%, 보통 5.9%로 구성되었고, 아프리카지역교류협력에 답한 담당자들은 매우필요 75.0%와 다소 필요 25.0%로만 구성되었다. 북미지역교류협력에 답한 담당자들은 매우필요 56.3%, 다소 필요 31.3%, 보통 12.5%로 구성되었고, 기타지여교류협력에 답한 담당자들은 다소 필요 61.5%, 매우필요 30.8%, 보통 7.7%로 구성되었음을 보여준다.

　셋째, 교류협력 지역의 크기별 국제교류협력의 필요성 인식에 대한 교차분석결과, 1개 지역 교류협력에 답한 담당자들은 매우필요, 다소 필요, 보통, 다소 필요 없음, 매우 필요 없음 등의 순서로 분포된데 비해, 2개 지역교류협력에 답한 담당자들은 매우필요 68.0%, 다소 필요 24.0%, 보통 8.0%로 구성되었고, 3개 이상 지역교류협력에 답한 담당자들은 매우필요 79.3%, 다소 필요 17.2%, 다소 필요 없음 3.4%로 분포되었으며 통계적으로 유의미하다.

　넷째, 한국 민주주의 수준별 국제협력의 필요성인식에 대한 교차분석결과, 비민주적에서는 매우필요 51.2%, 다소 필요 41.9%, 보통 4.7%, 다소 필요 없음 2.3%의 순서로 분포되었으며, 보통수준에서도 매우필요 53.9%, 다소 필요 40.6%, 보통 4.4%, 다소 필요 없음 0.6%, 매우 필요 없음 0.6%의 순서로 분포되었고, 민주적에서도 매우필요 56.0%, 다소 필요 39.3%, 보통 2.4%, 다소 필요 없음 1.2%, 매우 필요 없음 1.2%의 순서로 분포되었음을 보여준다.

국내 민주주의 증진에 대한 민주주의 국제협력의 기여수준별 국제협력의 필요성인식에 대한 교차분석결과, 도움이 없는 편에서는 매우필요가 66.7%, 다소 필요 22.2%, 매우 필요 없음 11.1%로 분포되었으며, 보통에서는 매우필요 45.3%, 다소 필요 39.1%, 보통 12.5%, 다소 필요 없음 3.1%의 순서로 분포되었고, 도움이 있는 편에서는 매우필요가 56.5%로 가장 높고 그 다음으로 다소 필요, 보통, 다소 필요 없음, 매우 필요 없음 등의 순서로 분포되었으며 통계적으로 유의미하다.

〈표 7〉 교류협력의 경험 및 지역, 크기별 국제교류협력의 필요성 인식에 대한 이차원 분할표

		국제교류협력에 대한 필요성 인식					전체	χ^2
		매우 필요 없음	다소 필요 없음	보통	다소 필요	매우필요		
교류협력 경험	있음	2	2	11	120	164	299	*
		0.7%	0.7%	3.7%	40.1%	54.8%	100.0%	
	없음	0	1	1	4	4	10	10.133
		0.0%	10.0%	10.0%	40.0%	40.0%	100.0%	
전체		2	3	12	124	168	309	
		0.6%	1.0%	3.9%	40.1%	54.4%	100.0%	
주요 교류협력 지역	아시아 태평양지역	2	3	8	101	147	261	
		0.8%	1.1%	3.1%	38.7%	56.3%	100.0%	
	유럽지역	0	0	1	11	5	17	
		0.0%	0.0%	5.9%	64.7%	29.4%	100.0%	
	아프리카 지역	0	0	0	1	3	4	13.777
		0.0%	0.0%	0.0%	25.0%	75.0%	100.0%	
	북미지역	0	0	2	5	9	16	
		0.0%	0.0%	12.5%	31.3%	56.3%	100.0%	
	기타	0	0	1	8	4	13	
		0.0%	0.0%	7.7%	61.5%	30.8%	100.0%	
전체		2	3	12	126	168	311	
		0.6%	1.0%	3.9%	40.5%	54.0%	100.0%	
교류협력 지역의 크기	1개 지역	2	2	10	109	124	247	
		0.8%	0.8%	4.0%	44.1%	50.2%	100.0%	
	2개 지역	0	0	2	6	17	25	*
		0.0%	0.0%	8.0%	24.0%	68.0%	100.0%	16.068
	3개 지역 이상	0	1	0	5	23	29	
		0.0%	3.4%	0.0%	17.2%	79.3%	100.0%	
전체		2	3	12	120	164	301	
		0.7%	1.0%	4.0%	39.9%	54.5%	100.0%	
한국 민주주의 수준	비민주적	0	1	2	18	22	43	
		0.0%	2.3%	4.7%	41.9%	51.2%	100.0%	
	보통	1	1	8	73	97	180	2.714
		0.6%	0.6%	4.4%	40.6%	53.9%	100.0%	
	민주적	1	1	2	33	47	84	
		1.2%	1.2%	2.4%	39.3%	56.0%	100.0%	
전체		2	3	12	124	166	307	
		0.7%	1.0%	3.9%	40.4%	54.1%	100.0%	
국내 민주주의 증진에 대한 민주주의 국제협력의 기여	도움이 없는 편	1	0	0	2	6	9	
		11.1%	0.0%	0.0%	22.2%	66.7%	100.0%	
	보통	0	2	8	25	29	64	***
		0.0%	3.1%	12.5%	39.1%	45.3%	100.0%	39.089
	도움이 있는 편	1	1	3	95	130	230	
		0.4%	0.4%	1.3%	41.3%	56.5%	100.0%	
전체		2	3	11	122	165	303	
		0.7%	1.0%	3.6%	40.3%	54.5%	100.0%	

* : p<.05(단측검증), ** : p<.01(단측검증), *** : p<.001(단측검증)

〈표 8〉은 국제협력프로그램의 유형 및 만족수준별 국제교류협력의 필요성 인식에 대한 교차분석결과이다. 표에 제시된 분석내용을 구체적으로 논의하면, 첫째, 국제협력프로그램의 유형별 국제교류협력의 필요성 인식에 대한 교차분석결과, 교육훈련프로그램이라고 답한 담당자들은 매우필요 56.3%, 다소 필요 38.9%, 보통 2.6%, 다소 필요 없음 1.1%, 매우 필요 없음 1.1%의 순서로 분포되었으며, 인적교류협력에 답한 담당자들은 매우필요 46.7%, 다소 필요 43.3%, 보통 10.0%의 순서로 분포되었고, 국제연대라고 답한 담당자들은 매우필요와 다소 필요가 각각 46.4%로 가장 높고 그 다음으로 보통, 다소 필요 없음, 매우 필요 없음 등의 순서로 높게 분포되었으며, 재정지원에 답한 담당자들은 매우필요 66.7%와 다소 필요 33.3%로 분포되었고, 자료교환에 답한 담당자들도 매우필요 73.3%와 다소 필요 26.7%로 분포되었으며, 기타에 답한 담당자들은 매우필요 42.9%, 다소 필요 42.9%, 보통 14.3%로 분포되었음을 보여준다.

한편, 국제협력프로그램 만족도수준별 국제교류협력의 필요성 인식에 대한 교차분석결과, 만족하는 편에서는 매우필요 66.7%와 다소 필요 33.3%로 구성되었으며, 중간수준에서는 매우필요와 다소 필요가 각각 44.4% 도합 88.8%로 나타났고 그 다음으로 보통, 다소 필요 없음으로 분포되었으며, 불만족하는 편에서는 매우필요 61.5%, 다소 필요 37.2%, 매우 필요 없음 1.3%로 분포되었고 통계적으로 유의미하다.

〈표 8〉 국제협력프로그램의 유형 및 만족수준별 국제교류협력의 필요성 인식에 대한 이차원 분할표

| | | 국제교류협력에 대한 필요성 인식 | | | | | 전체 | x^2 |
		매우 필요 없음	다소 필요 없음	보통	다소 필요	매우필요		
가장 효과적인 국제협력 프로그램	교육훈련 프로그램	2	2	5	74	107	190	12.293
		1.1%	1.1%	2.6%	38.9%	56.3%	100.0%	
	인적교류 협력	0	0	3	13	14	30	
		0.0%	0.0%	10.0%	43.3%	46.7%	100.0%	
	국제연대	0	1	3	26	26	56	
		0.0%	1.8%	5.4%	46.4%	46.4%	100.0%	
	재정지원	0	0	0	1	2	3	
		0.0%	0.0%	0.0%	33.3%	66.7%	100.0%	
	자료교환	0	0	0	4	11	15	
		0.0%	0.0%	0.0%	26.7%	73.3%	100.0%	
	기타	0	0	1	3	3	7	
		0.0%	0.0%	14.3%	42.9%	42.9%	100.0%	
전체		2	3	12	121	163	301	
		0.7%	1.0%	4.0%	40.2%	54.2%	100.0%	
국제협력 프로그램 만족도 수준	만족 하는 편	0	0	0	4	8	12	** 25.919
		0.0%	0.0%	0.0%	33.3%	66.7%	100.0%	
	중간	0	3	12	60	60	135	
		0.0%	2.2%	8.9%	44.4%	44.4%	100.0%	
	불만족 하는 편	2	0	0	58	96	156	
		1.3%	0.0%	0.0%	37.2%	61.5%	100.0%	
전체		2	3	12	122	164	303	
		0.7%	1.0%	4.0%	40.3%	54.1%	100.0%	

* : p<.05(단측검증), ** : p<.01(단측검증), *** : p<.001(단측검증)

국제교류협력에서 가장 큰 기대 효과

〈표 9〉는 영역, 지역, 활동유형, 근무기간의 수준별 국제교류협력에서 가장 큰 기대 효과에 대한 교차분석결과이다. 표에 제시된 분석내용을 구체적으로 논의하면 다음과 같다.

첫째, 영역별 국제교류협력에서 가장 큰 기대 효과에 대한 교차분석결과, 시민사회단체에서는 당사자 간의 상호이해와 문화교류가 가장 높고 그 다음으로 전문가교류 및 새로운 정보수집, 민주주의 등 보편적 가치구현 및 증진, 국제사회에서의 위상강화, 기타, 양국(당사자)간의 경제적 이익의 순서로 높은 반면에, 정부 및 공공기관에서는 민주주의 등 보편적 가치 구현 및 증진 26.0%, 당사자 간의 상호이해와 문화교류 22.0%, 전문가교류 및 새로운 정보수집 20.0%, 양국(당사자)간의 경제적 이익 16.0%, 국제사회에서의 위상강화 14.0%, 기타 2.0%의 순서로 높게 분포되었으며 학생에서는 당사자 간의 상호이해와 문화교류가 42.9%로 가장 높고, 그 다음으로 국제사회에서의 위상강화, 전문가교류 및 새로운 정보수집, 민주주의 등 보편적 가치구현 및 증진, 양국(당사자)간의 경제적 이익, 기타 등의 순서로 높게 분포되었으며 통계적으로 유의미하다.

둘째, 지역별 국제교류협력에서 가장 큰 기대 효과에 대한 교차분석결과, 서울지역에서는 당사자 간의 상호이해와 문화교류 35.9%, 전문가교류 및 새로운 정보수집 24.3%, 민주주의 등 보편적 가치구현 및 증진 18.8%, 국제사회에서의 위상강화 13.4%, 양국(당사자)간의 경제적 이익 6.2%, 국제사회에서의 위상강화 13.4%, 기타 10.4%의 순서로 분포되었으며, 서울 이외지역에서는 당사자 간의 상호이해와 문화교류가 가장 높게 분포되었으며, 그 다음으로 국제사회에서의 위상강화, 전문가교류 및 새로운 정보수집, 민주주의 등 보편적 가치구현 및 증진, 양국(당사자)간의 경제적 이익, 기타 등의 순서로 높게 분포되었음을 보여준다.

셋째, 단체활동 유형별 국제교류협력에서 가장 큰 기대 효과에 대한 교차분석결과, 권익보호 및 증진 분야단체에서는 민주주의 등 보편적 가치구현 및 증진이 36.7%로 가장 높게 분포되었으며 그 다음으로 전문가교류 및 새로운 정보수집, 당사자 간의 상호이해와 문화교류, 양국(당사자)간의 경제적 이익, 국제사회에서의 위상강화, 기타 등의 순서로 형성된 반면에, 연구 교육 분야에서는 당사자 간의 상호이해와 문화교류가 가장 높으며 그 다음으로 전문가교류 및 새로운 정보수집, 국제사회에서의 위상강화, 민주주의 등 보편적 가치구현 및 증진, 양국(당사자)간의 경제적 이익, 기타 등의 순서로 높게 분포되었고, 자선 및 구호 분야단체에서는 당사자 간의 상호이해와 문화교류 41.7%, 전문가 교류 및 새로운 정보수집 33.3%, 민주주의 등 보편적 가치구현 및 증진 16.7%, 기타 8.3%로 분포되었고 지역사회 발전 분야단체에서는 당사자 간의 상호이해와 문화교류가 52.9%로 가장 높으며 그 다음으로 민주주의 등 보편적 가치구현 및 증진, 국제사회에서의 위상강화, 전문가교류 및 새로운 정보수집의 순서로 높게 분포되었다. 세 가지 이상의 기능을 수행하는 단체에서는 당사자 간의 상호이해와 문화교류 33.3%, 민주주의 등 보편적 가치구현 및 증진 24.4%, 전문가교류 및 새로운 정보수집 22.2%, 경제적 위상 8.9%, 국제사회에서의 위상 강화 6.7%, 기타 4.4%의 순서로 분포되었으며 기타 단체에서는 당사자 간의 상호이해와 문화교류가 29.0%로 가장 높고 그 다음으로 전문가교류 및 새로운 정보수집, 민주주의 등 보편적 가치구현 및 증진, 국제사회에서의 위상강화, 양국(당사자)간의 경제적 이익, 기타 등의 순서로 분포되었으며 통계적으로 유의미하다.

넷째, 근무기간별 국제교류협력에서 가장 큰 기대 효과에 대한 교차분석결과, 1년 미만에서는 당사자 간의 상호이해와 문화교류

32.3%, 전문가교류 및 새로운 정보수집 21.5%, 민주주의 등 보편적 가치구현 및 증진 18.5%, 국제사회에서의 위상강화 18.5%, 양국(당사자)간의 경제적 이익 7.7%, 기타 1.5%의 순서로 구성되었으며, 1~3년 미만에서는 당사자 간의 상호이해와 문화교류가 45.5%로 가장 높으며 그 다음으로 전문가교류 및 새로운 정보수집, 민주주의 등 보편적 가치구현 및 증진, 국제사회에서의 위상강화, 양국(당사자)간의 경제적 이익, 기타 등의 순서로 높은 반면에, 3~5년 미만에서는 전문가교류 및 새로운 정보수집이 44.4%로 가장 높으며 그 다음으로 민주주의 등 보편적 가치구현 및 증진, 당사자 간의 상호이해와 문화교류, 양국(당사자)간의 경제적 이익과 국제사회에서의 위상강화의 순서로 구성되었다. 5~10년 미만에서는 당사자 간의 상호이해와 문화교류가 31.3%로 가장 높으며 그 다음으로 전문가교류 및 새로운 정보수집, 양국(당사자)간의 경제적 이익과 기타의 순서로 분포되었으며, 10~15년 미만에서는 민주주의 등 보편적 가치구현 및 증진 41.7%, 전문가교류 및 새로운 정보수집 33.3%, 기타 16.7%, 국제사회에서의 위상강화 8.3%로 구성되었으며 15년 이상에서는 전문가교류 및 새로운 정보수집이 33.3%로 가장 높고 그 다음으로 당사자 간의 상호이해와 문화교류, 국제사회에서의 위상강화, 민주주의 등 보편적 가치구현 및 증진, 양국(당사자)간의 경제적 이익 등의 순서로 높게 분포되었으며 통계적으로 유의미하다.

<표 9> 영역, 지역, 활동유형, 근무기간의 수준별 국제교류협력에서 가장 큰 기대 효과에 대한 이차원 분할표

		양국(당사자)간의 경제적 이익	당사자 간의 상호이해와 문화교류	민주주의 등 보편적 가치구현 및 증진	국제사회에서의 위상강화	전문가 교류 및 새로운 정보수집	기타	전체	x^2
영역	시민사회	2	49	35	7	45	4	142	
		1.4%	34.5%	24.6%	4.9%	31.7%	2.8%	100.0%	
	정부 및 공공기관	8	11	13	7	10	1	50	***
		16.0%	22.0%	26.0%	14.0%	20.0%	2.0%	100.0%	47.919
	학생	10	51	11	25	21	1	119	
		8.4%	42.9%	9.2%	21.0%	17.6%	0.8%	100.0%	
전체		20	111	59	39	76	6	311	
		6.4%	35.7%	19.0%	12.5%	24.4%	1.9%	100.0%	
지역	서울	17	99	52	37	67	4	276	
		6.2%	35.9%	18.8%	13.4%	24.3%	1.4%	100.0%	4.827
	기타지역	3	12	7	2	8	2	34	
		8.8%	35.3%	20.6%	5.9%	23.5%	5.9%	100.0%	
전체		20	111	59	39	75	6	310	
		6.5%	35.8%	19.0%	12.6%	24.2%	1.9%	100.0%	
단체 활동 유형	권익보호 및 증진 분야	3	11	18	3	14	0	49	
		6.1%	22.4%	36.7%	6.1%	28.6%	0.0%	100.0%	
	연구 교육 분야	8	51	10	18	31	1	119	
		6.7%	42.9%	8.4%	15.1%	26.1%	0.8%	100.0%	
	자선 및 구호 분야	0	5	2	0	4	1	12	
		0.0%	41.7%	16.7%	0.0%	33.3%	8.3%	100.0%	*
	지역사회 발전 분야	0	9	5	2	1	0	17	42.875
		0.0%	52.9%	29.4%	11.8%	5.9%	0.0%	100.0%	
	세 가지 이상 분야	4	15	11	3	10	2	45	
		8.9%	33.3%	24.4%	6.7%	22.2%	4.4%	100.0%	
	기타	5	20	13	13	16	2	69	
		7.2%	29.0%	18.8%	18.8%	23.2%	2.9%	100.0%	
전체		20	111	59	39	76	6	311	
		6.4%	35.7%	19.0%	12.5%	24.4%	1.9%	100.0%	
근무 기간	1년 미만	5	21	12	12	14	1	65	
		7.7%	32.3%	18.5%	18.5%	21.5%	1.5%	100.0%	
	1~3년 미만	11	70	21	21	30	1	154	
		7.1%	45.5%	13.6%	13.6%	19.5%	0.6%	100.0%	
	3~5년 미만	1	4	9	1	12	0	27	
		3.7%	14.8%	33.3%	3.7%	44.4%	0.0%	100.0%	***
	5~10년 미만	2	10	9	0	9	2	32	58.874
		6.3%	31.3%	28.1%	0.0%	28.1%	6.3%	100.0%	
	10~15년 미만	0	0	5	1	4	2	12	
		0.0%	0.0%	41.7%	8.3%	33.3%	16.7%	100.0%	
	15년 이상	1	6	3	4	7	0	21	
		4.8%	28.6%	14.3%	19.0%	33.3%	0.0%	100.0%	
전체		20	111	59	39	76	6	311	
		6.4%	35.7%	19.0%	12.5%	24.4%	1.9%	100.0%	

* : p<.05(단측검증), ** : p<.01(단측검증), *** : p<.001(단측검증)

국제교류협력의 경험 및 지역, 크기수준별 국제교류협력에서 가장 큰 기대 효과에 대한 교차분석결과는 〈표 10〉과 같다. 표에 제시된 분석내용을 구체적으로 논의하면, 첫째, 교류협력경험유무별 국제교류협력에서 가장 큰 기대 효과에 대한 교차분석결과, 교류협력경험이 있는 담당자들은 당사자 간의 상호이해와 문화교류 34.8%, 전문가교류 및 새로운 정보수집 25.4%, 민주주의 등 보편적 가치구현 및 증진 18.7%, 국제사회에서의 위상강화 12.7%, 양국(당사자)간의 경제적 이익 6.4%, 기타 2.0%의 순서로 높게 분포되었으며, 교류협력경험이 없는 담당자들은 당사자 간의 상호이해와 문화교류가 가장 높고 그 다음으로 민주주의 등 보편적 가치구현 및 증진, 양국(당사자)간의 경제적 이익과 국제사회에서의 위상강화의 순서로 높게 분포되었음을 보여준다.

둘째, 교류협력지역별 국제교류협력에서 가장 큰 기대 효과에 대한 교차분석결과, 아시아태평양지역교류협력에 답한 담당자들은 당사자 간의 상호이해와 문화교류 34.7%, 전문가교류 및 새로운 정보수집 24.4%, 민주주의 등 보편적 가치구현 및 증진 19.1%, 국제사회에서의 위상강화 13.0%, 양국(당사자)간의 경제적 이익 6.5%, 기타 2.3%의 순서로 높게 분포되었으며, 유럽지역교류협력에 답한 담당자들은 당사자 간의 상호이해와 문화교류가 41.2%로 가장 높고 그 다음으로 전문가교류 및 새로운 정보수집, 민주주의 등 보편적 가치구현 및 증진, 국제사회에서의 위상강화, 양국(당사자)간의 경제적 이익의 순서로 높게 분포되었으며, 아프리카지역교류협력에 답한 담당자들은 당사자 간의 상호이해와 문화교류 25.0%, 민주주의 등 보편적 가치구현 및 증진 25.0%, 국제사회에서의 위상강화 25.0%, 전문가교류 및 새로운 정보수집 25.0%로 구성된 반면에, 북미지역교류협력에 답한 담당자들은 전문가교류 및 새로운 정보수집이 40.0%로 가장 높으며 그 다음으로 당사자 간의 상호이해와 문화교류, 민주주의 등 보편적 가치구현 및 증진, 국제사회에서의 위상강화, 양국(당사자)간의 경제적 이익의 순서로 높게 분포되었고, 기타지역교류협력에 답한 담당자들은 당사자 간의 상호이해와 문화교류 61.5%, 민주주의 등 보편적 가치구현 및 증진23.1%, 양국(당사자)간의 경제적 이익 7.7%, 국제사회에서의 위상강화 7.7%로 분포되었음을 보여준다.

셋째, 교류협력 지역의 크기별 국제교류협력에서 가장 큰 기대효과에 대한 교차분석결과, 1개 지역교류협력에 답한 담당자들은 당사자 간의 상호이해와 문화교류가 36.8%로 가장 높으며 그 다음으로 전문가교류 및 새로운 정보수집, 민주주의 등 보편적 가치구현 및 증진, 국제사회에서의 위상강화, 양국(당사자)간의 경제적 이익, 기타 등의 순서로 높고, 2개 지역교류협력에 답한 담당자들은 전문가교류 및 새로운 정보수집 40.0%, 당사자 간의 상호이해와 문화교류 24.0%, 민주주의 등 보편적 가치구현 및 증진 24.0%, 양국(당사자)간의 경제적 이익 8.0%, 기타 4.0%의 순서로 높게 분포되었으며, 3개 이상 지역교류협력에 답한 담당자들은 당사자 간의 상호이해와 문화교류 27.6%, 민주주의 등 보편적 가치구현 및 증진 27.6%, 전문가교류 및 새로운 정보수집 27.6%, 국제사회에서의 위상강화 10.3%, 양국(당사자)간의 경제적 이익 3.4%, 기타 3.4%의 순서로 분포되었음을 보여준다.

넷째, 한국 민주주의 수준별 국제교류협력에서 가장 큰 기대 효과에 대한 교차분석결과, 비민주적에서는 당사자 간의 상호이해와 문화교류와 전문가교류 및 새로운 정보수집이 27.9%로 가장 높으며 그 다음으로 민주주의 등 보편적 가치구현 및 증진, 양국(당사자)간의 경제적 이익, 국제사회에서의 위상강화와 기타의 순서로 높게 분포되었고, 보통수준에서는 당사자 간의 상호이해와 문화교류가 35.8%로 가장 높으며 그 다음으로 전문가교류 및 새로운 정보수집, 민주주의 등 보편적 가치구현 및 증진, 국제사회에서의 위상강화, 양국(당사자)간의 경제적 이익 순서로 높고, 민주적에서는 당사자 간의 상호이해와 문화교류 38.1%, 전문가교류 및 새로운 정보수집 23.8%, 민주주의 등 보편적 가치구현 및 증진 15.5%, 국제사회에서의 위상강화 13.1%, 기타 4.8%, 양국(당사자)간의 경제적 이익 4.8%의 순서로 분포되었음을 보여준다.

다섯째, 국내 민주주의 증진에 대한 민주주의 국제협력의 기여수준별 국제교류협력에서 가장 큰 기대 효과에 대한 교차분석결과, 도움이 없는 편에서는 당사자 간의 상호이해와 문화교류가 71.4%로 가장 높으며 민주주의 등 보편적 가치구현 및 증진 14.3%, 기타 14.3%로 분포되었으며, 보통에서는 당사자 간의 상호이해와 문화교류 41.5%, 전문가교류 및 새로운 정보수집 23.1%, 민주주의 등 보편적 가치구현 및 증진 15.4%, 국제사회에서의 위상강화 10.8%, 양국(당사자)간의 경제적 이익 7.7%, 기타 1.5%의 순서로 구성되었고, 도움이 있는 편에서는 당사자 간의 상호이해와 문화교류가 32.6%로 가장 높고 그 다음으로 전문가교류 및 새로운 정보수집, 민주주의 등 보편적 가치구현 및 증진, 국제사회에서의 위상강화, 양국(당사자)간의 경제적 이익, 기타 등의 순서로 높게 분포되었음을 보여준다.

<표 10> 교류협력의 경험 및 지역, 크기수준별 국제교류협력에서 가장 큰 기대 효과에 대한 이차원 분할표

		국제교류협력에서 가장 큰 기대 효과						전체	X^2
		양국(당사자)간의 경제적 이익	당사자간의 상호이해와 문화교류	민주주의 등 보편적 가치구현 및 증진	국제사회에서의 위상강화	전문가 교류 및 새로운 정보수집	기타		
교류협력경험	있음	19	104	56	38	76	6	299	3.996
		6.4%	34.8%	18.7%	12.7%	25.4%	2.0%	100.0%	
	없음	1	4	3	1	0	0	9	
		11.1%	44.4%	33.3%	11.1%	0.0%	0.0%	100.0%	
전체		20	108	59	39	76	6	308	
		6.5%	35.1%	19.2%	12.7%	24.7%	1.9%	100.0%	
주요교류협력지역	아시아태평양지역	17	91	50	34	64	6	262	11.221
		6.5%	34.7%	19.1%	13.0%	24.4%	2.3%	100.0%	
	유럽지역	1	7	3	1	5	0	17	
		5.9%	41.2%	17.6%	5.9%	29.4%	0.0%	100.0%	
	아프리카지역	0	1	1	1	1	0	4	
		0.0%	25.0%	25.0%	25.0%	25.0%	0.0%	100.0%	
	북미지역	1	4	2	2	6	0	15	
		6.7%	26.7%	13.3%	13.3%	40.0%	0.0%	100.0%	
	기타	1	8	3	1	0	0	13	
		7.7%	61.5%	23.1%	7.7%	0.0%	0.0%	100.0%	
전체		20	111	59	39	76	6	311	
		6.4%	35.7%	19.0%	12.5%	24.4%	1.9%	100.0%	
교류협력지역의 크기	1개 지역	16	91	42	36	58	4	247	11.452
		6.5%	36.8%	17.0%	14.6%	23.5%	1.6%	100.0%	
	2개 지역	2	6	6	0	10	1	25	
		8.0%	24.0%	24.0%	0.0%	40.0%	4.0%	100.0%	
	3개 지역 이상	1	8	8	3	8	1	29	
		3.4%	27.6%	27.6%	10.3%	27.6%	3.4%	100.0%	
전체		19	105	56	39	76	6	301	
		6.3%	34.9%	18.6%	13.0%	25.2%	2.0%	100.0%	
한국민주주의수준	비민주적	4	12	11	2	12	2	43	14.461
		9.3%	27.9%	25.6%	4.7%	27.9%	4.7%	100.0%	
	보통	12	64	35	25	43	0	179	
		6.7%	35.8%	19.6%	14.0%	24.0%	0.0%	100.0%	
	민주적	4	32	13	11	20	4	84	
		4.8%	38.1%	15.5%	13.1%	23.8%	4.8%	100.0%	
전체		20	108	59	38	75	6	306	
		6.5%	35.3%	19.3%	12.4%	24.5%	2.0%	100.0%	
국내민주주의 증진에 대한 민주주의 국제협력의 기여	도움이 없는 편	0	5	1	0	0	1	7	13.517
		0.0%	71.4%	14.3%	0.0%	0.0%	14.3%	100.0%	
	보통	5	27	10	7	15	1	65	
		7.7%	41.5%	15.4%	10.8%	23.1%	1.5%	100.0%	
	도움이 있는 편	15	75	45	31	60	4	230	
		6.5%	32.6%	19.6%	13.5%	26.1%	1.7%	100.0%	
전체		20	107	56	38	75	6	302	
		6.6%	35.4%	18.5%	12.6%	24.8%	2.0%	100.0%	

* : p<.05(단측검증), ** : p<.01(단측검증), *** : p<.001(단측검증)

〈표 11〉은 국제협력에서 효과적인 프로그램 및 만족수준별 국제교류협력에서 가장 큰 기대 효과에 대한 교차분석결과이다. 표에 제시된 분석내용을 구체적으로 논의하면 아래와 같다.

첫째, 가장 효과적인 국제협력프로그램별 국제교류협력에서 가장 큰 기대 효과에 대한 교차분석결과, 교육훈련프로그램이라고 답한 담당자들은 당사자 간의 상호이해와 문화교류가 34.9%로 가장 높게 분포되었으며 그 다음으로 전문가교류 및 새로운 정보수집, 국제사회에서의 위상강화, 민주주의 등 보편적 가치구현 및 증진, 양국(당사자)간의 경제적 이익 등의 순서로 높게 분포되었으며, 인적교류협력프로그램이라고 답한 담당자들은 당사자 간의 상호이해와 문화교류가 53.3%로 가장 기대효과가 높고 그 다음으로 전문가교류 및 새로운 정보수집, 민주주의 등 보편적 가치구현 및 증진, 국제사회에서의 위상강화, 기타 등의 순서로 높으며, 국제연대프로그램이라고 답한 담당자들은 당사자 간의 상호이해와 문화교류 32.8%, 민주주의 등 보편적 가치구현 및 증진 29.3%, 전문가교류 및 새로운 정보수집 22.4%, 국제사회에서의 위상강화 8.6%, 기타 5.2%, 양국(당사자)간의 경제적 이익 1.7%의 순서로 구성되었다. 재정지원협력 프로그램이라고 답한 담당자들은 당사자 간의 상호이해와 문화교류 33.3%, 전문가교류 및 새로운 정보수집 33.3%, 기타 33.3%로만 구성되었으며, 자료교환이라고 답한 담당자들은 전문가교류 및 새로운 정보수집이 71.4%로 가장 높고 그 다음으로 민주주의 등 보편적 가치구현 및 증진, 당사자 간의 상호이해와 문화교류, 기타 등의 순서로 높으며, 기타 프로그램이라고 답한 담당자들은 전문가교류 및 새로운 정보수집 42.9%, 민주주의 등 보편적 가치구현 및 증진 28.6%, 당사자 간의 상호이해와 문화교류 28.6%로 분포되었으며 통계적으로 유의미하다.

둘째, 국제협력프로그램 만족도수준별 국제교류협력에서 가장 큰 기대 효과에 대한 교차분석결과, 만족하는 편에서는 전문가교류 및 새로운 정보수집 41.7%, 민주주의 등 보편적 가치구현 및 증진 33.3%, 당사자 간의 상호이해와 문화교류 25.0%로 분포되었으며, 중간에서는 당사자 간의 상호이해와 문화교류가 36.8%로 가장 높으며 그 다음으로 전문가교류 및 새로운 정보수집 28.6%, 민주주의 등 보편적 가치구현 및 증진 21.1%, 국제사회에서의 위상강화 9.0%, 양국(당사자)간의 경제적 이익 3.8%, 기타 0.8%의 순서로 높고, 불만족하는 편에서도 당사자 간의 상호이해와 문화교류가 34.2%로 가장 높으며 그 다음으로 전문가교류 및 새로운 정보수집, 국제사회에서의 위상강화, 민주주의 등 보편적 가치구현 및 증진, 양국(당사자)간의 경제적 이익, 기타 등의 순서로 높게 분포되었음을 보여준다.

<표 11> 국제협력프로그램의 유형 및 만족수준별 국제교류협력에서 가장 큰 기대 효과에 대한 이차원 분할표

		국제교류협력에서 가장 큰 기대 효과						전체	x^2
		양국(당사자)간의 경제적 이익	당사자 간의 상호이해와 문화교류	민주주의 등 보편적 가치구현 및 증진	국제사회 에서의 위상강화	전문가 교류 및 새로운 정보수집	기타		
가장 효과적인 국제협력 프로그램	교육훈련 프로그램	18	66	31	33	41	0	189	
		9.5%	34.9%	16.4%	17.5%	21.7%	0.0%	100.0%	
	인적교류 협력	0	16	4	1	8	1	30	
		0.0%	53.3%	13.3%	3.3%	26.7%	3.3%	100.0%	
	국제연대	1	19	17	5	13	3	58	***
		1.7%	32.8%	29.3%	8.6%	22.4%	5.2%	100.0%	66.923
	재정지원	0	1	0	0	1	1	3	
		0.0%	33.3%	0.0%	0.0%	33.3%	33.3%	100.0%	
	자료교환	0	1	2	0	10	1	14	
		0.0%	7.1%	14.3%	0.0%	71.4%	7.1%	100.0%	
	기타	0	2	2	0	3	0	7	
		0.0%	28.6%	28.6%	0.0%	42.9%	0.0%	100.0%	
전체		19	105	56	39	76	6	301	
		6.3%	34.9%	18.6%	13.0%	25.2%	2.0%	100.0%	
국제협력 프로그램 만족도 수준	만족 하는 편	0	3	4	0	5	0	12	
		0.0%	25.0%	33.3%	0.0%	41.7%	0.0%	100.0%	
	중간	5	49	28	12	38	1	133	17.433
		3.8%	36.8%	21.1%	9.0%	28.6%	0.8%	100.0%	
	불만족 하는 편	14	54	25	27	33	5	158	
		8.9%	34.2%	15.8%	17.1%	20.9%	3.2%	100.0%	
전체		19	106	57	39	76	6	303	
		6.3%	35.0%	18.8%	12.9%	25.1%	2.0%	100.0%	

* : p〈.05(단측검증), ** : p〈.01(단측검증), *** : p〈.001(단측검증)

가장 효과적인 국제협력 프로그램

〈표 12〉는 영역, 지역, 활동유형, 근무기간별 가장 효과적인 국제협력 프로그램에 대한 교차분석결과이다. 표에 제시된 분석내용을 구체적으로 논의하면, 첫째, 영역별 가장 효과적인 국제협력 프로그램에 대한 교차분석결과, 시민사회단체에서는 교육 및 훈련 프로그램, 국제연대활동, 인적교류, 자료교환 및 아이디어공유, 기타, 재정적 지원 등의 순서로 분포되었으며, 정부 및 공공기관에서는 교육 및 훈련 프로그램이 78.0%로 가장 높고, 그 다음으로 국제연대활동, 인적교류, 기타 등의 순서로 분포되었고, 학생에서는 교육 및 훈련 프로그램이 83.9%로 가장 높으며 그 다음으로 인적교류 10.2%, 국제연대활동 3.4%, 자료교환 및 아이디어공유 1.7%, 기타 0.8% 등의 순서로 분포되었다. 이러한 분석결과는 통계적으로 유의미하다.

둘째, 지역별 가장 효과적인 국제협력 프로그램에 대한 교차분석결과, 서울지역에서는 교육 및 훈련 프로그램이 가장 높으며 그 다음으로 국제연대활동, 인적교류, 자료교환 및 아이디어공유, 기타 등의 순서로 분포되었고, 서울 이외지역에서는 교육 및 훈련 프로그램 58.1%, 인적교류 12.9%, 국제연대활동 12.9%, 기타, 재정적 지원 3.2%, 자료교환 및 아이디어공유 3.2%로 나타났다. 이러한 분석결과는 통계적으로 유의미하다.

셋째, 단체활동 유형별 가장 효과적인 국제협력 프로그램에 대한 교차분석결과, 권익보호 및 증진 분야단체에서는 교육 및 훈련 프로그램 57.4%, 국제연대활동 31.9%, 인적교류 10.6%로 분포되었으며, 연구 교육 분야단체에서는 교육 및 훈련 프로그램 74.6%, 인적교류 8.5%, 국제연대활동 6.8%, 자료교환 및 아이디어공유 5.1%, 기타 5.1% 등의 순서로 높게 분포되었고, 자선 및 구호 분야단체에서는 교육 및 훈련 프로그램 50.0%, 인적교류 33.3%, 국제연대활동 16.7%로 분포되었다. 지역사회 발전 분야단체에서는 국제연대활동 56.3%와 교육 및 훈련 프로그램 37.5%로만 분포되었고, 세 가지 이상의 기능을 수행하는 단체에서는 교육 및 훈련 프로그램 44.2%, 국제연대활동 41.9%, 인적교류 7.0%, 재정적 지원 4.7%, 자료교환 및 아이디어공유 2.3% 등의 순서로 높으며, 기타 단체에서는 교육 및 훈련 프로그램 66.7%, 인적교류 11.6%, 자료교환 및 아이디어공유 11.6%, 국제연대활동 8.7%, 재정적 지원 1.4%로 구성되었다. 이러한 분석결과는 통계적으로 유의미하다.

넷째, 근무기간별 가장 효과적인 국제협력 프로그램에 대한 교차분석결과, 1년 미만에서는 교육 및 훈련 프로그램 65.6%, 인적교류 14.1%, 자료교환 및 아이디어공유 10.9%, 국제연대활동 7.8%, 재정적 지원 1.6%의 순서로 구성되었으며, 1~3년 미만에서도 교육 및 훈련 프로그램이 가장 높고 그 다음으로 국제연대활동, 인적교류, 재정적 지원과 자료교환 및 아이디어 공유 등의 순서로 높고, 3~5년 미만에서는 교육 및 훈련 프로그램 60.0%, 국제연대활동 32.0%, 인적교류 8.0%로 분포되었으며, 5~10년 미만에서도 교육 및 훈련 프로그램 46.7%, 국제연대활동 36.7%, 인적교류 10.0%로 분포되었다. 10~15년 미만에서는 교육 및 훈련 프로그램 58.3%, 국제연대활동 25.0%, 인적교류 16.7%로 분포되었으며 15년 이상에서도 교육 및 훈련 프로그램이 66.7%로 가장 높고 그 다음으로 인적교류, 자료교환 및 아이디어공유, 국제연대활동과 기타 등의 순서로 분포되었다. 이러한 분석결과는 통계적으로 유의미하다.

<표 12> 영역, 지역, 활동유형, 근무기간별 가장 효과적인 국제협력 프로그램에 대한 이차원 분할표

		가장 효과적인 국제협력 프로그램						전체	X^2
		교육 및 훈련 프로그램	인적교류	국제연대 활동	재정적 지원	자료교환 및 아이디어 공유	기타		
영역	시민사회	54 39.4%	14 10.2%	49 35.8%	3 2.2%	13 9.5%	4 2.9%	137 100.0%	*** 76.180
	정부 및 공공기관	39 78.0%	4 8.0%	5 10.0%	0 0.0%	0 0.0%	2 4.0%	50 100.0%	
	학생	99 83.9%	12 10.2%	4 3.4%	0 0.0%	2 1.7%	1 0.8%	118 100.0%	
	전체	192 63.0%	30 9.8%	58 19.0%	3 1.0%	15 4.9%	7 2.3%	305 100.0%	
지역	서울	174 63.7%	26 9.5%	54 19.8%	2 0.7%	13 4.8%	4 1.5%	273 100.0%	* 11.204
	기타지역	18 58.1%	4 12.9%	4 12.9%	1 3.2%	1 3.2%	3 9.7%	31 100.0%	
	전체	192 63.2%	30 9.9%	58 19.1%	3 1.0%	14 4.6%	7 2.3%	304 100.0%	
단체 활동 유형	권익보호 및 증진 분야	27 57.4%	5 10.6%	15 31.9%	0 0.0%	0 0.0%	0 0.0%	47 100.0%	*** 84.670
	연구 교육 분야	88 74.6%	10 8.5%	8 6.8%	0 0.0%	6 5.1%	6 5.1%	118 100.0%	
	자선 및 구호 분야	6 50.0%	4 33.3%	2 16.7%	0 0.0%	0 0.0%	0 0.0%	12 100.0%	
	지역사회 발전 분야	6 37.5%	0 0.0%	9 56.3%	0 0.0%	0 0.0%	1 6.3%	16 100.0%	
	세 가지 이상 분야	19 44.2%	3 7.0%	18 41.9%	2 4.7%	1 2.3%	0 0.0%	43 100.0%	
	기타	46 66.7%	8 11.6%	6 8.7%	1 1.4%	8 11.6%	0 0.0%	69 100.0%	
	전체	192 63.0%	30 9.8%	58 19.0%	3 1.0%	15 4.9%	7 2.3%	305 100.0%	
근무 기간	1년 미만	42 65.6%	9 14.1%	5 7.8%	1 1.6%	7 10.9%	0 0.0%	64 100.0%	** 45.478
	1~3년 미만	100 65.4%	11 7.2%	30 19.6%	0 0.0%	6 3.9%	6 3.9%	153 100.0%	
	3~5년 미만	15 60.0%	2 8.0%	8 32.0%	0 0.0%	0 0.0%	0 0.0%	25 100.0%	
	5~10년 미만	14 46.7%	3 10.0%	11 36.7%	2 6.7%	0 0.0%	0 0.0%	30 100.0%	
	10~15년 미만	7 58.3%	2 16.7%	3 25.0%	0 0.0%	0 0.0%	0 0.0%	12 100.0%	
	15년 이상	14 66.7%	3 14.3%	1 4.8%	0 0.0%	2 9.5%	1 4.8%	21 100.0%	
	전체	192 63.0%	30 9.8%	58 19.0%	3 1.0%	15 4.9%	7 2.3%	305 100.0%	

* : p⟨.05(단측검증), ** : p⟨.01(단측검증), *** : p⟨.001(단측검증)

교류협력경험, 교류협력지역 및 크기별 가장 효과적인 국제협력 프로그램에 대한 교차분석결과는 〈표 13〉과 같다. 표에 제시된 분석내용을 구체적으로 논의하면 아래와 같다.

첫째, 교류협력경험별 가장 효과적인 국제협력 프로그램에 대한 교차분석결과, 교류협력경험이 있는 담당자들은 교육 및 훈련 프로그램, 국제연대활동, 인적교류, 자료교환 및 아이디어공유, 기타, 재정적 지원 등의 순서로 분포된데 비해, 교류협력경험이 없는 담당자들은 교육 및 훈련 프로그램 33.3%, 인적교류 33.3%, 국제연대활동 33.3%로 분포되었음을 보여준다.

둘째, 교류협력지역별 가장 효과적인 국제협력 프로그램에 대한 교차분석결과, 아시아태평양지역교류협력에 답한 담당자들은 교육 및 훈련 프로그램이 62.7%로 가장 많고 그 다음으로 국제연대활동, 인적교류, 자료교환 및 아이디어공유, 기타, 재정적 지원 등의 순서로 분포되었으며, 유럽지역교류협력에 답한 담당자들은 교육 및 훈련 프로그램 64.7%, 인적교류 17.6%, 자료교환 및 아이디어공유 17.6%로 분포되었고, 아프리카지역교류협력에 답한 담당자들은 교육 및 훈련 프로그램 75.0%와 인적교류 25.0%로 분포되었다. 북미지역교류협력에 답한 담당자들은 교육 및 훈련 프로그램이 가장 높고 그 다음으로 인적교류, 국제연대활동, 자료교환 및 아이디어공유, 기타 등의 순서로 분포되었으며, 기타지역교류협력에 답한 담당자들은 교육 및 훈련 프로그램 60.0%, 국제연대활동 20.0%, 기타 20.0%로 분포되었다.

셋째, 교류협력 지역의 크기별 가장 효과적인 국제협력 프로그램에 대한 교차분석결과, 1개 지역교류협력에 답한 담당자들은 교육 및 훈련 프로그램이 64.7%로 가장 높으며 그다음으로 국제연대활동, 인적교류, 자료교환 및 아이디어공유, 기타, 재정적 지원 등의 순서로 높게 분포되었고, 2개 지역교류협력에 답한 담당자들은 교육 및 훈련 프로그램, 인적교류, 국제연대활동, 자료교환 및 아이디어공유 등의 순서로 분포되었으며, 3개 이상 지역교류협력에 답한 담당자들은 교육 및 훈련 프로그램 53.6%, 국제연대활동 21.4%, 인적교류 14.3%, 자료교환 및 아이디어공유 7.1%, 기타 3.6%로 분포되었다.

넷째, 한국 민주주의 수준별 가장 효과적인 국제협력 프로그램에 대한 교차분석결과, 비민주적에서는 교육 및 훈련 프로그램이 63.4%로 가장 높게 분포되었고 그 다음으로 국제연대활동, 자료교환 및 아이디어공유, 인적교류의 순서로 분포되었으며, 보통에서는 교육 및 훈련 프로그램 63.1%, 국제연대활동 20.5%, 인적교류 8.5%, 자료교환 및 아이디어공유 4.5%, 기타 2.3%, 재정적 지원 1.1%등의 순서로 분포되었고, 민주적에서는 교육 및 훈련 프로그램이 61.0%로 가장 높으며 그 다음으로 인적교류, 국제연대활동, 자료교환 및 아이디어공유와 기타, 재정적 지원 등의 순서로 분포되었다.

다섯째, 국내 민주주의 증진에 대한 민주주의 국제협력의 기여수준별 가장 효과적인 국제협력 프로그램에 대한 교차분석결과, 국내 민주주의 증진에 도움이 없는 편이라고 답한 담당자들은 교육 및 훈련 프로그램 37.5%, 인적교류 37.5%, 자료교환 및 아이디어공유 12.5%, 기타 12.5%로 분포되었으며, 보통에서는 교육 및 훈련 프로그램이 58.5%로 가장 높고 그 다음으로 국제연대활동 26.2, 인적교류 9.2%, 재정적 지원 3.1%, 자료교환 및 아이디어공유 1.5%, 기타 1.5%로 분포되었고, 도움이 있는 편에서도 교육 및 훈련 프로그램이 64.9%로 가장 높게 분포되었으며, 그 다음으로 국제연대활동 17.6%, 인적교류 9.5%, 자료교환 및 아이디어공유 5.4%, 기타 2.3%, 재정적 지원 0.5%의 순서로 높게 분포되었다. 이러한 분석결과는 통계적으로 유의미하다.

〈표 13〉 교류협력경험, 교류협력지역 및 크기별 가장 효과적인 국제협력 프로그램에 대한 이차원 분할표

		가장 효과적인 국제협력프로그램						전체	X^2
		교육 및 훈련 프로그램	인적교류	국제연대 활동	재정적 지원	자료교환 및 아이디어 공유	기타		
교류협력 경험	있음	189	29	57	3	15	7	300	2.666
		63.0%	9.7%	19.0%	1.0%	5.0%	2.3%	100.0%	
	없음	1	1	1	0	0	0	3	
		33.3%	33.3%	33.3%	0.0%	0.0%	0.0%	100.0%	
전체		190	30	58	3	15	7	303	
		62.7%	9.9%	19.1%	1.0%	5.0%	2.3%	100.0%	
주요 교류협력 지역	아시아 태평양지역	165	24	55	3	11	5	263	23.141
		62.7%	9.1%	20.9%	1.1%	4.2%	1.9%	100.0%	
	유럽지역	11	3	0	0	3	0	17	
		64.7%	17.6%	0.0%	0.0%	17.6%	0.0%	100.0%	
	아프리카 지역	3	1	0	0	0	0	4	
		75.0%	25.0%	0.0%	0.0%	0.0%	0.0%	100.0%	
	북미지역	10	2	2	0	1	1	16	
		62.5%	12.5%	12.5%	0.0%	6.3%	6.3%	100.0%	
	기타	3	0	1	0	0	1	5	
		60.0%	0.0%	20.0%	0.0%	0.0%	20.0%	100.0%	
전체		192	30	58	3	15	7	305	
		63.0%	9.8%	19.0%	1.0%	4.9%	2.3%	100.0%	
교류협력 지역의 크기	1개 지역	161	22	47	3	10	6	249	6.949
		64.7%	8.8%	18.9%	1.2%	4.0%	2.4%	100.0%	
	2개 지역	15	4	4	0	3	0	26	
		57.7%	15.4%	15.4%	0.0%	11.5%	0.0%	100.0%	
	3개 지역 이상	15	4	6	0	2	1	28	
		53.6%	14.3%	21.4%	0.0%	7.1%	3.6%	100.0%	
전체		191	30	57	3	15	7	303	
		63.0%	9.9%	18.8%	1.0%	5.0%	2.3%	100.0%	
한국 민주주의 수준	비민주적	26	1	10	0	4	0	41	13.281
		63.4%	2.4%	24.4%	0.0%	9.8%	0.0%	100.0%	
	보통	111	15	36	2	8	4	176	
		63.1%	8.5%	20.5%	1.1%	4.5%	2.3%	100.0%	
	민주적	50	14	11	1	3	3	82	
		61.0%	17.1%	13.4%	1.2%	3.7%	3.7%	100.0%	
전체		187	30	57	3	15	7	299	
		62.5%	10.0%	19.1%	1.0%	5.0%	2.3%	100.0%	
국내 민주주의 증진에 대한 민주주의 국제협력의 기여	도움이 없는 편	3	3	0	0	1	1	8	20.501 *
		37.5%	37.5%	0.0%	0.0%	12.5%	12.5%	100.0%	
	보통	38	6	17	2	1	1	65	
		58.5%	9.2%	26.2%	3.1%	1.5%	1.5%	100.0%	
	도움이 있는 편	144	21	39	1	12	5	222	
		64.9%	9.5%	17.6%	0.5%	5.4%	2.3%	100.0%	
전체		185	30	56	3	14	7	295	
		62.7%	10.2%	19.0%	1.0%	4.7%	2.4%	100.0%	

* : p〈.05(단측검증), ** : p〈.01(단측검증), *** : p〈.001(단측검증)

국제협력 프로그램에 대한 만족도 수준

　〈표 14〉는 영역, 지역, 활동유형, 근무기간별 국제협력 프로그램
에 대한 만족도 수준에 대한 교차분석결과이다. 표에 제시된 분석
내용을 구체적으로 논의하면, 첫째, 영역별 국제협력 프로그램에
대한 만족도 수준에 대한 교차분석결과, 시민사회단체에서는 약간
불만족이 45.6%로 가장 높고 그 다음으로 보통 44.9%, 약간만족
6.6%, 매우불만족 2.9%로 분포되었으며, 정부 및 공공기관에서는
약간불만족 62.0%, 보통 26.0%, 매우불만족 8.0%, 약간만족 4.0%로
분포된데 비해 학생에서는 보통 51.3%로 가장 높고 그 다음으로
약간불만족, 매우불만족, 약간 만족 등의 순서로 높게 분포되었음
을 보여준다. 이러한 분석결과는 통계적으로 유의미하다.

　둘째, 지역별 국제협력 프로그램에 대한 만족도 수준에 대한 교
차분석결과, 서울지역에서는 약간불만족이 47.4%로 가장 높게 분
포되었으며 그 다음으로 보통 44.9%, 매우불만족 4.0%, 약간만족
3.7%로 구성되었고, 서울 이외 지역에서는 약간불만족, 보통, 매우
불만족과 약간만족 등의 순서로 높게 분포되었음을 보여준다.

　셋째, 단체활동 유형별 국제협력 프로그램에 대한 만족도 수준에
대한 교차분석결과, 권익보호 및 증진 분야단체에서는 보통 44.9%
와 약간불만족 44.9%로 가장 높으며 그 다음으로 매우불만족, 약간
만족 등의 순서로 분포되었고, 연구 교육 분야에서는 약간불만족
49.6%, 보통 43.7%, 매우불만족 5.9%, 약간만족 0.8%로 분포되었으
며 자선 및 구호 분야단체에서는 약간불만족이 58.3%로 가장 높고
그 다음으로 보통 33.3%, 약간만족 8.3%로 분포되었다. 지역사회
발전 분야단체에서는 보통 53.3%, 약간불만족 40.0%, 약간만족
6.7%로 분포되었으며 세 가지 이상 기능을 수행하는 단체에서는
약간불만족이 51.2%로 가장 높게 분포되었고 그 다음으로 보통,

약간만족, 매우 불만족 등의 순서로 분포되었으며, 기타 단체에서는 보통 49.3%, 약간불만족 43.3%, 약간만족 4.5%, 매우불만족 3.0%로 분포되었음을 보여준다.

넷째, 근무기간별 국제협력 프로그램에 대한 만족도 수준에 대한 교차분석결과, 1년 미만에서는 보통 49.2%, 약간불만족 42.9%, 매우불만족 4.8%, 약간만족 3.2%로 분포되었으며, 1~3년 미만에서는 약간불만족이 52.6%로 가장 높고 그 다음으로 보통, 매우불만족, 약간만족 등의 순서로 분포되었고, 3~5년 미만에서는 보통 46.2%, 약간불만족 38.5%, 약간만족 15.4%로 분포되었다. 5~10년 미만에서는 보통 58.1%, 약간불만족 35.5%, 약간만족 3.2%, 매우불만족 3.2%의 순서로 분포된 반면에, 10~15년 미만에서는 약간불만족 58.3%, 약간만족 16.7%, 보통 16.7%, 매우불만족 8.3%로 분포되었으며 15년 이상에서는 약간불만족이 47.6%로 가장 높게 분포되었으며 그 다음으로 보통, 매우불만족, 약간 만족 등의 순서로 높게 분포되었다. 이러한 분석결과는 통계적으로 유의미하다.

〈표 14〉 영역, 지역, 활동유형, 근무기간별 국제협력 프로그램에 대한 만족도 수준에 대한 이차원 분할표

		국제협력 프로그램에 대한 만족도 수준				전체	x^2
		약간만족	보통	약간불만족	매우불만족		
영역	시민사회	9	61	62	4	136	* 15.354
		6.6%	44.9%	45.6%	2.9%	100.0%	
	정부 및 공공기관	2	13	31	4	50	
		4.0%	26.0%	62.0%	8.0%	100.0%	
	학생	1	61	52	5	119	
		0.8%	51.3%	43.7%	4.2%	100.0%	
	전체	12	135	145	13	305	
		3.9%	44.3%	47.5%	4.3%	100.0%	
지역	서울	10	122	129	11	272	1.197
		3.7%	44.9%	47.4%	4.0%	100.0%	
	기타지역	2	12	16	2	32	
		6.3%	37.5%	50.0%	6.3%	100.0%	
	전체	12	134	145	13	304	
		3.9%	44.1%	47.7%	4.3%	100.0%	
단체 활동 유형	권익보호 및 증진 분야	3	22	22	2	49	10.057
		6.1%	44.9%	44.9%	4.1%	100.0%	
	연구 교육 분야	1	52	59	7	119	
		0.8%	43.7%	49.6%	5.9%	100.0%	
	자선 및 구호 분야	1	4	7	0	12	
		8.3%	33.3%	58.3%	0.0%	100.0%	
	지역사회 발전 분야	1	8	6	0	15	
		6.7%	53.3%	40.0%	0.0%	100.0%	
	세 가지 이상 분야	3	16	22	2	43	
		7.0%	37.2%	51.2%	4.7%	100.0%	
	기타	3	33	29	2	67	
		4.5%	49.3%	43.3%	3.0%	100.0%	
	전체	12	135	145	13	305	
		3.9%	44.3%	47.5%	4.3%	100.0%	
근무 기간	1년 미만	2	31	27	3	63	* 30.627
		3.2%	49.2%	42.9%	4.8%	100.0%	
	1~3년 미만	2	65	80	5	152	
		1.3%	42.8%	52.6%	3.3%	100.0%	
	3~5년 미만	4	12	10	0	26	
		15.4%	46.2%	38.5%	0.0%	100.0%	
	5~10년 미만	1	18	11	1	31	
		3.2%	58.1%	35.5%	3.2%	100.0%	
	10~15년 미만	2	2	7	1	12	
		16.7%	16.7%	58.3%	8.3%	100.0%	
	15년 이상	1	7	10	3	21	
		4.8%	33.3%	47.6%	14.3%	100.0%	
	전체	12	135	145	13	305	
		3.9%	44.3%	47.5%	4.3%	100.0%	

* : p<.05(단측검증), ** : p<.01(단측검증), *** : p<.001(단측검증)

국제교류협력경험, 교류협력지역 및 크기별 국제협력 프로그램
에 대한 만족도 수준에 대한 교차분석결과는 〈표 15〉와 같다. 표에
제시된 분석내용을 구체적으로 논의하면, 첫째, 국제교류협력경험
별 국제협력 프로그램에 대한 만족도 수준에 대한 교차분석결과,
국제교류협력경험이 있는 담당자들은 약간 불만족이 48.3%로 가장
높고 그 다음으로 보통, 매우불만족과 약간 만족의 순서로 분포되
었으며, 교류협력경험이 없는 담당자들은 보통 100%로만 구성되었
음을 보여준다.

둘째, 교류협력지역별 국제협력 프로그램에 대한 만족도 수준에
대한 교차분석결과, 아시아태평양지역교류협력에 답한 담당자들
은 약간불만족 48.9%, 보통 42.7%, 약간만족 4.2%, 매우불만족 4.2%
로 구성되었으며, 유럽지역교류협력에 답한 담당자들은 보통
58.8%, 약간불만족 29.4%, 약간만족 5.9%, 매우불만족 5.9%로 분포
되었고, 아프리카지역교류협력에 답한 담당자들은 약간불만족
75.0%와 보통 25.0%로 분포되었다. 북미지역교류협력에 답한 담당
자들은 보통 50.0%와 약간불만족 50.0%로만 분포되었으며 기타지
역에 답한 담당자들은 보통 66.7%, 약간불만족 16.7%, 매우불만족
16.7%로 분포되었음을 보여준다.

셋째, 교류협력 지역의 크기별 국제협력 프로그램에 대한 만족도
수준에 대한 교차분석결과, 1개 지역교류협력에 답한 사람들은 약
간불만족이 49.0%로 가장 높으며 그 다음으로 보통 44.1%, 매우불
만족 3.6%, 약간만족 3.2%로 분포되었고, 2개 지역교류협력에 답한
담당자들은 약간불만족 46.2%, 보통 42.3%, 약간만족 7.7%, 매우불
만족 3.8%의 순서로 높게 분포되었으며, 3개 지역교류협력에 답한
담당자들은 보통 44.8%, 약간불만족 41.4%, 약간 만족 6.9%, 매우불
만족 6.9%로 분포되었다.

넷째, 한국 민주주의 수준별 국제협력 프로그램에 대한 만족도

수준에 대한 교차분석결과, 비민주적이라고 답한 담당자들은 보통 53.7%로 가장 많고 그 다음으로 약간불만족, 약간만족, 매우불만족 등의 순서로 분포되었으며, 보통수준이라고 답한 담당자들은 보통 47.5%, 약간불만족 45.2%, 약간만족 4.0%, 매우불만족 3.4%로 분포되었고, 민주적이라고 답한 담당자들은 약간불만족이 56.6%로 가장 높으며, 그 다음으로 보통 33.7%, 매우불만족 6.0%, 약간만족 3.6%로 분포되었음을 보여준다.

다섯째, 국내 민주주의 증진에 대한 민주주의 국제협력의 기여수준별 국제협력 프로그램에 대한 만족도 수준에 대한 교차분석결과, 국내민주주의 증진에 도움이 없는 편이라고 답한 담당자들은 약간불만족 50.0%, 보통 37.5%, 약간만족 12.5%로 분포되었으며, 보통이라고 답한 담당자들은 보통 63.6%와 약간불만족 33.3%로 분포되었고, 도움이 있는 편이라고 답한 담당자들은 약간불만족이 51.6%로 가장 높고 그 다음으로 보통 38.6%, 매우불만족 4.9%, 약간만족 4.9%의 순서로 분포되었다. 이러한 분석결과는 통계적으로 유의미하다.

〈표 15〉 교류협력경험, 교류협력지역 및 크기별 국제협력 프로그램에 대한
만족도 수준에 대한 이차원 분할표

		국제협력 프로그램에 대한 만족도 수준				전체	X^2
		약간만족	보통	약간불만족	매우불만족		
교류협력 경험	있음	12	131	145	12	300	3.821
		4.0%	43.7%	48.3%	4.0%	100.0%	
	없음	0	3	0	0	3	
		0.0%	100.0%	0.0%	0.0%	100.0%	
전체		12	134	145	12	303	
		4.0%	44.2%	47.9%	4.0%	100.0%	
국제협력 지역	아시아 태평양지역	11	112	128	11	262	9.572
		4.2%	42.7%	48.9%	4.2%	100.0%	
	유럽지역	1	10	5	1	17	
		5.9%	58.8%	29.4%	5.9%	100.0%	
	아프리카 지역	0	1	3	0	4	
		0.0%	25.0%	75.0%	0.0%	100.0%	
	북미지역	0	8	8	0	16	
		0.0%	50.0%	50.0%	0.0%	100.0%	
	기타	0	4	1	1	6	
		0.0%	66.7%	16.7%	16.7%	100.0%	
전체		12	135	145	13	305	
		3.9%	44.3%	47.5%	4.3%	100.0%	
교류 협력 지역의 크기	1개 지역	8	109	121	9	247	2.912
		3.2%	44.1%	49.0%	3.6%	100.0%	
	2개 지역	2	11	12	1	26	
		7.7%	42.3%	46.2%	3.8%	100.0%	
	3개 지역 이상	2	13	12	2	29	
		6.9%	44.8%	41.4%	6.9%	100.0%	
전체		12	133	145	12	302	
		4.0%	44.0%	48.0%	4.0%	100.0%	
한국 민주주의 수준	비민주주의 적인	2	22	15	2	41	7.027
		4.9%	53.7%	36.6%	4.9%	100.0%	
	보통	7	84	80	6	177	
		4.0%	47.5%	45.2%	3.4%	100.0%	
	민주적	3	28	47	5	83	
		3.6%	33.7%	56.6%	6.0%	100.0%	
전체		12	134	142	13	301	
		4.0%	44.5%	47.2%	4.3%	100.0%	
국내 민주주의 증진에 대한 민주주의 국제협력의 기여	도움이 없는 편	1	3	4	0	8	* 16.222
		12.5%	37.5%	50.0%	0.0%	100.0%	
	보통	0	42	22	2	66	
		0.0%	63.6%	33.3%	3.0%	100.0%	
	도움이 있는 편	11	86	115	11	223	
		4.9%	38.6%	51.6%	4.9%	100.0%	
전체		12	131	141	13	297	
		4.0%	44.1%	47.5%	4.4%	100.0%	

* : p<.05(단측검증), ** : p<.01(단측검증), *** : p<.001(단측검증)

국제교류협력 프로그램을 실행하면서 가장 어려운 점

〈표 16〉은 영역, 지역, 활동유형, 근무기간의 수준별 국제교류협력 프로그램을 실행하면서 가장 어려운 점에 대한 교차분석결과이다. 표에 제시된 분석내용을 구체적으로 논의하면 다음과 같다.

첫째, 영역별 국제교류협력 프로그램을 실행하면서 가장 어려운 점에 대한 교차분석결과, 시민사회단체에서는 재정 부족이 31.4%로 가장 높으며 그 다음으로 인적 자원의 부족, 해당분야 국내인식 및 이해부족, 교류대상국 문화 및 특수성 이해부족, 교류대상국의 상황(정치·경제·사회), 기타 등의 순서로 분포되었으며, 정부 및 공공기관에서는 재정 부족 24.0%, 교류대상국 문화 및 특수성 이해부족 24.0%, 인적 자원의 부족 22.0%, 교류대상국의 상황(정치·경제·사회) 20.0%, 해당분야 국내인식 및 이해부족 10.0%로 분포되었고, 학생에서는 교류대상국 문화 및 특수성 이해부족이 36.8%로 가장 높으며 그 다음으로 교류대상국의 상황(정치·경제·사회) 26.5%, 인적 자원의 부족 15.4%, 재정 부족 11.1%, 해당분야 국내인식 및 이해부족 10.3%의 순서로 높게 분포되었으며 통계적으로 유의미하다.

둘째, 지역별 국제교류협력 프로그램을 실행하면서 가장 어려운 점에 대한 교차분석결과, 서울지역에서는 교류대상국 문화 및 특수성 이해부족 24.0%, 재정 부족 22.9%, 인적 자원의 부족 22.5%, 교류대상국의 상황(정치·경제·사회) 17.3%, 해당분야 국내인식 및 이해부족 11.8%, 기타 1.5%의 순서로 분포되었으며, 서울 이외 지역에서는 교류대상국의 상황(정치·경제·사회)이 28.1%로 가장 높고, 그 다음으로 교류대상국 문화 및 특수성 이해부족, 재정 부족, 인적 자원의 부족, 해당분야 국내인식 및 이해부족, 기타 등의 순서로 분포되었음을 보여준다.

셋째, 단체활동 유형별 국제교류협력 프로그램을 실행하면서 가장 어려운 점에 대한 교차분석결과, 권익보호 및 증진 분야단체에서는 재정 부족이 34.7%로 가장 높으며 그 다음으로 인적 자원의 부족, 교류대상국 문화 및 특수성 이해부족, 해당분야 국내인식 및 이해부족, 기타, 교류대상국의 상황(정치·경제·사회) 등의 순서로 높게 분포된 반면에, 연구 교육 분야에서는 교류대상국 문화 및 특수성 이해부족이 29.7%로 가장 높으며 그 다음으로 교류대상국의 상황(정치·경제·사회), 재정 부족, 인적 자원의 부족, 해당분야 국내인식 및 이해부족, 기타 등의 순서로 높고, 자선 및 구호 분야단체에서는 재정 부족 58.3%, 교류대상국의 상황(정치·경제·사회) 25.0%, 인적 자원의 부족 8.3%, 교류대상국 문화 및 특수성 이해부족 8.3%로 분포되었으며, 지역사회 발전 분야단체에서는 교류대상국의 상황(정치·경제·사회)과 인적 자원의 부족이 각각 31.3%로 가장 높고 그 다음으로 재정 부족, 해당분야 국내인식 및 이해부족, 교류대상국 문화 및 특수성 이해부족과 기타 등의 순서로 높게 분포되었다. 세 가지 이상의 기능을 수행하는 단체에서는 인적 자원의 부족 25.6%, 재정 부족 23.3%, 교류대상국의 상황(정치·경제·사회) 20.9%, 교류대상국 문화 및 특수성 이해부족 16.3%, 해당분야 국내인식 및 이해부족 14.0%의 순서로 높게 분포되었으며, 기타 단체에서는 교류대상국 문화 및 특수성 이해부족이 31.8%로 가장 높고 그 다음으로 인적 자원의 부족, 교류대상국의 상황(정치·경제·사회), 재정 부족, 해당분야 국내인식 및 이해부족, 기타 등의 순서로 높게 분포되었으며 통계적으로 유의미하다.

넷째, 근무기간 별 국제교류협력 프로그램을 실행하면서 가장 어려운 점에 대한 교차분석결과, 1년 미만에서는 교류대상국 문화 및 특수성 이해부족이 34.4%로 가장 높으며 그 다음으로 교류대상국의 상황(정치·경제·사회), 인적 자원의 부족, 재정 부족, 해당분야 국내인식 및 이해부족 등의 순서로 높게 분포되었고, 1~3년 미만에서도 교류대상국 문화 및 특수성 이해부족이 24.2%로 가장 높으며 그 다음으로 인적 자원의 부족, 교류대상국의 상황(정치 · 경제 · 사회), 재정 부족, 해당분야 국내인식 및 이해부족, 기타 등의 순서로 높고, 3~5년 미만에서는 재정 부족이 26.9%로 가장 높으며 그 다음으로 교류대상국 문화 및 특수성 이해부족, 교류대상국의 상황(정치 · 경제 · 사회), 해당분야 국내인식 및 이해부족, 인적 자원의 부족, 기타 등의 순서로 높게 분포되었다. 5~10년 미만에서는 재정 부족이 45.2%로 가장 높으며 그 다음으로 인적 자원의 부족, 교류대상국 문화 및 특수성 이해부족, 교류대상국의 상황(정치 · 경제 · 사회), 해당분야 국내인식 및 이해부족의 순서로 높고, 10~15년 미만에서도 재정 부족이 58.3%로 가장 높으며 그 다음으로 인적 자원의 부족 16.7%, 교류대상국의 상황(정치 · 경제 · 사회) 8.3%, 해당분야 국내인식 및 이해부족 8.3%, 기타 8.3%로 분포되었고, 15년 이상에서는 인적 자원의 부족과 재정 부족이 각각 33.3%로 가장 높게 분포되었으며, 그 다음으로 교류대상국의 상황(정치 · 경제 · 사회) 4.8%, 해당분야 국내인식 및 이해부족 4.8%, 기타 4.8%로 분포되었음을 보여준다. 이러한 분석결과는 통계적으로 유의미하다.

〈표 16〉 영역, 지역, 활동유형, 근무기간의 수준별 국제교류협력 프로그램을
실행하면서 가장 어려운 점에 대한 이차원 분할표

		국제교류협력 프로그램을 실행하면서 가장 어려운 점						전체	x^2
		교류대상국의 상황(정치·경제·사회)	인적 자원의 부족	교류대상국 문화 및 특수성 이해부족	재정 부족	해당분야 국내인식 및 이해부족	기타		
영역	시민사회	15	38	17	43	19	5	137	
		10.9%	27.7%	12.4%	31.4%	13.9%	3.6%	100.0%	
	정부 및 공공기관	10	11	12	12	5	0	50	*** 47.154
		20.0%	22.0%	24.0%	24.0%	10.0%	0.0%	100.0%	
	학생	31	18	43	13	12	0	117	
		26.5%	15.4%	36.8%	11.1%	10.3%	0.0%	100.0%	
	전체	56	67	72	68	36	5	304	
		18.4%	22.0%	23.7%	22.4%	11.8%	1.6%	100.0%	
지역	서울	47	61	65	62	32	4	271	3.177
		17.3%	22.5%	24.0%	22.9%	11.8%	1.5%	100.0%	
	기타지역	9	5	7	6	4	1	32	
		28.1%	15.6%	21.9%	18.8%	12.5%	3.1%	100.0%	
	전체	56	66	72	68	36	5	303	
		18.5%	21.8%	23.8%	22.4%	11.9%	1.7%	100.0%	
단체 활동 유형	권익보호 및 증진 분야	1	16	7	17	6	2	49	
		2.0%	32.7%	14.3%	34.7%	12.2%	4.1%	100.0%	
	연구 교육 분야	25	17	35	24	16	1	118	
		21.2%	14.4%	29.7%	20.3%	13.6%	0.8%	100.0%	
	자선 및 구호 분야	3	1	1	7	0	0	12	
		25.0%	8.3%	8.3%	58.3%	0.0%	0.0%	100.0%	
	지역사회 발전 분야	5	5	1	2	2	1	16	** 48.964
		31.3%	31.3%	6.3%	12.5%	12.5%	6.3%	100.0%	
	세 가지 이상 분야	9	11	7	10	6	0	43	
		20.9%	25.6%	16.3%	23.3%	14.0%	0.0%	100.0%	
	기타	13	17	21	8	6	1	66	
		19.7%	25.8%	31.8%	12.1%	9.1%	1.5%	100.0%	
	전체	56	67	72	68	36	5	304	
		18.4%	22.0%	23.7%	22.4%	11.8%	1.6%	100.0%	
근무 기간	1년 미만	14	14	21	8	4	0	61	
		23.0%	23.0%	34.4%	13.1%	6.6%	0.0%	100.0%	
	1~3년 미만	32	33	37	25	24	2	153	
		20.9%	21.6%	24.2%	16.3%	15.7%	1.3%	100.0%	
	3~5년 미만	5	3	6	7	4	1	26	
		19.2%	11.5%	23.1%	26.9%	15.4%	3.8%	100.0%	
	5~10년 미만	3	8	4	14	2	0	31	** 48.357
		9.7%	25.8%	12.9%	45.2%	6.5%	0.0%	100.0%	
	10~15년 미만	1	2	0	7	1	1	12	
		8.3%	16.7%	0.0%	58.3%	8.3%	8.3%	100.0%	
	15년 이상	1	7	4	7	1	1	21	
		4.8%	33.3%	19.0%	33.3%	4.8%	4.8%	100.0%	
	전체	56	67	72	68	36	5	304	
		18.4%	22.0%	23.7%	22.4%	11.8%	1.6%	100.0%	

* : p<.05(단측검증), ** : p<.01(단측검증), *** : p<.001(단측검증)

〈표 17〉은 교류협력의 경험 및 지역, 크기별 국제교류협력 프로그램을 실행하면서 가장 어려운 점에 대한 교차분석결과이다. 표에 제시된 분석내용을 구체적으로 논의하면, 첫째, 교류협력경험별 국제교류협력 프로그램을 실행하면서 가장 어려운 점에 대한 교차분석결과, 교류협력경험이 있는 담당자들은 교류대상국 문화 및 특수성 이해부족이 23.7%로 가장 높으며 그 다음으로 재정 부족, 인적 자원의 부족, 교류대상국의 상황(정치·경제·사회), 해당 분야 국내인식 및 이해부족, 기타 등의 순서로 분포되었고, 교류협력경험이 없는 담당자들은 교류대상국의 상황(정치·경제·사회) 33.3%, 교류대상국 문화 및 특수성 이해부족 33.3%, 해당분야 국내인식 및 이해부족 33.3%로 분포되었음을 보여준다.

　둘째, 교류협력지역별 국제교류협력 프로그램을 실행하면서 가장 어려운 점에 대한 교차분석결과, 아시아태평양지역교류협력에 답한 담당자들은 교류대상국 문화 및 특수성 이해부족이 24.4%로 가장 높으며 그 다음으로 인적 자원의 부족, 재정 부족, 교류대상국의 상황(정치·경제·사회), 해당 분야 국내인식 및 이해부족, 기타 등의 순서로 높게 분포되었고, 유럽지역교류협력에 답한 담당자들은 교류대상국 문화 및 특수성 이해부족 35.3%, 교류대상국의 상황(정치·경제·사회) 17.6%, 인적 자원의 부족 17.6%, 재정 부족 17.6%, 해당분야 국내인식 및 이해부족 11.8%의 순서로 분포된데 비해, 아프리카지역교류협력에 답한 담당자들은 인적 자원의 부족이 50.0%로 가장 높으며 그 다음으로 교류대상국의 상황(정치·경제·사회)과 해당 분야 국내인식 및 이해부족이 각각 25.0%로 구성되었다. 북미지역교류협력에 답한 담당자들은 재정 부족이 43.8%로 가장 높으며 그 다음으로 해당분야 국내인식 및 이해부족, 교류대상국의 상황(정치·경제·사회)과 교류대상국 문화 및 특수성 이해부족, 인적 자원의 부족 등의 순서로 높게 분포되었고, 기타지역교류협력에 답한 담당자들은 해당분야 국내인식 및 이해부족 40.0%, 교류대상국의 상황(정치·경제·사회) 20.0%, 인적 자원의 부족 20.0%, 재정 부족 20.0%로 분포되었음을 보여준다.

셋째, 교류협력 지역의 크기별 국제교류협력 프로그램을 실행하면서 가장 어려운 점에 대한 교차분석결과, 1개 지역교류협력에 답한 담당자들은 교류대상국 문화 및 특수성 이해부족이 26.6%로 가장 높으며 그 다음으로 재정 부족, 교류대상국의 상황(정치·경제·사회), 인적 자원의 부족, 해당분야 국내인식 및 이해부족, 기타 등의 순서로 높고, 2개 지역교류협력에 답한 담당자들은 인적 자원의 부족 50.0%, 해당분야 국내인식 및 이해부족 19.2%, 재정 부족 15.4%, 교류대상국의 상황(정치·경제·사회) 7.7%, 교류대상국 문화 및 특수성 이해부족 7.7%로 분포되었으며, 3개 이상 지역교류협력에 답한 담당자들은 인적 자원의 부족이 39.3%로 가장 높으며 그 다음으로 재정 부족, 교류대상국 문화 및 특수성 이해부족, 교류대상국의 상황(정치·경제·사회)과 기타, 해당분야 국내인식 및 이해부족 등의 순서로 높게 분포되었으며 통계적으로 유의미하다.

넷째, 한국 민주주의 수준별 국제교류협력 프로그램을 실행하면서 가장 어려운 점에 대한 교차분석결과, 비민주적에서는 재정 부족이 36.6%로 가장 높으며 그 다음으로 인적 자원의 부족, 교류대상국의 상황(정치·경제·사회)과 교류대상국 문화 및 특수성 이해부족, 해당분야 국내인식 및 이해부족, 기타 등의 순서로 높고, 보통에서는 인적 자원의 부족과 교류대상국 문화 및 특수성 이해부족이 각각 23.3%로 가장 높으며 그 다음으로 교류대상국의 상황(정치·경제·사회), 재정 부족, 해당분야 국내인식 및 이해부족, 기타 등의 순서로 높고, 민주적에서는 교류대상국 문화 및 특수성 이해부족 28.9%, 재정 부족 24.1%, 인적 자원의 부족 19.3%, 교류대상국의 상황(정치·경제·사회) 15.7%, 해당분야 국내인식 및 이해부족

10.8%, 기타 1.2%의 순서로 높게 분포되었음을 보여준다.

다섯째, 국내 민주주의 증진에 대한 민주주의 국제협력의 기여수준별 국제교류협력 프로그램을 실행하면서 가장 어려운 점에 대한 교차분석결과, 도움이 없는 편에서는 교류대상국의 상황(정치·경제·사회)과 해당분야 국내인식 및 이해부족이 37.5%로 가장 높으며 그 다음으로 교류대상국 문화 및 특수성 이해부족과 재정 부족이 각각 12.5%로 분포되었고, 보통수준에서는 재정 부족 24.2%, 교류대상국의 상황(정치·경제·사회) 22.7%, 교류대상국 문화 및 특수성 이해부족 22.7%, 인적 자원의 부족 13.6%, 해당분야 국내인식 및 이해부족 13.6%, 기타 3.0%로 분포되었으며, 도움이 있는 편에서는 인적 자원의 부족이 25.2%로 가장 높고 그 다음으로 교류대상국 문화 및 특수성 이해부족, 재정 부족, 교류대상국의 상황(정치·경제·사회), 해당분야 국내인식 및 이해부족, 기타 등의 순서로 높게 분포되었음을 보여준다.

〈표 17〉 교류협력의 경험 및 지역, 크기별 국제교류협력 프로그램을 실행하면서 가장 어려운 점에 대한 이차원 분할표

		국제교류협력프로그램에서 가장 어려운 점						전체	X²
		교류대상국의 상황(정치·경제·사회)	인적 자원의 부족	교류대상국 문화및특수성 이해부족	재정 부족	해당분야 국내인식 및 이해부족	기타		
교류협력 경험	있음	54	67	71	68	35	5	300	3.075
		18.0%	22.3%	23.7%	22.7%	11.7%	1.7%	100.0%	
	없음	1	0	1	0	1	0	3	
		33.3%	0.0%	33.3%	0.0%	33.3%	0.0%	100.0%	
전체		55	67	72	68	36	5	303	
		18.2%	22.1%	23.8%	22.4%	11.9%	1.7%	100.0%	
주요 교류 협력지역	아시아 태평양지역	49	60	64	57	27	5	262	19.889
		18.7%	22.9%	24.4%	21.8%	10.3%	1.9%	100.0%	
	유럽지역	3	3	6	3	2	0	17	
		17.6%	17.6%	35.3%	17.6%	11.8%	0.0%	100.0%	
	아프리카 지역	1	2	0	0	1	0	4	
		25.0%	50.0%	0.0%	0.0%	25.0%	0.0%	100.0%	
	북미지역	2	1	2	7	4	0	16	
		12.5%	6.3%	12.5%	43.8%	25.0%	0.0%	100.0%	
	기타	1	1	0	1	2	0	5	
		20.0%	20.0%	0.0%	20.0%	40.0%	0.0%	100.0%	
전체		56	67	72	68	36	5	304	
		18.4%	22.0%	23.7%	22.4%	11.8%	1.6%	100.0%	
교류협력 지역의 크기	1개 지역	50	43	66	58	29	2	248	*** 42.000
		20.2%	17.3%	26.6%	23.4%	11.7%	0.8%	100.0%	
	2개 지역	2	13	2	4	5	0	26	
		7.7%	50.0%	7.7%	15.4%	19.2%	0.0%	100.0%	
	3개 지역 이상	3	11	4	6	1	3	28	
		10.7%	39.3%	14.3%	21.4%	3.6%	10.7%	100.0%	
전체		55	67	72	68	35	5	302	
		18.2%	22.2%	23.8%	22.5%	11.6%	1.7%	100.0%	
한국 민주주의 수준	비민주적	6	9	6	15	3	2	41	12.607
		14.6%	22.0%	14.6%	36.6%	7.3%	4.9%	100.0%	
	보통	35	41	41	33	24	2	176	
		19.9%	23.3%	23.3%	18.8%	13.6%	1.1%	100.0%	
	민주적	13	16	24	20	9	1	83	
		15.7%	19.3%	28.9%	24.1%	10.8%	1.2%	100.0%	
전체		54	66	71	68	36	5	300	
		18.0%	22.0%	23.7%	22.7%	12.0%	1.7%	100.0%	
국내 민주주의 증진에 대한 민주주의 국제협력의 기여	도움이 없는 편	3	0	1	1	3	0	8	14.313
		37.5%	0.0%	12.5%	12.5%	37.5%	0.0%	100.0%	
	보통	15	9	15	16	9	2	66	
		22.7%	13.6%	22.7%	24.2%	13.6%	3.0%	100.0%	
	도움이 있는 편	36	56	53	50	24	3	222	
		16.2%	25.2%	23.9%	22.5%	10.8%	1.4%	100.0%	
전체		54	65	69	67	36	5	296	
		18.2%	22.0%	23.3%	22.6%	12.2%	1.7%	100.0%	

* : p<.05(단측검증), ** : p<.01(단측검증), *** : p<.001(단측검증)

〈표 18〉은 국제협력프로그램의 유형 및 만족수준별 국제교류협력 프로그램을 실행하면서 가장 어려운 점에 대한 교차분석결과이다. 표에 제시된 분석내용을 구체적으로 논의하면 다음과 같다.

　첫째, 가장 효과적인 국제협력프로그램별 국제교류협력 프로그램을 실행하면서 가장 어려운 점에 대한 교차분석결과, 교육훈련프로그램에 답한 담당자들은 교류대상국 문화 및 특수성 이해부족이 30.2%로 가장 높으며, 그 다음으로 교류대상국의 상황(정치 · 경제 · 사회), 재정 부족, 인적 자원의 부족, 해당분야 국내인식 및 이해부족, 기타 등의 순서로 높고, 인적교류협력에 답한 담당자들은 재정부족이 40.0%로 가장 높으며 그다음으로 인적 자원의 부족, 교류대상국의 상황(정치 · 경제 · 사회)과 해당분야 국내인식 및 이해부족, 교류대상국 문화 및 특수성 이해부족 등의 순서로 높게 분포된 반면에, 국제연대프로그램에 답한 담당자들은 인적 자원의 부족이 34.5%로 가장 높으며 그 다음으로 재정 부족, 교류대상국의 상황(정치 · 경제 · 사회), 교류대상국 문화 및 특수성 이해부족과 해당분야 국내인식 및 이해부족, 기타 등의 순서로 높고, 재정지원프로그램에 답한 담당자들은 교류대상국의 상황(정치 · 경제 · 사회) 66.7%와 교류대상국 문화 및 특수성 이해부족 33.3%로만 분포되었으며, 자료교환프로그램에 답한 담당자들은 인적 자원의 부족 46.7%, 해당분야 국내인식 및 이해부족 20.0%, 교류대상국 문화 및 특수성 이해부족 13.3%, 재정 부족 13.3%, 기타 6.7%로 분포되었고, 기타 프로그램에 답한 담당자들은 교류대상국 문화 및 특수성 이해부족 42.9%, 인적 자원의 부족 28.6%, 해당분야 국내인식 및 이해부족 28.6%로 분포되었으며 통계적으로 유의미하다.

　둘째, 국제협력프로그램 만족도수준별 국제교류협력 프로그램을 실행하면서 가장 어려운 점에 대한 교차분석결과, 만족하는 편에서는 재정 부족이 41.7%로 가장 높으며 그 다음으로 인적 자원의 부족, 교류대상국의 상황(정치 · 경제 · 사회), 해당분야 국내인식 및 이해부족 등의 순서로 분포된 반면에, 중간수준에서는 교류대상국 문화 및 특수성 이해부족이 26.1%로 가장 높으며 그 다음으로 재정 부족, 교류대상국의 상황(정치 · 경제 · 사회), 인적 자원의 부족, 해당분야 국내인식 및 이해부족, 기타 등의 순서로 높고, 불만족하는 편에서는 인적 자원의 부족이 24.8%로 가장 높으며 그 다음으로 교류대상국 문화 및 특수성 이해부족, 재정 부족, 교류대상국의 상황(정치 · 경제 · 사회), 해당분야 국내인식 및 이해부족, 기타 의 순서로 높게 분포되었음을 보여준다.

셋째, 국제협력프로그램에서 성과가 높은 분야별 국제교류협력 프로그램을 실행하면서 가장 어려운 점에 대한 교차분석결과, 경제 및 개발 분야에 답한 담당자들은 교류대상국 문화 및 특수성 이해 부족 23.3%, 인적 자원의 부족 21.9%, 재정 부족 21.2%, 교류대상국의 상황(정치 · 경제 · 사회) 20.5%, 해당분야 국내인식 및 이해부족 12.3%, 기타 0.7%의 순서로 분포되었으며, 인도주의적 지원 및 구호 분야에 대한 담당자들은 교류대상국 문화 및 특수성 이해부족이 26.3%로 가장 높고 그 다음으로 인적 자원의 부족과 재정 부족, 해당분야 국내인식 및 이해부족, 교류대상국의 상황(정치 · 경제 · 사회), 기타 등의 순서로 분포되었고, 상호이해 및 문화적 교류분야에 답한 담당자들도 교류대상국 문화 및 특수성 이해부족이 31.7%로 가장 높으며 그 다음으로 재정 부족, 인적 자원의 부족, 교류대상국의 상황(정치 · 경제 · 사회), 해당분야 국내인식 및 이해부족의 순서로 높은데 비해, 재정지원에 답한 담당자들은 교류대상국의 상황(정치 · 경제 · 사회)이 58.3%로 가장 높으며 그 다음으로 인적 자원의 부족과 해당분야 국내인식 및 이해부족으로 분포되었다. 민주주의에 답한 담당자들은 재정 부족이 50.0%로 가장 높게 분포 되었으며 그 다음으로 교류대상국 문화 및 특수성 이해부족, 교류대상국의 상황(정치ㆍ경제ㆍ사회)과 인적 자원의 부족으로 나타냈고 기타에 답한 담당자들은 교류대상국의 상황(정치ㆍ경제ㆍ사회) 25.0%, 해당분야 국내인식 및 이해부족 25.0%, 기타 25.0%, 인적 자원의 부족 12.5%, 재정 부족 12.5%로 분포되었음을 보여준다. 이러한 분석결과는 통계적으로 유의미하다.

〈표 18〉 국제협력프로그램의 유형 및 만족수준별 국제교류협력 프로그램을 실행하면서 가장 어려운 점에 대한 이차원 분할표

		국제교류협력프로그램에서 가장 어려운 점						전체	X^2
		교류대상국의 상황(정치·경제·사회)	인적자원의 부족	교류대상국 문화및특수성 이해부족	재정부족	해당분야 국내인식 및 이해부족	기타		
가장 효과적인 국제협력 프로그램	교육훈련 프로그램	41	31	57	39	20	1	189	** 50.544
		21.7%	16.4%	30.2%	20.6%	10.6%	0.5%	100.0%	
	인적 교류협력	4	7	3	12	4	0	30	
		13.3%	23.3%	10.0%	40.0%	13.3%	0.0%	100.0%	
	국제연대	9	20	6	15	6	2	58	
		15.5%	34.5%	10.3%	25.9%	10.3%	3.4%	100.0%	
	재정지원	2	0	1	0	0	0	3	
		66.7%	0.0%	33.3%	0.0%	0.0%	0.0%	100.0%	
	자료교환	0	7	2	2	3	1	15	
		0.0%	46.7%	13.3%	13.3%	20.0%	6.7%	100.0%	
	기타	0	2	3	0	2	0	7	
		0.0%	28.6%	42.9%	0.0%	28.6%	0.0%	100.0%	
전체		56	67	72	68	35	4	302	
		18.5%	22.2%	23.8%	22.5%	11.6%	1.3%	100.0%	
국제협력 프로그램 만족도 수준	만족 하는 편	2	4	0	5	1	0	12	9.679
		16.7%	33.3%	0.0%	41.7%	8.3%	0.0%	100.0%	
	중간	26	24	35	27	19	3	134	
		19.4%	17.9%	26.1%	20.1%	14.2%	2.2%	100.0%	
	불만족 하는 편	27	39	37	36	16	2	157	
		17.2%	24.8%	23.6%	22.9%	10.2%	1.3%	100.0%	
전체		55	67	72	68	36	5	303	
		18.2%	22.1%	23.8%	22.4%	11.9%	1.7%	100.0%	
성과가 높은 국제협력 프로그램	경제 및 개발 분야	30	32	34	31	18	1	146	*** 62.392
		20.5%	21.9%	23.3%	21.2%	12.3%	0.7%	100.0%	
	인도주의적 지원및구호분야	11	17	21	17	12	2	80	
		13.8%	21.3%	26.3%	21.3%	15.0%	2.5%	100.0%	
	상호이해 및 문화적교류분야	4	10	13	11	3	0	41	
		9.8%	24.4%	31.7%	26.8%	7.3%	0.0%	100.0%	
	재정지원	7	4	0	0	1	0	12	
		58.3%	33.3%	0.0%	0.0%	8.3%	0.0%	100.0%	
	민주주의	2	2	3	7	0	0	14	
		14.3%	14.3%	21.4%	50.0%	0.0%	0.0%	100.0%	
	기타	2	1	0	1	2	2	8	
		25.0%	12.5%	0.0%	12.5%	25.0%	25.0%	100.0%	
전체		56	66	71	67	36	5	301	
		18.6%	21.9%	23.6%	22.3%	12.0%	1.7%	100.0%	

* : p<.05(단측검증), ** : p<.01(단측검증), *** : p<.001(단측검증)

170

국제교류협력 프로그램을 실행하면서 가장 부족한 점

〈표 19〉는 영역, 지역, 활동유형, 근무기간의 수준별 국제교류협력 프로그램을 실행하면서 가장 부족한 점에 대한 교차분석결과이다. 표에 제시된 분석내용을 구체적으로 살펴보면, 첫째, 영역별 국제교류협력 프로그램을 실행하면서 가장 부족한 점에 대한 교차분석결과, 시민 사회 단체는 재정의 지속성이 47.0%로 가장 높으며, 그 다음으로 국제적 사업을 담당할 인적자원, 프로그램 개발과 연구능력, 상대국에 대한 정보 및 문화적 이해, 국가적 지원과 사회적 관심 등의 순서로 분포된 반면에, 정부 및 공공기관에서는 상대국에 대한 정보 및 문화적 이해가 32.0%로 가장 높고 그 다음으로 프로그램 개발과 연구능력, 재정의 지속성, 국가적 지원과 사회적 관심, 국제적 사업을 담당할 인적자원 등의 순서로 높으며, 학생에서는 상대국에 대한 정보 및 문화적 이해가 39.3%로 가장 높고 그 다음으로 국가적 지원과 사회적 관심, 프로그램 개발과 연구능력, 재정의 지속성, 국제적 사업을 담당할 인적자원 등의 순서로 높게 분포되었으며 통계적으로 유의미하다.

둘째, 지역별 국제교류협력 프로그램을 실행하면서 가장 부족한 점에 대한 교차분석결과, 서울지역에서는 재정의 지속성이 30.7%로 가장 높으며 그 다음으로 상대국에 대한 정보 및 문화적 이해, 국제적 사업을 담당할 인적자원, 국가적 지원과 사회적 관심, 프로그램 개발과 연구능력 등의 순서로 높은데 비해, 서울 이외지역에서는 프로그램 개발과 연구능력이 43.8%로 가장 높으며 그 다음으로 국제적 사업을 담당할 인적자원, 재정의 지속성, 상대국에 대한 정보 및 문화적 이해, 국가적 지원과 사회적 관심 등의 순서로 높게 분포되었으며 통계적으로 유의미하다.

셋째, 단체활동 유형별 국제교류협력 프로그램을 실행하면서 가장 부족한 점에 대한 교차분석결과, 권익보호 및 증진 분야단체에서는 재정의 지속성이 42.6%로 가장 높으며 그 다음으로 국제적 사업을 담당할 인적 자원, 프로그램 개발과 연구능력, 상대국에 대한 정보 및 문화적 이해, 국가적 지원과 사회적 관심 등의 순서로 분포되었고, 연구 교육 분야에서는 상대국에 대한 정보 및 문화적 이해가 33.3%로 가장 높으며 그 다음으로 재정의 지속성, 국제적 사업을 담당할 인적 자원, 국가적 지원과 사회적 관심, 프로그램 개발과 연구능력 등의 순서로 분포되었고, 자선 및 구호 분야단체에서는 재정의 지속이 41.7%로 가장 높으며 그 다음으로 국제적 사업을 담당할 인적 자원, 국가적 지원과 사회적 관심, 프로그램 개발과 연구능력과 상대국에 대한 정보 및 문화적 이해 등의 순서로 높게 분포되었다. 지역사회 발전 분야단체에서는 재정의 지속성이 50.0%로 가장 높으며 그 다음으로 국제적 사업을 담당할 인적 자원, 국가적 지원과 사회적 관심, 프로그램 개발과 연구능력과 상대국에 대한 정보 및 문화적 이해 등의 순서로 높고, 세 가지 이상의 기능을 수행하는 단체에서도 재정의 지속성이 35.7%로 가장 높으며 그 다음으로 프로그램 개발과 연구능력, 상대국에 대한 정보 및 문화적 이해, 국제적 사업을 담당할 인적 자원, 국가적 지원과 사회적 관심 등의 순서로 높고 기타 단체에서는 상대국에 대한 정보 및 문화적 이해 33.8%로 가장 높으며 그 다음으로 재정의 지속성, 국가적 지원과 사회적 관심, 국제적 사업을 담당할 인적 자원, 프로그램 개발과 연구능력 등의 순서로 높게 분포되었다. 이러한 분석결과는 통계적으로 유의미하다.

넷째, 근무기간별 국제교류협력 프로그램을 실행하면서 가장 부족한 점에 대한 교차분석결과, 1년 미만에서는 상대국에 대한 정보 및 문화적 이해가 36.1%로 가장 높으며 그 다음으로 국가적 지원과 사회적 관심, 재정의 지속성, 프로그램 개발과 연구능력과 국제적 사업을 담당할 인적 자원 등의 순서로 높고, 1~3년 미만에서는 상대국에 대한 정보 및 문화적 이해 29.3%, 재정의 지속성 26.7%, 국제적 사업을 담당할 인적 자원 17.3%, 프로그램 개발과 연구능력 15.3%, 국가적 지원과 사회적 관심 11.3%의 순서로 높으며, 3~5년 미만에서는 재정의 지속성이 37.5%로 가장 높으며 그 다음으로 프로그램 개발과 연구능력 20.8%, 국제적 사업을 담당할 인적 자원 16.7%, 상대국에 대한 정보 및 문화적 이해 12.5%, 국가적 지원과 사회적 관심 12.5%의 순서로 높게 분포되었다. 5~10년 미만에서는 재정의 지속성이 45.2%로 가장 높으며 그 다음으로 국제적 사업을 담당할 인적 자원, 프로그램 개발과 연구능력과 상대국에 대한 정보 및 문화적 이해, 국가적 지원과 사회적 관심 등의 순서로 높고 10~15년 미만에서도 재정의 지속성이 50.0%로 가장 높으며 그 다음으로 국제적 사업을 담당할 인적 자원, 프로그램 개발과 연구능력, 국가적 지원과 사회적 관심 등의 순서로 높게 분포되었고, 15년 이상에서도 재정의 지속성이 42.9%로 가장 높으며 그 다음으로 국제적 사업을 담당할 인적 자원, 프로그램 개발과 연구능력, 국가적 지원과 사회적 관심, 상대국에 대한 정보 및 문화적 이해 등의 순서로 높게 분포되었다. 이러한 분석결과는 통계적으로 유의미하다.

<표 19> 영역, 지역, 활동유형, 근무기간의 수준별 국제교류협력 프로그램을 실행하면서 가장 부족한 점에 대한 이차원 분할표

		국제교류협력 프로그램을 실행하면서 가장 부족한 점					전체	X^2
		프로그램 개발과 연구능력	국제적 사업을 담당할 인적자원	상대국에 대한 정보 및 문화적 이해	재정의 지속성	국가적 지원과 사회적 관심		
영역	시민사회	12	34	12	62	12	132	
		9.1%	25.8%	9.1%	47.0%	9.1%	100.0%	***
	정부 및 공공기관	14	4	16	10	6	50	70.984
		28.0%	8.0%	32.0%	20.0%	12.0%	100.0%	
	학생	19	15	46	16	21	117	
		16.2%	12.8%	39.3%	13.7%	17.9%	100.0%	
	전체	45	53	74	88	39	299	
		15.1%	17.7%	24.7%	29.4%	13.0%	100.0%	
지역	서울	31	46	70	82	38	267	
		11.6%	17.2%	26.2%	30.7%	14.2%	100.0%	***
	기타지역	14	7	4	6	1	32	26.225
		43.8%	21.9%	12.5%	18.8%	3.1%	100.0%	
	전체	45	53	74	88	39	299	
		15.1%	17.7%	24.7%	29.4%	13.0%	100.0%	
단체 활동 유형	권익보호 및 증진 분야	7	11	5	20	4	47	
		14.9%	23.4%	10.6%	42.6%	8.5%	100.0%	
	연구 교육 분야	16	19	39	25	18	117	
		13.7%	16.2%	33.3%	21.4%	15.4%	100.0%	
	자선 및 구호 분야	1	3	1	5	2	12	
		8.3%	25.0%	8.3%	41.7%	16.7%	100.0%	**
	지역사회 발전 분야	1	6	1	8	0	16	42.105
		6.3%	37.5%	6.3%	50.0%	0.0%	100.0%	
	세 가지 이상 분야	12	5	6	15	4	42	
		28.6%	11.9%	14.3%	35.7%	9.5%	100.0%	
	기타	8	9	22	15	11	65	
		12.3%	13.8%	33.8%	23.1%	16.9%	100.0%	
	전체	45	53	74	88	39	299	
		15.1%	17.7%	24.7%	29.4%	13.0%	100.0%	
근무 기간	1년 미만	8	8	22	10	13	61	
		13.1%	13.1%	36.1%	16.4%	21.3%	100.0%	
	1~3년 미만	23	26	44	40	17	150	
		15.3%	17.3%	29.3%	26.7%	11.3%	100.0%	
	3~5년 미만	5	4	3	9	3	24	
		20.8%	16.7%	12.5%	37.5%	12.5%	100.0%	*
	5~10년 미만	4	6	4	14	3	31	31.650
		12.9%	19.4%	12.9%	45.2%	9.7%	100.0%	
	10~15년 미만	2	3	0	6	1	12	
		16.7%	25.0%	0.0%	50.0%	8.3%	100.0%	
	15년 이상	3	6	1	9	2	21	
		14.3%	28.6%	4.8%	42.9%	9.5%	100.0%	
	전체	45	53	74	88	39	299	
		15.1%	17.7%	24.7%	29.4%	13.0%	100.0%	

* : p<.05(단측검증), ** : p<.01(단측검증), *** : p<.001(단측검증)

174

국제교류협력의 경험 및 지역, 크기별 국제교류협력 프로그램을 실행하면서 가장 부족한 점에 대한 교차분석결과는 〈표 20〉과 같다. 표에 제시된 분석내용을 구체적으로 논의하면 다음과 같다.

첫째, 교류협력경험별 국제교류협력 프로그램을 실행하면서 가장 부족한 점에 대한 교차분석결과, 국제교류협력경험이 있는 담당자들은 재정의 지속성 29.9%, 상대국에 대한 정보 및 문화적 이해 25.2%, 국제적 사업을 담당할 인적 자원 17.3%, 프로그램 개발과 연구능력 15.0%, 국가적 지원과 사회적 관심 12.6%의 순서로 높게 분포되었으며, 교류협력경험이 없는 담당자들은 국제적 사업을 담당할 인적 자원 66.7%와 프로그램 개발과 연구능력 33.3%로만 구성되었음을 보여준다.

둘째, 교류협력지역별 국제교류협력 프로그램을 실행하면서 가장 부족한 점에 대한 교차분석결과, 아시아태평양지역교류협력에 답한 담당자들은 재정의 지속성이 29.7%로 가장 높으며 그 다음으로 상대국에 대한 정보 및 문화적 이해 23.8%, 국제적 사업을 담당할 인적 자원 17.6%, 프로그램 개발과 연구능력 15.6%, 국가적 지원과 사회적 관심 13.3% 등의 순서로 높은 반면에, 유럽지역교류협력에 답한 담당자들은 상대국에 대한 정보 및 문화적 이해 47.1%, 재정의 지속성 17.6%, 프로그램 개발과 연구능력 11.8%, 국제적 사업을 담당할 인적 자원 11.8%, 국가적 지원과 사회적 관심 11.8%의 순서로 높게 분포되었으며, 아프리카지역교류협력에 답한 담당자들은 상대국에 대한 정보 및 문화적 이해 100%로만 구성되었고, 북미지역교류협력에 답한 담당자들은 재정의 지속성이 43.8%로 가장 높으며 그 다음으로 국제적 사업을 담당할 인적 자원 31.3%, 프로그램 개발과 연구능력 12.5%, 상대국에 대한 정보 및 문화적 이해 6.3%, 국가적 지원과 사회적 관심 6.3%로 분포되었고 기타지역교류협력에 답한 담당자들은 재정의 지속성 33.3%, 국가적 지원과 사회적 관심 33.3%, 프로그램 개발과 연구능력 16.7%, 국제적 사업을 담당할 인적 자원 16.7%의 순서로 분포되었음을 보여준다.

셋째, 1개 지역교류협력에 답한 담당자들은 재정의 지속성이 30.0%로 가장 높으며 그 다음으로 상대국에 대한 정보 및 문화적 이해 28.0%, 국제적 사업을 담당할 인적 자원 15.6%, 국가적 지원과 사회적 관심 14.0%, 프로그램 개발과 연구능력 12.3% 등의 순서로 높게 분포된 반면에, 2개 지역 교류협력에 답한 담당자들은 국제적 사업을 담당할 인적 자원이 37.5%로 가장 높으며 그 다음으로 재정의 지속성, 프로그램 개발과 연구능력, 상대국에 대한 정보 및 문화적 이해, 국가적 지원과 사회적 관심 등의 순서로 높고 3개 이상 지역교류협력에 답한 담당자들은 프로그램 개발과 연구능력 34.5%, 재정의 지속성 31.0%, 국제적 사업을 담당할 인적자원 17.2%, 상대국에 대한 정보 및 문화적 이해 10.3%, 국가적 지원과 사회적 관심 6.9%의 순서로 높게 분포되었으며 통계적으로 유의미하다.

넷째, 한국 민주주의 수준별 국제교류협력 프로그램을 실행하면서 가장 부족한 점에 대한 교차분석결과, 비민주적이라고 답한 담당자들은 재정의 지속성이 41.0%, 국제적 사업을 담당할 인적 자원 23.1%, 프로그램 개발과 연구능력 17.9%, 상대국에 대한 정보 및 문화적 이해 10.3%, 국가적 지원과 사회적 관심 7.7%의 순서로 분포되었으며, 보통수준이라고 답한 담당자들은 재정의 지속성 29.3%, 상대국에 대한 정보 및 문화적 이해 25.3%, 국제적 사업을 담당할 인적 자원 16.7%, 국가적 지원과 사회적 관심 16.1%, 프로그램 개발과 연구능력 12.6%의 순서로 높고, 민주적이라고 답한 담당자들은 상대국에 대한 정보 및 문화적 이해 29.3%, 재정의 지속성 25.6%, 프로그램 개발과 연구능력 19.5%, 국제적 사업을 담당할 인적 자원 17.1%, 국가적 지원과 사회적 관심 8.5%의 순서로 높게 분포되었음을 보여준다.

다섯째, 국내 민주주의 증진에 대한 민주주의 국제협력의 기여수준별 국제교류협력 프로그램을 실행하면서 가장 부족한 점에 대한 교차분석결과, 도움이 없는 편에서는 프로그램 개발과 연구능력 37.5%, 재정의 지속성 25.0%, 국가적 지원과 사회적 관심 25.0%, 국제적 사업을 담당할 인적 자원 12.5%로 분포되었으며, 보통수준에서는 재정의 지속성이 27.0%로 가장 높으며 그 다음으로 프로그램 개발과 연구능력, 국제적 사업을 담당할 인적 자원, 상대국에 대한 정보 및 문화적 이해, 국가적 지원과 사회적 관심 등의 순서로 분포되었고, 도움이 있는 편에서도 재정의 지속성이 30.9%로 가장 높으며 그 다음으로 상대국에 대한 정보 및 문화적 이해, 국제적 사업을 담당할 인적 자원, 국가적 지원과 사회적 관심, 프로그램 개발과 연구능력 등의 순서로 높게 분포되었음을 보여준다.

〈표 20〉 교류협력의 경험 및 지역, 크기별 국제교류협력 프로그램을 실행하면서 가장 부족한 점에 대한 이차원 분할표

		국제교류협력 프로그램을 실행하면서 가장 부족한 점					전체	X^2
		프로그램 개발과 연구능력	국제적 사업을 담당할 인적 자원	상대국에 대한 정보 및 문화적 이해	재정의 지속성	국가적 지원과 사회적 관심		
교류협력 경험	있음	44	51	74	88	37	294	6.740
		15.0%	17.3%	25.2%	29.9%	12.6%	100.0%	
	없음	1	2	0	0	0	3	
		33.3%	66.7%	0.0%	0.0%	0.0%	100.0%	
전체		45	53	74	88	37	297	
		15.2%	17.8%	24.9%	29.6%	12.5%	100.0%	
주요 교류 협력지역	아시아 태평양지역	40	45	61	76	34	256	26.068
		15.6%	17.6%	23.8%	29.7%	13.3%	100.0%	
	유럽지역	2	2	8	3	2	17	
		11.8%	11.8%	47.1%	17.6%	11.8%	100.0%	
	아프리카 지역	0	0	4	0	0	4	
		0.0%	0.0%	100.0%	0.0%	0.0%	100.0%	
	북미지역	2	5	1	7	1	16	
		12.5%	31.3%	6.3%	43.8%	6.3%	100.0%	
	기타	1	1	0	2	2	6	
		16.7%	16.7%	0.0%	33.3%	33.3%	100.0%	
전체		45	53	74	88	39	299	
		15.1%	17.7%	24.7%	29.4%	13.0%	100.0%	
교류협력 지역의 크기	1개 지역	30	38	68	73	34	243	** 22.397
		12.3%	15.6%	28.0%	30.0%	14.0%	100.0%	
	2개 지역	5	9	3	6	1	24	
		20.8%	37.5%	12.5%	25.0%	4.2%	100.0%	
	3개 지역 이상	10	5	3	9	2	29	
		34.5%	17.2%	10.3%	31.0%	6.9%	100.0%	
전체		45	52	74	88	37	296	
		15.2%	17.6%	25.0%	29.7%	12.5%	100.0%	
한국 민주주의 수준	비민주적	7	9	4	16	3	39	12.302
		17.9%	23.1%	10.3%	41.0%	7.7%	100.0%	
	보통	22	29	44	51	28	174	
		12.6%	16.7%	25.3%	29.3%	16.1%	100.0%	
	민주적	16	14	24	21	7	82	
		19.5%	17.1%	29.3%	25.6%	8.5%	100.0%	
전체		45	52	72	88	38	295	
		15.3%	17.6%	24.4%	29.8%	12.9%	100.0%	
국내 민주주의 증진에 대한 민주주의 국제협력의 기여	도움이 없는 편	3	1	0	2	2	8	14.885
		37.5%	12.5%	0.0%	25.0%	25.0%	100.0%	
	보통	16	13	10	17	7	63	
		25.4%	20.6%	15.9%	27.0%	11.1%	100.0%	
	도움이 있는 편	26	38	60	68	28	220	
		11.8%	17.3%	27.3%	30.9%	12.7%	100.0%	
전체		45	52	70	87	37	291	
		15.5%	17.9%	24.1%	29.9%	12.7%	100.0%	

* : p〈.05(단측검증), ** : p〈.01(단측검증), *** : p〈.001(단측검증)

178

〈표 21〉은 국제협력프로그램의 유형 및 만족수준별 국제교류협력 프로그램을 실행하면서 가장 부족한 점에 대한 교차분석결과이다. 표에 제시된 분석내용을 구체적으로 논의하면, 첫째, 효과성이 높은 국제협력프로그램유형별 국제교류협력 프로그램을 실행하면서 가장 부족한 점에 대한 교차분석결과, 교육훈련프로그램에 답한 담당자들은 상대국에 대한 정보 및 문화적 이해가 31.6%로 가장 높으며, 그 다음으로 재정의 지속성, 프로그램 개발과 연구능력, 국제적 사업을 담당할 인적 자원과 국가적 지원과 사회적 관심 등의 순서로 높게 분포된 반면에, 인적교류협력프로그램이라고 답한 담당자들은 프로그램 개발과 연구능력이 30.0%로 가장 높으며 그 다음으로 재정의 지속성, 국제적 사업을 담당할 인적 자원, 상대국에 대한 정보 및 문화적 이해와 국가적 지원과 사회적 관심 등의 순서로 높고, 국제연대프로그램이라고 답한 담당자들은 재정의 지속성이 51.8%로 가장 높으며, 그 다음으로 국제적 사업을 담당할 인적 자원, 상대국에 대한 정보 및 문화적 이해, 국가적 지원과 사회적 관심, 프로그램 개발과 연구능력 등의 순서로 높게 분포되었다. 재정지원이라고 답한 담당자들은 프로그램 개발과 연구능력 33.3%, 국제적 사업을 담당할 인적 자원 33.3%, 재정의 지속성 33.3%로 분포되었으며, 자료교환이라고 답한 담당자들은 국제적 사업을 담당할 인적 자원과 재정의 지속성이 30.8%로 가장 높으며 그 다음으로 프로그램 개발과 연구능력과 국가적 지원과 사회적 관심이 각각 15.4%, 상대국에 대한 정보 및 문화적 이해 7.7%로 분포되었고, 기타 프로그램에 답한 담당자들은 국제적 사업을 담당할 인적 자원이 42.9%로 가장 높으며 그 다음으로 상대국에 대한 정보 및 문화적 이해, 재정의 지속성과 프로그램 개발과 연구능력의 순서로 높게 분포되었음을 보여준다. 이러한 분석결과는 통계적으로 유의미하다.

둘째, 국제협력프로그램 만족도수준별 국제교류협력 프로그램을 실행하면서 가장 부족한 점에 대한 교차분석결과, 만족하는 편에서는 국제적 사업을 담당할 인적 자원과 재정의 지속성이 각각 33.3%로 가장 높게 분포되었으며 그 다음으로 프로그램 개발과 연구능력, 국가적 지원과 사회적 관심 등의 순서로 높고, 중간수준이라고 답한 담당자들은 재정의 지속성이 27.5%로 가장 높으며, 그 다음으로 상대국에 대한 정보 및 문화적 이해, 국제적 사업을 담당할 인적 자원, 프로그램 개발과 연구능력, 국가적 지원과 사회적 관심 등의 순서로 높고, 불만족하는 편에서는 재정의 지속성이 30.3%로 가장 높으며 그 다음으로 상대국에 대한 정보 및 문화적 이해, 프로그램 개발과 연구능력과 국제적 사업을 담당할 인적자원, 국가적 지원과 사회적 관심 등의 순서로 높게 분포되었음을 보여준다.

셋째, 국제협력에서 성과가 높은 분야별 국제교류협력 프로그램을 실행하면서 가장 부족한 점에 대한 교차분석결과, 경제 및 개발분야라고 답한 담당자들은 재정의 지속성이 32.4%로 가장 높으며 그 다음으로 상대국에 대한 정보 및 문화적 이해, 프로그램 개발과 연구능력, 국제적 사업을 담당할 인적 자원, 국가적 지원과 사회적 관심 등의 순서로 높고, 인도주의적 지원 및 구호분야라고 답한 담당자들은 재정의 지속성 29.5%, 상대국에 대한 정보 및 문화적 이해 28.2%, 국제적 사업을 담당할 국제적 사업을 담당할 인적 자원 16.7%, 프로그램 개발과 연구능력 12.8%, 국가적 지원과 사회적 관심 12.8%의 순서로 높게 분포되었으며, 상호이해 및 문화적 교류분야라고 답한 담당자들은 상대국에 대한 정보 및 문화적 이해가 31.7%로 가장 높으며 그 다음으로 재정의 지속성, 국제적 사업을 담당할 인적 자원, 국가적 지원과 사회적 관심, 프로그램 개발과 연구능력의 순서로 높게 분포되었다. 재정지원이라고 답한 담당자들은 상대국에 대한 정보 및 문화적 이해 50.0%, 국가적 지원과 사회적 관심 41.7%, 재정의 지속성 8.3%로 구성되었으며 민주주의라고 답한 담당자들은 국제적 사업을 담당할 인적 자원 38.5%, 재정의 지속성 38.5%, 프로그램 개발과 연구능력 23.1%로 구성된 반면에, 기타라고 답한 담당자들은 프로그램 개발과 연구능력 50.0%, 국제적 사업을 담당할 인적 자원 25.0%, 재정의 지속성 25.0%로 분포되었음을 보여준다. 이러한 분석결과는 통계적으로 유의미하다.

<표 21> 국제협력프로그램의 유형 및 만족수준별 국제교류협력 프로그램을 실행하면서 가장 부족한 점에 대한 이차원 분할표

		국제교류협력 프로그램을 실행하면서 가장 부족한 점					전체	x^2
		프로그램 개발과 연구능력	국제적 사업을 담당할 인적 지원	상대국에 대한 정보 및 문화적 이해	재정의 지속성	국가적 지원과 사회적 관심		
가장 효과적인 국제협력 프로그램	교육훈련프로그램	29	27	59	45	27	187	** 40.565
		15.5%	14.4%	31.6%	24.1%	14.4%	100.0%	
	인적 교류 협력	9	7	3	8	3	30	
		30.0%	23.3%	10.0%	26.7%	10.0%	100.0%	
	국제연대	2	11	9	29	5	56	
		3.6%	19.6%	16.1%	51.8%	8.9%	100.0%	
	재정지원	1	1	0	1	0	3	
		33.3%	33.3%	0.0%	33.3%	0.0%	100.0%	
	자료교환	2	4	1	4	2	13	
		15.4%	30.8%	7.7%	30.8%	15.4%	100.0%	
	기타	1	3	2	1	0	7	
		14.3%	42.9%	28.6%	14.3%	0.0%	100.0%	
전체		44	53	74	88	37	296	
		14.9%	17.9%	25.0%	29.7%	12.5%	100.0%	
국제협력 프로그램 만족도 수준	만족하는 편	3	4	0	4	1	12	8.293
		25.0%	33.3%	0.0%	33.3%	8.3%	100.0%	
	중간	20	27	31	36	17	131	
		15.3%	20.6%	23.7%	27.5%	13.0%	100.0%	
	불만족하는 편	22	22	43	47	21	155	
		14.2%	14.2%	27.7%	30.3%	13.5%	100.0%	
전체		45	53	74	87	39	298	
		15.1%	17.8%	24.8%	29.2%	13.1%	100.0%	
성과가 높은 국제협력 분야	경제 및 개발 분야	24	23	33	47	18	145	** 40.418
		16.6%	15.9%	22.8%	32.4%	12.4%	100.0%	
	인도주의적 지원 및 구호분야	10	13	22	23	10	78	
		12.8%	16.7%	28.2%	29.5%	12.8%	100.0%	
	상호이해 및 문화적 교류분야	3	9	13	10	6	41	
		7.3%	22.0%	31.7%	24.4%	14.6%	100.0%	
	재정지원	0	0	6	1	5	12	
		0.0%	0.0%	50.0%	8.3%	41.7%	100.0%	
	민주주의	3	5	0	5	0	13	
		23.1%	38.5%	0.0%	38.5%	0.0%	100.0%	
	기타	4	2	0	2	0	8	
		50.0%	25.0%	0.0%	25.0%	0.0%	100.0%	
전체		44	52	74	88	39	297	
		14.8%	17.5%	24.9%	29.6%	13.1%	100.0%	

* : p<.05(단측검증), ** : p<.01(단측검증), *** : p<.001(단측검증)

국제협력의 성과가 높은 분야

〈표 22〉는 영역, 지역, 활동유형, 근무기간의 수준별 국제협력의 성과가 높은 분야에 대한 교차분석결과이다. 표에 제시된 분석내용을 구체적으로 논의하면, 영역별 국제협력의 성과가 높은 분야에 대한 교차분석결과, 시민 사회 단체에서는 경제 및 개발 분야 45.0%, 인도주의적 지원 및 구호분야 32.9%, 상호이해 및 문화적 교류분야 10.7%, 민주주의-평화증진 등 가치구현 5.7%, 기타 5.0%, 재정지원 0.7%의 순서로 분포되었으며, 정부 및 공공기관에서는 경제 및 개발 분야가 54.0%로 가장 높게 분포되었고 인도주의적 지원 및 구호분야, 상호이해 및 문화적 교류분야, 민주주의-평화증진 등 가치구현, 재정지원, 기타 등의 순서로 분포되었으며, 학생에서는 경제 및 개발 분야 49.2%, 인도주의적 지원 및 구호분야 24.6%, 상호이해 및 문화적 교류분야 16.4%, 재정지원 7.4%, 민주주의-평화증진 등 가치구현 2.5%의 순서로 분포되었음을 보여준다. 이러한 분석결과는 통계적으로 유의미하다.

둘째, 지역별 국제협력의 성과가 높은 분야에 대한 교차분석결과, 서울지역에서는 경제 및 개발 분야가 48.0%로 가장 높으며 그 다음으로 인도주의적 지원 및 구호분야, 상호이해 및 문화적 교류분야, 민주주의-평화증진 등 가치구현, 재정지원, 기타 등의 순서로 높고, 서울 이외 지역에서는 경제 및 개발 분야 50.0%, 인도주의적 지원 및 구호분야 44.1%, 상호이해 및 문화적 교류분야 2.9%, 재정지원 2.9%의 순서로 높게 분포되었다.

셋째, 단체활동 유형별 국제협력의 성과가 높은 분야에 대한 교차분석결과, 권익보호 및 증진 분야단체에서는 경제 및 개발 분야 56.3%, 인도주의적 지원 및 구호분야 20.8%, 상호이해 및 문화적 교류분야 16.7%, 재정지원 2.1%, 민주주의-평화증진 등 가치구현

2.1%, 기타 2.1%의 순서로 분포되었으며, 연구 교육 분야에서는 경제 및 개발 분야 50.4%, 인도주의적 지원 및 구호분야 24.4%, 상호이해 및 문화적 교류분야 14.3%, 재정지원 4.2%, 민주주의-평화증진등 가치구현 4.2%, 기타, 2.5%의 순서로 높게 분포된 반면에, 자선 및 구호 분야단체에서는 인도주의적 지원 및 구호분야가 58.3%로 가장 높게 분포되었으며 그 다음으로 경제 및 개발 분야, 상호이해 및 문화적 교류분야의 순서로 구성되었고, 지역사회 발전 분야단체에서는 경제 및 개발 분야 52.9%, 인도주의적 지원 및 구호분야 23.5%, 민주주의-평화증진 등 가치구현 17.6%, 기타 5.9%로 분포되었으며 세 가지 이상의 기능을 수행하는 단체에서는 경제 및 개발 분야 48.9%, 인도주의적 지원 및 구호분야 31.1%, 민주주의-평화증진 등 가치구현 8.9%, 상호이해 및 문화적 교류분야 6.7%, 기타 4.4%의 순서로 분포되었고, 기타 단체에서는 경제 및 개발 분야 40.8%, 인도주의적 지원 및 구호분야 29.6%, 상호이해 및 문화적 교류분야 18.3%, 재정지원 8.5%, 민주주의-평화증진 등 가치구현 1.4%, 기타 1.4%의 순서로 분포되었음을 보여준다.

넷째, 근무기간별 국제협력의 성과가 높은 분야에 대한 교차분석 결과, 1년 미만에서는 경제 및 개발 분야 41.2%, 인도주의적 지원 및 구호분야 25.0%, 상호이해 및 문화적 교류분야 22.1%, 재정지원 8.8%, 기타 2.9%의 순서로 나타났으며, 1~3년 미만에서는 경제 및 개발 분야 53.9%, 인도주의적 지원 및 구호분야 26.0%, 상호이해 및 문화적 교류분야 10.4%, 재정지원 3.9%, 민주주의-평화증진 등 가치구현 3.2%, 기타 2.6%의 순서로 분포되었고, 3~5년 미만에서는 경제 및 개발 분야가 69.2%로 가장 높게 분포되었으며 그 다음으로 상호이해 및 문화적 교류분야, 인도주의적 지원 및 구호분야, 민주주의-평화증진 등 가치구현, 기타 등의 순서로 분포되었다. 5~10년 미만에서는 인도주의적 지원 및 구호분야가 53.1%로 가장 높으며 그 다음으로 경제 및 개발 분야, 상호이해 및 문화적 교류분야와 민주주의-평화증진 등 가치구현, 기타의 순서로 높고, 10~15년 미만에서는 경제 및 개발 분야와 인도주의적 지원 및 구호분야가 각각 36.4%로 가장 높고 그 다음으로 민주주의-평화증진 등 가치구현, 상호이해 및 문화적 교류분야의 순서로 높으며, 15년 이상에서는 경제 및 개발 분야가 42.9%로 가장 높으며 그 다음으로 인도주의적 지원 및 구호분야, 상호이해 및 문화적 교류분야, 민주주의-평화증진 등 가치구현, 기타 등의 순서로 높게 분포되었음을 보여준다. 이러한 분석결과는 통계적으로 유의미하다.

〈표 22〉 영역, 지역, 활동유형, 근무기간별 국제협력의 성과가 높은 분야에
　　　　대한 이차원 분할표

		국제협력의 성과가 높은 분야						전체	X^2
		경제 및 개발 분야	인도주의적 지원 및 구호분야	상호이해 및 문화적 교류분야	재정지원	민주주의-평화증진 등 가치구현	기타		
영역	시민사회	63	46	15	1	8	7	140	
		45.0%	32.9%	10.7%	0.7%	5.7%	5.0%	100.0%	*
	정부 및 공공기관	27	9	8	2	3	1	50	21.714
		54.0%	18.0%	16.0%	4.0%	6.0%	2.0%	100.0%	
	학생	60	30	20	9	3	0	122	
		49.2%	24.6%	16.4%	7.4%	2.5%	0.0%	100.0%	
전체		150	85	43	12	14	8	312	
		48.1%	27.2%	13.8%	3.8%	4.5%	2.6%	100.0%	
지역	서울	133	69	42	11	14	8	277	
		48.0%	24.9%	15.2%	4.0%	5.1%	2.9%	100.0%	10.216
	기타지역	17	15	1	1	0	0	34	
		50.0%	44.1%	2.9%	2.9%	0.0%	0.0%	100.0%	
전체		150	84	43	12	14	8	311	
		48.2%	27.0%	13.8%	3.9%	4.5%	2.6%	100.0%	
단체 활동 유형	권익보호 및 증진 분야	27	10	8	1	1	1	48	
		56.3%	20.8%	16.7%	2.1%	2.1%	2.1%	100.0%	
	연구 교육 분야	60	29	17	5	5	3	119	
		50.4%	24.4%	14.3%	4.2%	4.2%	2.5%	100.0%	
	자선 및 구호 분야	3	7	2	0	0	0	12	
		25.0%	58.3%	16.7%	0.0%	0.0%	0.0%	100.0%	34.689
	지역사회 발전 분야	9	4	0	0	3	1	17	
		52.9%	23.5%	0.0%	0.0%	17.6%	5.9%	100.0%	
	세 가지 이상 분야	22	14	3	0	4	2	45	
		48.9%	31.1%	6.7%	0.0%	8.9%	4.4%	100.0%	
	기타	29	21	13	6	1	1	71	
		40.8%	29.6%	18.3%	8.5%	1.4%	1.4%	100.0%	
전체		150	85	43	12	14	8	312	
		48.1%	27.2%	13.8%	3.8%	4.5%	2.6%	100.0%	
근무 기간	1년 미만	28	17	15	6	0	2	68	
		41.2%	25.0%	22.1%	8.8%	0.0%	2.9%	100.0%	
	1~3년 미만	83	40	16	6	5	4	154	
		53.9%	26.0%	10.4%	3.9%	3.2%	2.6%	100.0%	
	3~5년 미만	18	2	4	0	1	1	26	
		69.2%	7.7%	15.4%	0.0%	3.8%	3.8%	100.0%	**
	5~10년 미만	8	17	3	0	3	1	32	49.384
		25.0%	53.1%	9.4%	0.0%	9.4%	3.1%	100.0%	
	10~15년 미만	4	4	1	0	2	0	11	
		36.4%	36.4%	9.1%	0.0%	18.2%	0.0%	100.0%	
	15년 이상	9	5	4	0	3	0	21	
		42.9%	23.8%	19.0%	0.0%	14.3%	0.0%	100.0%	
전체		150	85	43	12	14	8	312	
		48.1%	27.2%	13.8%	3.8%	4.5%	2.6%	100.0%	

* : p〈.05(단측검증), ** : p〈.01(단측검증), *** : p〈.001(단측검증)

교류협력경험, 교류협력지역 및 크기별 국제협력의 성과가 높은 분야에 대한 교차분석결과는 〈표 23〉과 같다. 표에 제시된 분석내용을 구체적으로 논의하면, 첫째, 교류협력경험별 국제협력의 성과가 높은 분야에 대한 교차분석결과, 교류협력경험이 있는 담당자들은 경제 및 개발 분야 49.0%, 인도주의적 지원 및 구호분야 26.5%, 상호이해 및 문화적 교류분야 13.1%, 민주주의-평화증진 등 가치구현 4.7%, 재정지원 4.0%, 기타 2.7%의 순서로 분포되었으며, 교류협력경험이 없는 담당자들은 경제 및 개발 분야 36.4%, 인도주의적 지원 및 구호분야 36.4%, 상호이해 및 문화적 교류분야 27.3%로 분포되었음을 보여준다.

둘째, 교류협력지역별 국제협력의 성과가 높은 분야에 대한 교차분석결과, 아시아태평양지역교류협력에 답한 사람들은 경제 및 개발 분야 48.7%, 인도주의적 지원 및 구호분야 27.6%, 상호이해 및 문화적 교류분야 12.3%, 민주주의-평화증진 등 가치구현 4.6%, 재정지원 4.2%, 기타 2.7%의 순서로 분포되었으며, 유럽지역교류협력에 답한 담당자들은 경제 및 개발 분야 37.5%, 상호이해 및 문화적 교류분야 31.3%, 인도주의적 지원 및 구호분야 25.0%, 민주주의-평화증진 등 가치구현 6.3%로 구성되었고, 아프리카지역교류협력에 답한 담당자들은 상호이해 및 문화적 교류분야 50.0%, 경제 및 개발 분야 25.0%, 재정지원 25.0%로 구성되었으며, 북미지역교류협력에 답한 담당자들은 경제 및 개발 분야가 68.8%로 가장 높게 분포되었고 그 다음으로 인도주의적 지원 및 구호분야 12.5%, 상호이해 및 문화적 교류분야 12.5%, 민주주의-평화증진 등 가치구현 6.3%의 순서로 분포되었으며, 기타지역교류협력에 답한 담당자들은 인도주의적 지원 및 구호분야 46.7%, 경제 및 개발 분야 33.3%, 상호이해 및 문화적 교류분야 13.3%, 기타 6.7%의 순서로 높게 분포되었음을 보여준다.

셋째, 교류협력 지역의 크기별 국제협력의 성과가 높은 분야에 대한 교차분석결과, 1개 지역교류협력에 답한 담당자들은 경제 및 개발 분야 48.4%, 인도주의적 지원 및 구호분야 25.6%, 상호이해 및 문화적 교류분야 14.6%, 재정지원 4.9%, 민주주의-평화증진 등 가치구현 4.1%, 기타 2.4%의 순서로 높으며, 2개 지역교류협력에 답한 담당자들은 경제 및 개발 분야와 인도주의적 지원 및 구호분야가 각각 36.0%로 가장 높게 형성되었으며 그 다음으로 상호이해 및 문화적 교류분야, 민주주의-평화증진 등 가치구현의 순서로 분포되었고, 3개 이상 지역교류협력에 답한 담당자들은 경제 및 개발 분야가 62.1%로 가장 높게 분포되었으며 그 다음으로 인도주의적 지원 및 구호분야, 기타, 상호이해 및 문화적 교류분야와 민주주의-평화증진 등 가치구현의 순서로 높게 분포되었다.

넷째, 한국 민주주의 수준별 국제협력의 성과가 높은 분야에 대한 교차분석결과, 비민주적에서는 경제 및 개발 분야 39.5%, 인도주의적 지원 및 구호분야 32.6%, 상호이해 및 문화적 교류분야 14.0%, 민주주의-평화증진 등 가치구현 9.3%, 기타 4.7%의 순서로 구성되었으며, 보통에서는 경제 및 개발 분야가 54.2%로 가장 높고 그다음으로 인도주의적 지원 및 구호분야, 상호이해 및 문화적 교류분야, 재정지원, 기타, 민주주의-평화증진등 가치구현 순서로 높게 분포되었으며, 민주적에서는 경제 및 개발 분야 40.0%, 인도주의적 지원 및 구호분야 32.9%, 상호이해 및 문화적 교류분야 11.9%, 민주주의-평화증진 등 가치구현 9.4%, 기타 3.5%, 재정지원 2.4%의 순서로 높게 분포되었음을 보여준다. 이러한 분석결과는 통계적으로 유의미하다.

다섯 째, 국내민주주의 증진에 대한 민주주의 국제 협력의 기여 수준별 국제협력의 성과가 높은 분야에 대한 교차분석결과, 도움이 없는 편에서는 경제 및 개발 분야 44.4%, 인도주의적 지원 및 구호

분야 33.3%, 민주주의-평화증진 등 가치구현 11.1%, 기타 11.1%로 구성되었으며, 보통에서는 경제 및 개발 분야가 49.2%로 가장 높고, 그 다음으로 인도주의적 지원 및 구호분야, 상호이해 및 문화적 교류분야, 민주주의-평화증진 등 가치구현, 기타의 순서로 높으며, 도움이 있는 편에서도 경제 및 개발 분야가 48.5%로 가장 높게 분포되었고, 그 다음으로 인도주의적 지원 및 구호분야, 상호이해 및 문화적 교류분야, 재정지원, 민주주의-평화증진 등 가치구현, 기타의 순서로 높게 분포되었다.

〈표 23〉 교류협력경험, 교류협력지역 및 크기별 국제협력의 성과가 높은 분야에 대한 이차원분할표

		국제협력의 성과가 높은 분야						전체	X^2
		경제 및 개발 분야	인도주의적 지원 및 구호분야	상호이해 및 문화적 교류분야	재정지원	민주주의-평화증진 등 가치구현	기타		
교류협력 경험	있음	146	79	39	12	14	8	298	3.558
		49.0%	26.5%	13.1%	4.0%	4.7%	2.7%	100.0%	
	없음	4	4	3	0	0	0	11	
		36.4%	36.4%	27.3%	0.0%	0.0%	0.0%	100.0%	
전체		150	83	42	12	14	8	309	
		48.5%	26.9%	13.6%	3.9%	4.5%	2.6%	100.0%	
주요 교류협력 지역	아시아 태평양지역	127	72	32	11	12	7	261	24.784
		48.7%	27.6%	12.3%	4.2%	4.6%	2.7%	100.0%	
	유럽지역	6	4	5	0	1	0	16	
		37.5%	25.0%	31.3%	0.0%	6.3%	0.0%	100.0%	
	아프리카 지역	1	0	2	1	0	0	4	
		25.0%	0.0%	50.0%	25.0%	0.0%	0.0%	100.0%	
	북미지역	11	2	2	0	1	0	16	
		68.8%	12.5%	12.5%	0.0%	6.3%	0.0%	100.0%	
	기타	5	7	2	0	0	1	15	
		33.3%	46.7%	13.3%	0.0%	0.0%	6.7%	100.0%	
전체		150	85	43	12	14	8	312	
		48.1%	27.2%	13.8%	3.8%	4.5%	2.6%	100.0%	
교류협력 지역의 크기	1개 지역	119	63	36	12	10	6	246	13.830
		48.4%	25.6%	14.6%	4.9%	4.1%	2.4%	100.0%	
	2개 지역	9	9	4	0	3	0	25	
		36.0%	36.0%	16.0%	0.0%	12.0%	0.0%	100.0%	
	3개 지역 이상	18	7	1	0	1	2	29	
		62.1%	24.1%	3.4%	0.0%	3.4%	6.9%	100.0%	
전체		146	79	41	12	14	8	300	
		48.7%	26.3%	13.7%	4.0%	4.7%	2.7%	100.0%	
한국 민주주의 수준	비민주적	17	14	6	0	4	2	43	* 22.015
		39.5%	32.6%	14.0%	0.0%	9.3%	4.7%	100.0%	
	보통	97	42	25	10	2	3	179	
		54.2%	23.5%	14.0%	5.6%	1.1%	1.7%	100.0%	
	민주적	34	28	10	2	8	3	85	
		40.0%	32.9%	11.8%	2.4%	9.4%	3.5%	100.0%	
전체		148	84	41	12	14	8	307	
		48.2%	27.4%	13.4%	3.9%	4.6%	2.6%	100.0%	
국내 민주주의 증진에 대한 민주주의 국제협력의 기여	도움이 없는 편	4	3	0	0	1	1	9	14.234
		44.4%	33.3%	0.0%	0.0%	11.1%	11.1%	100.0%	
	보통	32	19	6	0	5	3	65	
		49.2%	29.2%	9.2%	0.0%	7.7%	4.6%	100.0%	
	도움이 있는 편	111	61	34	12	7	4	229	
		48.5%	26.6%	14.8%	5.2%	3.1%	1.7%	100.0%	
전체		147	83	40	12	13	8	303	
		48.5%	27.4%	13.2%	4.0%	4.3%	2.6%	100.0%	

* : p<.05(단측검증), ** : p<.01(단측검증), *** : p<.001(단측검증)

190

국제협력프로그램의 유형 및 만족수준별 국제협력의 성과가 높은 분야에 대한 교차분석결과는 〈표 24〉와 같다.

　　첫째, 가장 효과적인 국제협력프로그램별 국제협력의 성과가 높은 분야에 대한 교차분석결과, 교육훈련프로그램이라고 답한 담당자들은 경제 및 개발 분야 47.1%, 인도주의적 지원 및 구호분야 27.3%, 상호이해 및 문화적 교류분야 15.0%, 재정지원 5.3%, 민주주의-평화증진 등 가치구현 4.8%, 기타 0.5%의 순서로 높으며, 인적교류협력프로그램이라고 답한 담당자들은 경제 및 개발 분야 40.0%, 인도주의적 지원 및 구호분야 26.7%, 상호이해 및 문화적 교류분야 23.3%, 기타 6.7%, 재정지원 3.3%의 순서로 높고, 국제연대프로그램이라고 답한 담당자들은 경제 및 개발 분야가 62.1%로 가장 높으며 그 다음으로 인도주의적 지원 및 구호분야, 민주주의-평화증진 등 가치구현, 상호이해 및 문화적 교류분야, 재정지원, 기타 등의 순서로 높고, 재정지원이라고 답한 담당자들은 경제 및 개발 분야 33.3%, 인도주의적 지원 및 구호분야 33.3%, 기타 33.3%로 구성되었다. 자료교환 및 아이디어 공유라고 답한 담당자들은 경제 및 개발 분야 40.0%, 인도주의적 지원 및 구호분야 33.3%, 상호이해 및 문화적 교류분야 13.3%, 기타 13.3%의 순서로 높게 분포되었으며, 기타라고 답한 담당자들은 경제 및 개발 분야가 57.1%로 가장 높고 그 다음으로 인도주의적 지원 및 구호분야, 상호이해 및 문화적 교류분야, 기타의 순서로 높게 분포되었음을 보여주며 통계적으로 유의미하다.

　　둘째, 국제협력프로그램 만족도수준별 국제협력의 성과가 높은 분야에 대한 교차분석결과, 만족하는 편에서는 경제 및 개발 분야 54.5%, 인도주의적 지원 및 구호분야 18.2%, 상호이해 및 문화적 교류분야 9.1%, 민주주의-평화증진 등 가치구현 9.1%, 기타 9.1%의 순서로 구성되었으며, 중간수준이라고 답한 담당자들은 경제 및 개발 분야 43.6%, 인도주의적 지원 및 구호분야 30.8%, 상호이해 및 문화적 교류분야 12.0%, 재정지원 5.35, 민주주의-평화증진 등 가치구현 5.3%, 기타 3.0%의 순서로 분포되었고, 불만족하는 편에서는 경제 및 개발 분야가 51.9%로 가장 높고 그 다음으로 인도주의적 지원 및 구호분야, 상호이해 및 문화적 교류분야, 민주주의-평화증진 등 가치구현, 재정지원, 기타의 순서로 높게 분포되었음을 보여준다.

〈표 24〉 국제협력프로그램의 유형 및 만족수준별 국제협력의 성과가 높은 분야에 대한 이차원 분할표

		국제협력의 성과가 높은 분야						전체	x^2
		경제 및 개발 분야	인도주의적 지원 및 구호분야	상호이해 및 문화적 교류분야	재정지원	민주주의 – 평화 증진 등 가치구현	기타		
가장 효과적인 국제협력 프로그램	교육 및 훈련 프로그램	88	51	28	10	9	1	187	
		47.1%	27.3%	15.0%	5.3%	4.8%	0.5%	100.0%	
	인적교류	12	8	7	1	0	2	30	
		40.0%	26.7%	23.3%	3.3%	0.0%	6.7%	100.0%	
	국제연대활동	36	12	3	1	5	1	58	
		62.1%	20.7%	5.2%	1.7%	8.6%	1.7%	100.0%	* 43.263
	재정적 지원	1	1	0	0	0	1	3	
		33.3%	33.3%	0.0%	0.0%	0.0%	33.3%	100.0%	
	자료교환 및 아이디어공유	6	5	2	0	0	2	15	
		40.0%	33.3%	13.3%	0.0%	0.0%	13.3%	100.0%	
	기타	4	1	1	0	0	1	7	
		57.1%	14.3%	14.3%	0.0%	0.0%	14.3%	100.0%	
전체		147	78	41	12	14	8	300	
		49.0%	26.0%	13.7%	4.0%	4.7%	2.7%	100.0%	
국세협력 프로그램 만족도 수준	만족하는 편	6	2	1	0	1	1	11	
		54.5%	18.2%	9.1%	0.0%	9.1%	9.1%	100.0%	
	중간	58	41	16	7	7	4	133	8.050
		43.6%	30.8%	12.0%	5.3%	5.3%	3.0%	100.0%	
	불만족하는 편	82	37	25	5	6	3	158	
		51.9%	23.4%	15.8%	3.2%	3.8%	1.9%	100.0%	
전체		146	80	42	12	14	8	302	
		48.3%	26.5%	13.9%	4.0%	4.6%	2.6%	100.0%	

* : p<.05(단측검증), ** : p<.01(단측검증), *** : p<.001(단측검증)

확대되어야 할 국제협력분야

《표 25》는 영역, 지역, 활동유형, 근무기간의 수준별 확대되어야 할 국제협력분야 대한 교차분석결과이다. 표에 제시된 분석내용을 구체적으로 논의하면 아래와 같다.

첫째, 영역별 확대되어야 할 국제협력분야에 대한 교차분석결과, 시민사회 단체에서는 민주주의-평화증진 등 가치구현이 31.0%로 가장 높고 그 다음으로 인도주의적 지원 및 구호분야, 상호이해 및 문화적 교류분야, 경제 및 개발 분야, 재정 지원, 기타 등의 순서로 분포되었으며, 정부 및 공공기관에서도 민주주의-평화증진 등 가치구현이 38.0%로 가장 높고 그 다음으로 상호이해 및 문화적 교류분야, 경제 및 개발 분야와 인도주의적 지원 및 구호분야, 재정 지원 등의 순서로 높게 분포되었으며, 학생에서는 민주주의-평화 증진 등 가치 구현과 인도주의적 지원 및 구호분야가 각각 29.5%로 가장 높고 그 다음으로 상호이해 및 문화적 교류분야, 경제 및 개발 분야, 재정 지원 등의 순서로 높게 분포되었음을 보여준다.

둘째, 지역별 확대되어야 할 국제협력분야에 대한 교차분석결과, 서울 지역에서는 민주주의-평화증진 등 가치구현이 32.3%로 가장 높으며 그 다음으로 인도주의적 지원 및 구호분야, 상호이해 및 문화적 교류분야, 경제 및 개발 분야, 재정 지원 등의 순서로 높게 분포되었고, 서울 이외 지역에서는 민주주의-평화증진 등 가치 구현 26.5%, 경제 및 개발 분야 23.5%, 상호이해 및 문화적 교류분야 23.5%, 인도주의적 지원 및 구호분야 17.6%, 기타 5.9%, 재정 지원 2.9%의 순서로 높게 분포되었으며 통계적으로 유의미하다.

셋째, 단체활동 유형별 확대되어야 할 국제협력분야에 대한 교차분석결과, 권익보호 및 증진 분야단체에서는 민주주의-평화증진 등 가치 구현이 46.9%로 가장 높고 그 다음으로 인도주의적 지원 및 구호분야, 상호이해 및 문화적 교류분야, 경제 및 개발 분야로 분포된데 비해, 연구 교육 분야에서는 상호이해 및 문화적 교류분야가 31.9%로 가장 높고 그 다음으로 인도주의적 지원 및 구호분야, 민주주의-평화증진 등 가치 구현, 경제 및 개발 분야, 재정 지원, 기타 등의 순서로 높으며, 자선 및 구호 분야단체에서는 인도주의적 지원 및 구호분야가 50.0%로 가장 높고 그 다음으로 민주주의-평화증진 등 가치 구현, 경제 및 개발 분야와 상호이해 및 문화적 교류분야의 순서로 높게 분포되었으며, 지역사회 발전 분야단체에서는 인도주의적 지원 및 구호분야 35.3%, 경제 및 개발 분야 23.5%, 민주주의-평화증진 등 가치 구현 23.5%, 상호이해 및 문화적 교류분야 11.8%, 재정 지원 5.9%의 순서로 높게 분포되었고 세 가지 이상의 기능을 수행하는 단체에서는 민주주의-평화증진 등 가치 구현과 인도주의적 지원 및 구호분야가 각각 26.7%로 가장 높고 그 다음으로 상호이해 및 문화적 교류분야, 경제 및 개발 분야, 재정 지원, 기타 순서로 높게 분포되었으며, 기타 단체에서는 민주주의-평화증진 등 가치 구현 34.7%, 인도주의적 지원 및 구호분야 22.2%, 상호이해 및 문화적 교류분야 22.2%, 경제 및 개발 분야 13.9%로 분포되었음을 보여준다.

넷째, 근무기간별 확대되어야 할 국제협력분야에 대한 교차분석 결과, 1년 미만에서는 민주주의-평화 증진 등 가치 구현이 33.8%로 가장 높으며 그 다음으로 상호이해 및 문화적 교류분야, 인도주의적 지원 및 구호분야, 경제 및 개발 분야, 재정 지원 등의 순서로 높게 분포되었고 1~3년 미만에서는 인도주의적 지원 및 구호분야 28.6%, 상호이해 및 문화적 교류분야 27.9%, 민주주의-평화증진 등 가치 구현 26.0%, 경제 및 개발 분야 13.0%, 재정 지원 3.9%, 기타 0.6%의 순서로 높게 분포되었으며, 3~5년 미만에서는 인도주의적 지원 및 구호분야가 48.1%로 가장 높고 그 다음으로 민주주의-평화

증진 등 가치구현, 경제 및 개발 분야, 상호이해 및 문화적 교류분야, 재정 지원 등의 순서로 높게 분포되었다. 5~10년 미만에서는 민주주의-평화증진 등 가치구현이 37.5%로 가장 높고 그 다음으로 인도주의적 지원 및 구호분야와 상호이해 및 문화적 교류분야, 경제 및 개발 분야, 재정 지원과 기타 등의 순서로 높게 분포되었으며, 10~15년 미만에서는 민주주의-평화증진 등 가치구현이 58.3%로 가장 높고 그 다음으로 상호이해 및 문화적 교류분야, 경제 및 개발 분야, 인도주의적 지원 및 구호분야 등의 순서로 높게 분포되었으며, 15년 이상에서는 민주주의-평화증진 등 가치구현 33.3%, 인도주의적 지원 및 구호분야 28.6%, 상호이해 및 문화적 교류분야 23.8%, 경제 및 개발 분야 14.3%의 순서로 높게 분포되었음을 보여준다.

〈표 25〉 영역, 지역, 활동유형, 근무기간의 수준별 확대되어야 할 국제협력분야
　　　 대한 이차원 분할표

		확대되어야 할 국제협력분야						전체	x^2
		경제 및 개발 분야	인도주의적 지원 및 구호분야	상호이해 및 문화적 교류분야	재정지원	민주주의-평화증진 등 가치 구현	기타		
영역	시민사회	17	41	33	5	44	2	142	
		12.0%	28.9%	23.2%	3.5%	31.0%	1.4%	100.0%	
	정부 및 공공기관	9	9	10	3	19	0	50	7.856
		18.0%	18.0%	20.0%	6.0%	38.0%	0.0%	100.0%	
	학생	14	36	32	4	36	0	122	
		11.5%	29.5%	26.2%	3.3%	29.5%	0.0%	100.0%	
전체		40	86	75	12	99	2	314	
		12.7%	27.4%	23.9%	3.8%	31.5%	0.6%	100.0%	
지역	서울	32	80	66	11	90	0	279	**
		11.5%	28.7%	23.7%	3.9%	32.3%	0.0%	100.0%	21.602
	기타지역	8	6	8	1	9	2	34	
		23.5%	17.6%	23.5%	2.9%	26.5%	5.9%	100.0%	
전체		40	86	74	12	99	2	313	
		12.8%	27.5%	23.6%	3.8%	31.6%	0.6%	100.0%	
단체 활동 유형	권익보호 및 증진 분야	6	12	8	0	23	0	49	
		12.2%	24.5%	16.3%	0.0%	46.9%	0.0%	100.0%	
	연구 교육 분야	11	34	38	4	31	1	119	
		9.2%	28.6%	31.9%	3.4%	26.1%	0.8%	100.0%	
	자선 및 구호 분야	1	6	1	0	4	0	12	
		8.3%	50.0%	8.3%	0.0%	33.3%	0.0%	100.0%	27.231
	지역사회 발전 분야	4	6	2	1	4	0	17	
		23.5%	35.3%	11.8%	5.9%	23.5%	0.0%	100.0%	
	세 가지 이상 분야	8	12	10	2	12	1	45	
		17.8%	26.7%	22.2%	4.4%	26.7%	2.2%	100.0%	
	기타	10	16	16	5	25	0	72	
		13.9%	22.2%	22.2%	6.9%	34.7%	0.0%	100.0%	
전체		40	86	75	12	99	2	314	
		12.7%	27.4%	23.9%	3.8%	31.5%	0.6%	100.0%	
근무 기간	1년 미만	10	15	16	4	23	0	68	
		14.7%	22.1%	23.5%	5.9%	33.8%	0.0%	100.0%	
	1~3년 미만	20	44	43	6	40	1	154	
		13.0%	28.6%	27.9%	3.9%	26.0%	0.6%	100.0%	
	3~5년 미만	2	13	1	1	10	0	27	
		7.4%	48.1%	3.7%	3.7%	37.0%	0.0%	100.0%	24.733
	5~10년 미만	4	7	7	1	12	1	32	
		12.5%	21.9%	21.9%	3.1%	37.5%	3.1%	100.0%	
	10~15년 미만	1	1	3	0	7	0	12	
		8.3%	8.3%	25.0%	0.0%	58.3%	0.0%	100.0%	
	15년 이상	3	6	5	0	7	0	21	
		14.3%	28.6%	23.8%	0.0%	33.3%	0.0%	100.0%	
전체		40	86	75	12	99	2	314	
		12.7%	27.4%	23.9%	3.8%	31.5%	0.6%	100.0%	

* : p<.05(단측검증), ** : p<.01(단측검증), *** : p<.001(단측검증)

〈표 26〉은 교류협력의 경험 및 지역, 크기별 확대되어야 할 국제협력분야 대한 교차분석결과이다. 표에 제시된 분석내용을 구체적으로 논의하면 아래와 같다.

첫째, 교류협력경험별 확대되어야 할 국제협력분야 대한 교차분석결과, 교류협력경험이 있는 담당자들은 민주주의-평화증진 등 가치구현이 31.3%로 가장 높고 그 다음으로 인도주의적 지원 및 구호분야, 상호이해 및 문화적 교류분야, 경제 및 개발 분야, 재정지원, 기타 등의 순서로 높게 분포되었으며, 교류협력경험이 없는 담당자들은 민주주의-평화증진 등 가치구현 45.5%, 경제 및 개발분야 18.2%, 인도주의적 지원 및 구호분야 18.2%, 상호이해 및 문화적 교류분야 18.2%로 분포되었음을 보여준다.

둘째, 교류협력지역별 확대되어야 할 국제협력분야 대한 교차분석결과, 아시아태평양지역교류협력에 답한 담당자들은 민주주의-평화증진 등 가치구현이 32.3%로 가장 높고, 그 다음으로 인도주의적 지원 및 구호분야, 상호이해 및 문화적 교류분야, 경제 및 개발분야, 재정 지원, 기타 등의 순서로 분포되었으며, 유럽지역교류협력에 답한 담당자들은 상호이해 및 문화적 교류분야와 민주주의-평화증진 등 가치구현이 각각 31.3%로 가장 높고, 인도주의적 지원 및 구호분야 25.0%, 경제 및 개발 분야 12.5%로 분포되었으며, 아프리카지역교류협력에 답한 담당자들은 인도주의적 지원 및 구호분야 50.0%, 상호이해 및 문화적 교류분야 25.0%, 민주주의-평화증진 등 가치구현 25.0%로 분포되었고, 북미지역교류협력에 답한 담당자들은 경제 및 개발 분야와 인도주의적 지원 및 구호분야가 각각 31.3%로 가장 높으며 그 다음으로 민주주의-평화증진 등 가치구현 25.0%, 상호이해 및 문화적 교류분야 12.5%로 분포되었고, 기타지역교류협력에 답한 담당자들은 상호이해 및 문화적 교류분야 33.3%, 민주주의-평화증진 등 가치구현 26.7%, 경제 및 개발 분야 20.0%,

인도주의적 지원 및 구호분야 20.0%로 분포되었음을 보여준다.

셋째, 교류협력 지역의 크기별 확대되어야 할 국제협력분야에 대한 교차분석결과, 1개 지역교류협력에 답한 담당자들은 민주주의-평화증진 등 가치구현 32.4%, 인도주의적 지원 및 구호분야 28.7%, 상호이해 및 문화적 교류분야 21.9%, 경제 및 개발 분야 12.6%, 재정 지원 3.6%, 기타 0.8%의 순서로 높게 분포되었으며, 2개 지역교류협력에 답한 담당자들은 상호이해 및 문화적 교류분야가 34.6%로 가장 높고 그 다음으로 민주주의-평화증진 등 가치구현, 경제 및 개발 분야, 인도주의적 지원 및 구호분야, 재정 지원 등의 순서로 높으며, 3개 이상 지역교류협력에 답한 담당자들은 인도주의적 지원 및 구호분야 31.0%, 상호이해 및 문화적 교류분야 27.6%, 민주주의-평화증진 등 가치구현 27.6%, 경제 및 개발 분야 13.8%로 분포되었음을 보여준다.

넷째, 한국 민주주의 수준별 확대되어야 할 국제협력분야 대한 교차분석결과, 비민주적에서는 민주주의-평화증진 등 가치구현 38.6%, 인도주의적 지원 및 구호분야 25.0%, 경제 및 개발 분야 15.9%, 상호이해 및 문화적 교류분야 15.9%, 재정 지원 4.5%로 분포되었으며, 보통수준에서도 민주주의-평화증진 등 가치구현이 31.1%로 가장 높고 그 다음으로 인도주의적 지원 및 구호분야, 상호이해 및 문화적 교류분야, 경제 및 개발 분야, 재정 지원 등의 순서로 높은 반면에, 민주적에서는 인도주의적 지원 및 구호분야가 34.1%로 가장 높고 그 다음으로 민주주의-평화증진 등 가치구현과 상호이해 및 문화적 교류분야, 경제 및 개발 분야, 재정 지원과 기타 등의 순서로 높게 분포되었음을 보여준다.

다섯째, 국내 민주주의 증진에 대한 민주주의 국제협력의 기여수준별 확대되어야 할 국제협력분야 대한 교차분석결과, 도움이 없는 편에서는 민주주의-평화증진 등 가치구현 33.3%, 경제 및 개발 분야 22.2%, 인도주의적 지원 및 구호분야 22.2%, 상호이해 및 문화적 교류분야 22.2%의 순서로 분포되었으며, 보통수준에서는 민주주의 -평화증진 등 가치구현이 29.2%로 가장 높고 그 다음으로 인도주의적 지원 및 구호분야, 경제 및 개발 분야, 상호이해 및 문화적 교류분야, 재정 지원, 기타 등의 순서로 높으며, 도움이 있는 편에서도 민주주의-평화증진 등 가치구현이 31.2%로 가장 높고, 그 다음으로 인도주의적 지원 및 구호분야, 상호이해 및 문화적 교류분야, 경제 및 개발 분야, 재정 지원, 기타 등의 순서로 높게 분포되었다.

<표 26> 교류협력의 경험 및 지역, 크기별 확대되어야 할 국제협력분야 대한 이차원 분할표

		확대되어야 할 국제협력분야						전체	X²
		경제 및 개발 분야	인도주의적 지원 및 구호분야	상호이해 및 문화적 교류분야	재정지원	민주주의-평화증진 등 가치구현	기타		
교류협력 경험	있음	38	83	71	12	94	2	300	1.914
		12.7%	27.7%	23.7%	4.0%	31.3%	0.7%	100.0%	
	없음	2	2	2	0	5	0	11	
		18.2%	18.2%	18.2%	0.0%	45.5%	0.0%	100.0%	
전체		40	85	73	12	99	2	311	
		12.9%	27.3%	23.5%	3.9%	31.8%	0.6%	100.0%	
주요 교류협력 지역	아시아 태평양지역	30	72	62	12	85	2	263	11.923
		11.4%	27.4%	23.6%	4.6%	32.3%	0.8%	100.0%	
	유럽지역	2	4	5	0	5	0	16	
		12.5%	25.0%	31.3%	0.0%	31.3%	0.0%	100.0%	
	아프리카 지역	0	2	1	0	1	0	4	
		0.0%	50.0%	25.0%	0.0%	25.0%	0.0%	100.0%	
	북미지역	5	5	2	0	4	0	16	
		31.3%	31.3%	12.5%	0.0%	25.0%	0.0%	100.0%	
	기타	3	3	5	0	4	0	15	
		20.0%	20.0%	33.3%	0.0%	26.7%	0.0%	100.0%	
전체		40	86	75	12	99	2	314	
		12.7%	27.4%	23.9%	3.8%	31.5%	0.6%	100.0%	
교류협력 지역의 크기	1개 지역	31	71	54	9	80	2	247	10.487
		12.6%	28.7%	21.9%	3.6%	32.4%	0.8%	100.0%	
	2개 지역	4	3	9	3	7	0	26	
		15.4%	11.5%	34.6%	11.5%	26.9%	0.0%	100.0%	
	3개 지역 이상	4	9	8	0	8	0	29	
		13.8%	31.0%	27.6%	0.0%	27.6%	0.0%	100.0%	
전체		39	83	71	12	95	2	302	
		12.9%	27.5%	23.5%	4.0%	31.5%	0.7%	100.0%	
한국 민주주의 수준	비민주적	7	11	7	2	17	0	44	12.811
		15.9%	25.0%	15.9%	4.5%	38.6%	0.0%	100.0%	
	보통	24	46	45	9	56	0	180	
		13.3%	25.6%	25.0%	5.0%	31.1%	0.0%	100.0%	
	민주적	9	29	22	1	22	2	85	
		10.6%	34.1%	25.9%	1.2%	25.9%	2.4%	100.0%	
전체		40	86	74	12	95	2	309	
		12.9%	27.8%	23.9%	3.9%	30.7%	0.6%	100.0%	
국내 민주주의 증진에 대한 민주주의 국제협력의 기여	도움이 없는 편	2	2	2	0	3	0	9	8.131
		22.2%	22.2%	22.2%	0.0%	33.3%	0.0%	100.0%	
	보통	13	16	12	4	19	1	65	
		20.0%	24.6%	18.5%	6.2%	29.2%	1.5%	100.0%	
	도움이 있는 편	25	68	58	7	72	1	231	
		10.8%	29.4%	25.1%	3.0%	31.2%	0.4%	100.0%	
전체		40	86	72	11	94	2	305	
		13.1%	28.2%	23.6%	3.6%	30.8%	0.7%	100.0%	

* : p<.05(단측검증), ** : p<.01(단측검증), *** : p<.001(단측검증)

<표 27>은 국제협력프로그램의 유형 및 만족수준별 확대되어야 할 국제협력분야 대한 교차분석결과이다. 표에 제시된 분석내용을 구체적으로 논의하면, 첫째, 국제협력프로그램유형별 확대되어야 할 국제협력분야에 대한 교차분석결과, 교육훈련프로그램이라고 답한 담당자들은 민주주의−평화증진 등 가치구현이 33.9%로 가장 높으며 그 다음으로 인도주의적 지원 및 구호분야, 상호이해 및 문화적 교류분야, 경제 및 개발 분야, 재정 지원 등의 순서로 높고, 인적교류협력이라고 답한 담당자들은 인도주의적 지원 및 구호분야가 33.3%로 가장 높으며 그 다음으로 경제 및 개발 분야, 상호이해 및 문화적 교류분야와 민주주의−평화증진 등 가치구현, 재정 지원 등의 순서로 분포되었고, 국제연대라고 답한 담당자들은 인도주의적 지원 및 구호분야가 39.7%로 가장 높으며 그 다음으로 민주주의−평화증진 등 가치구현, 상호이해 및 문화적 교류분야, 경제 및 개발 분야, 재정 지원 등의 순서로 높게 분포 되었다. 재정 지원에 답한 담당자들은 상호이해 및 문화적 교류분야 66.7%와 기타 33.3%로 구성되었으며, 자료교환에 답한 담당자들은 상호이해 및 문화적 교류분야가 40.0%로 가장 높고 그다음으로 민주주의−평화증진 등 가치구현, 인도주의적 지원 및 구호분야, 경제 및 개발 분야, 재정 지원의 순서로 높으며, 기타에 답한 담당자들은 인도주의적 지원 및 구호분야 28.6%, 상호이해 및 문화적 교류분야 28.6%, 경제 및 개발 분야 14.3%, 민주주의−평화증진 등 가치구현 14.3%, 기타 14.3%의 순서로 분포되었음을 보여준다. 이러한 분석결과는 통계적으로 유의미하다.

둘째, 국제협력프로그램 만족도수준별 확대되어야 할 국제협력분야에 대한 교차분석결과, 만족하는 편에서는 인도주의적 지원 및 구호분야 50.0%, 상호이해 및 문화적 교류분야 25.0%, 민주주의−평화증진 등 가치구현 25.0%로 분포되었으며, 중간수준에서는 민주

주의-평화증진 등 가치구현 29.1%, 상호이해 및 문화적 교류분야 27.6%, 인도주의적 지원 및 구호분야 20.9%, 경제 및 개발 분야 17.2%, 재정 지원 5.2%의 순서로 높게 분포되었으며, 불만족하는 편에서는 민주주의-평화증진 등 가치구현이 33.5%로 가장 높고 그 다음으로 인도주의적 지원 및 구호분야, 상호이해 및 문화적 교류분야, 경제 및 개발 분야, 재정 지원, 기타 등의 순서로 높게 분포되었음을 보여준다.

셋째, 교류협력에 가장 기대효과수준별 확대되어야 할 국제협력 분야에 대한 교차분석결과, 양국(당사자)간의 경제적 이익에 답한 담당자들은 경제 및 개발 분야가 35.0%로 가장 높고 그 다음으로 민주주의-평화증진 등 가치구현, 인도주의적 지원 및 구호분야와 상호이해 및 문화적 교류분야, 재정 지원의 순서로 높으며, 상호이해에 답한 담당자들은 인도주의적 지원 및 구호분야가 36.4%로 가장 높고 그 다음으로 상호이해 및 문화적 교류분야, 민주주의-평화증진 등 가치구현, 경제 및 개발 분야의 순서로 높게 분포되었으며, 민주주의 가치구현에 답한 담당자들은 민주주의-평화증진 등 가치구현이 37.3%로 가장 높고 그 다음으로 인도주의적 지원 및 구호분야, 상호이해 및 문화적 교류분야, 경제 및 개발 분야, 재정 지원 등의 순서로 높게 분포되었다. 국제사회위상강화에 답한 담당자들은 민주주의-평화증진 등 가치구현이 38.5%로 가장 높고 그 다음으로 인도주의적 지원 및 구호분야, 상호이해 및 문화적 교류분야, 재정 지원, 경제 및 개발 분야, 기타 등의 순서로 높으며, 전문가교류 및 새로운 정보수집에 답한 담당자들은 민주주의-평화증진 등 가치구현이 36.8%로 가장 높고 그 다음으로 인도주의적 지원 및 구호분야, 상호이해 및 문화적 교류분야, 재정 지원, 경제 및 개발 분야, 기타 등의 순서로 높게 분포되었으며 기타에 답한 담당자들은 인도주의적 지원 및 구호분야 33.3%, 상호이해 및 문화적 교류분야 33.3%, 민주주의-평화증진 등 가치구현 16.7%, 기타 16.7%로 분포되었음을 보여준다. 이러한 분석결과는 통계적으로 유의미하다.

<표 27> 국제협력프로그램의 유형 및 만족수준별 확대되어야 할 국제협력분야 대한 이차원 분할표

		확대되어야 할 국제협력분야						전체	X^2
		경제 및 개발 분야	인도주의적 지원 및 구호분야	상호이해 및 문화적 교류분야	재정지원	민주주의-평화증진 등 가치구현	기타		
가장 효과적인 국제협력 프로그램	교육훈련 프로그램	26	47	44	8	64	0	189	
		13.8%	24.9%	23.3%	4.2%	33.9%	0.0%	100.0%	
	인적교류협력	7	10	6	1	6	0	30	
		23.3%	33.3%	20.0%	3.3%	20.0%	0.0%	100.0%	
	국제연대	4	23	11	2	18	0	58	***
		6.9%	39.7%	19.0%	3.4%	31.0%	0.0%	100.0%	89.693
	재정지원	0	0	2	0	0	1	3	
		0.0%	0.0%	66.7%	0.0%	0.0%	33.3%	100.0%	
	자료교환	1	2	6	1	5	0	15	
		6.7%	13.3%	40.0%	6.7%	33.3%	0.0%	100.0%	
	기타	1	2	2	0	1	1	7	
		14.3%	28.6%	28.6%	0.0%	14.3%	14.3%	100.0%	
	전체	39	84	71	12	94	2	302	
		12.9%	27.8%	23.5%	4.0%	31.1%	0.7%	100.0%	
국제협력 프로그램 만족도 수준	만족하는 편	0	6	3	0	3	0	12	
		0.0%	50.0%	25.0%	0.0%	25.0%	0.0%	100.0%	
	중간	23	28	37	7	39	0	134	15.097
		17.2%	20.9%	27.6%	5.2%	29.1%	0.0%	100.0%	
	불만족하는 편	16	50	32	5	53	2	158	
		10.1%	31.6%	20.3%	3.2%	33.5%	1.3%	100.0%	
	전체	39	84	72	12	95	2	304	
		12.8%	27.6%	23.7%	3.9%	31.3%	0.7%	100.0%	
교류 협력에서 가장 큰 기대효과	양국(당사자)간의 경제적 이익	7	3	3	1	6	0	20	
		35.0%	15.0%	15.0%	5.0%	30.0%	0.0%	100.0%	
	상호이해	14	40	31	0	25	0	110	
		12.7%	36.4%	28.2%	0.0%	22.7%	0.0%	100.0%	
	민주주의 가치구현	10	15	11	1	22	0	59	***
		16.9%	25.4%	18.6%	1.7%	37.3%	0.0%	100.0%	65.972
	국제사회위상 강화	2	7	11	4	15	0	39	
		5.1%	17.9%	28.2%	10.3%	38.5%	0.0%	100.0%	
	전문가교류 및 새로운 정보수집	5	19	17	6	28	1	76	
		6.6%	25.0%	22.4%	7.9%	36.8%	1.3%	100.0%	
	기타	0	2	2	0	1	1	6	
		0.0%	33.3%	33.3%	0.0%	16.7%	16.7%	100.0%	
	전체	38	86	75	12	97	2	310	
		12.3%	27.7%	24.2%	3.9%	31.3%	0.6%	100.0%	

* : p<.05(단측검증), ** : p<.01(단측검증), *** : p<.001(단측검증)

국제협력이 필요한 지역

〈표 28〉은 영역, 지역, 활동유형, 근무기간의 수준별 국제협력이 필요한 지역에 대한 교차분석결과이다. 표에 제시된 분석내용을 구체적으로 논의하면 다음과 같다.

첫째, 영역별 국제협력이 필요한 지역에 대한 교차분석결과, 시민 사회 단체에서는 아시아태평양지역이 65.7%로 가장 높으며 그 다음으로 유럽지역, 아프리카지역, 중중남미지역, 기타지역, 중동지역 등의 순서로 높게 분포되었으며, 정부 및 공공기관에서는 아시아태평양지역 72.0%, 유럽지역 16.0%, 아프리카지역 8.0%로 분포되었고, 학생에서도 아시아태평양지역이 65.8%로 가장 높으며 그 다음으로 유럽지역, 북미지역, 중동지역, 아프리카지역, 중남미지역 등의 순서로 높게 분포되었음을 보여준다.

둘째, 지역별 국제협력이 필요한 지역에 대한 교차분석결과, 서울 지역에서는 아시아태평양지역, 유럽지역, 북미지역, 아프리카지역, 중동지역, 중남미지역, 기타지역 등의 순서로 높게 분포되었으며, 서울 이외 지역에서도 아시아태평양지역, 유럽지역, 아프리카지역, 북미지역, 중동지역, 중남미지역 기타지역 등의 순서로 높게 분포되었다.

셋째, 단체활동 유형별 국제협력이 필요한 지역에 대한 교차분석결과, 권익보호 및 증진 분야단체에서는 아시아태평양지역이 69.4%로 가장 높으며 그 다음으로 유럽지역, 아프리카지역, 중동지역, 중남미지역, 기타지역 순서로 높게 분포되었고, 연구 교육 분야단체에서도 아시아태평양지역이 64.7%로 가장 높으며 그 다음으로 유럽지역, 북미지역, 아프리카지역, 중동지역, 중남미지역, 기타지역 등의 순서로 높고, 자선 및 구호 분야단체에서는 아시아태평양지역 83.3%, 유럽지역 8.3%, 아프리카지역 8.3%로 분포되었으며,

지역사회 발전 분야단체에서는 아시아태평양지역 76.5%, 북미지역 17.6%, 아프리카지역 5.9%로 분포되었다. 세 가지 이상의 기능을 수행하는 단체에서는 아시아태평양지역 60.0%, 유럽지역 20.0%, 아프리카지역 8.9%, 북미지역 4.4%, 중동지역 4.4%, 중남미지역 2.2%의 순서로 높게 분포되었으며, 기타 단체에서도 아시아태평양지역 교류협력이 67.6%로 가장 높고 그 다음으로 유럽지역, 북미지역, 중동지역, 중남미지역 순서로 높게 분포되었음을 보여준다.

넷째, 근무기간별 국제협력이 필요한 지역에 대한 교차분석결과, 1년 미만에서는 아시아태평양지역이 63.5%로 가장 높으며 그 다음으로 유럽지역, 북미지역, 중동지역, 중남미지역 순서로 높고, 1~3년 미만의 담당자들도 아시아태평양지역이 67.7%로 가장 높으며 그 다음으로 유럽지역, 아프리카지역, 북미지역, 중동지역, 중남미지역 순서로 높고, 3~5년 미만의 담당자들은 아시아태평양지역 48.1%, 유럽지역 22.2%, 북미지역 11.1%, 아프리카지역 7.4%, 중동지역 3.7%, 중남미지역 3.7%, 기타지역 3.7%의 순서로 높게 분포되었다. 5~10년 미만의 담당자들은 아시아태평양지역 65.6%, 유럽지역 28.1%, 북미지역 3.1%, 중동지역 3.1%의 순서로 분포되었으며, 10~15년 미만의 담당자들은 아시아태평양지역 83.3%, 아프리카지역 8.3%, 중남미지역 8.3%로 분포되었고, 15년 이상의 담당자들은 아시아태평양지역이 85.7%, 유럽지역 4.8%, 북미지역 4.8%, 중동지역 4.8%로 분포되었음을 보여준다.

<표 28> 영역, 지역, 활동유형, 근무기간의 수준별 국제협력이 필요한 지역 대한 이차원 분할표

		국제협력이 필요한 지역							전체	X^2
		아시아태평양지역	유럽지역	아프리카지역	북미지역	중동지역	중남미지역	기타지역		
영역	시민사회	92	29	7	5	1	4	2	140	17.823
		65.7%	20.7%	5.0%	3.6%	0.7%	2.9%	1.4%	100.0%	
	정부 및 공공기관	36	8	4	0	2	0	0	50	
		72.0%	16.0%	8.0%	0.0%	4.0%	0.0%	0.0%	100.0%	
	학생	79	24	2	9	5	1	0	120	
		65.8%	20.0%	1.7%	7.5%	4.2%	0.8%	0.0%	100.0%	
전체		207	61	13	14	8	5	2	310	
		66.8%	19.7%	4.2%	4.5%	2.6%	1.6%	0.6%	100.0%	
지역	서울	186	56	9	12	6	4	2	275	8.445
		67.6%	20.4%	3.3%	4.4%	2.2%	1.5%	0.7%	100.0%	
	기타지역	20	5	4	2	2	1	0	34	
		58.8%	14.7%	11.8%	5.9%	5.9%	2.9%	0.0%	100.0%	
전체		206	61	13	14	8	5	2	309	
		66.7%	19.7%	4.2%	4.5%	2.6%	1.6%	0.6%	100.0%	
단체활동유형	권익보호 및 증진 분야	34	9	3	0	1	1	1	49	26.473
		69.4%	18.4%	6.1%	0.0%	2.0%	2.0%	2.0%	100.0%	
	연구 교육 분야	77	26	4	6	3	2	1	119	
		64.7%	21.8%	3.4%	5.0%	2.5%	1.7%	0.8%	100.0%	
	자선 및 구호 분야	10	1	1	0	0	0	0	12	
		83.3%	8.3%	8.3%	0.0%	0.0%	0.0%	0.0%	100.0%	
	지역사회 발전 분야	13	0	1	3	0	0	0	17	
		76.5%	0.0%	5.9%	17.6%	0.0%	0.0%	0.0%	100.0%	
	세 가지 이상 분야	27	9	4	2	2	1	0	45	
		60.0%	20.0%	8.9%	4.4%	4.4%	2.2%	0.0%	100.0%	
	기타	46	16	0	3	2	1	0	68	
		67.6%	23.5%	0.0%	4.4%	2.9%	1.5%	0.0%	100.0%	
전체		207	61	13	14	8	5	2	310	
		66.8%	19.7%	4.2%	4.5%	2.6%	1.6%	0.6%	100.0%	
근무기간	1년 미만	40	17	0	3	2	1	0	63	33.880
		63.5%	27.0%	0.0%	4.8%	3.2%	1.6%	0.0%	100.0%	
	1~3년 미만	105	28	10	6	3	2	1	155	
		67.7%	18.1%	6.5%	3.9%	1.9%	1.3%	0.6%	100.0%	
	3~5년 미만	13	6	2	3	1	1	1	27	
		48.1%	22.2%	7.4%	11.1%	3.7%	3.7%	3.7%	100.0%	
	5~10년 미만	21	9	0	1	1	0	0	32	
		65.6%	28.1%	0.0%	3.1%	3.1%	0.0%	0.0%	100.0%	
	10~15년 미만	10	0	1	0	0	1	0	12	
		83.3%	0.0%	8.3%	0.0%	0.0%	8.3%	0.0%	100.0%	
	15년 이상	18	1	0	1	1	0	0	21	
		85.7%	4.8%	0.0%	4.8%	4.8%	0.0%	0.0%	100.0%	
전체		207	61	13	14	8	5	2	310	
		66.8%	19.7%	4.2%	4.5%	2.6%	1.6%	0.6%	100.0%	

* : p<.05(단측검증), ** : p<.01(단측검증), *** : p<.001(단측검증)

〈표 29〉는 교류협력의 경험 및 지역, 크기별 국제협력이 필요한 지역에 대한 교차분석결과이다.

첫째, 교류협력경험별 국제협력이 필요한 지역에 대한 교차분석 결과, 교류협력경험이 있는 담당자들은 아시아태평양지역이 68.0%로 가장 높으며 그 다음으로 유럽지역, 북미지역, 아프리카지역, 중남미지역, 기타지역 등의 순서로 높게 분포되었으며, 교류협력경험이 없는 담당자들은 유럽지역과 아프리카지역이 각각 25.0%로 가장 많고 아시아태평양지역, 유럽지역, 북미지역, 중동지역, 장미 등의 네 지역 모두 12.5%의 분포를 나타냈으며 통계적으로 유의미 하다.

둘째, 교류협력지역별 국제협력이 필요한 지역에 대한 교차분석 결과, 아시아태평양지역교류협력에 답한 담당자들은 아시아태평양지역이 71.5%로 가장 많고 그 다음으로 유럽지역, 아프리카지역, 북미지역, 중남미지역, 중동지역, 기타지역 등의 순서로 높게 분포되었으며, 유럽지역교류협력에 답한 담당자들은 아시아태평양지역 50.0%, 유럽지역 43.8%, 북미지역 6.3%로 분포되었으며, 아프리카지역교류협력에 답한 담당자들은 아시아태평양지역 50.0%, 아프리카지역 25.0%, 중동지역 25.0%로 분포되었고, 북미지역교류협력에 답한 담당자들은 북미지역이 31.3%로 가장 많고 그 다음으로 아시아태평양지역과 유럽지역, 중동지역, 아프리카지역 순서로 많이 분포되었으며 기타지역에 답한 담당자들은 아시아태평양지역이 45.5%, 아프리카지역 18.2%, 유럽지역 9.1%, 북미지역 9.1%, 중동지역 9.1%로 분포되었음을 보여주며 통계적으로 유의미하다.

셋째, 교류협력지역의 크기별 국제협력이 필요한 지역에 대한 교차분석결과, 1개 지역교류협력에 답한 담당자들은 아시아태평양지역이 70.2%로 가장 많고 그 다음으로 유럽지역, 북미지역, 아프리카지역, 중남미지역, 중동지역, 기타지역 등의 순서로 많이 분포되었으며, 2개 지역교류협력에 답한 담당자들은 아시아태평양지역이 40.0%로 가장 많고 그 다음으로 유럽지역, 중동지역, 아프리카지역, 북미지역과 중남미지역순서로 많이 분포되었으며, 3개 이상 지역 교류협력에 답한 담당자들은 아시아태평양지역교류협력이 69.0%로 가장 많고 그다음으로 유럽지역, 북미지역, 중동지역순서로 많이 분포되었으며 통계적으로 유의미하다.

넷째, 한국 민주주의 수준별 국제협력이 필요한 지역에 대한 교차분석결과, 비민주적에서는 아시아태평양지역이 51.2%로 가장 많고 그 다음으로 유럽지역, 북미지역, 아프리카지역과 중남미지역 순서로 많이 분포되었으며, 보통수준에서도 아시아태평양지역이 67.8%로 가장 많으며 그 다음으로 유럽지역, 아프리카지역과 북미지역, 중동지역, 중남미지역, 기타지역 등의 순서로 분포되었고, 민주적에서는 아시아태평양지역 70.6%, 유럽지역 12.9%, 중동지역 5.9%, 아프리카지역 4.7%, 북미지역 4.7%, 중남미지역 1.2%의 순서로 분포되었음을 보여준다.

다섯째, 국내 민주주의 증진에 대한 민주주의 국제협력의 기여수준별 국제협력이 필요한 지역에 대한 교차분석결과, 도움이 없는 편에서는 아시아태평양지역 62.5%, 북미지역 25.0%, 중동지역 12.5%로 분포되었으며, 보통수준에서는 아시아태평양지역이 63.6%로 가장 많고 그 다음으로 유럽지역, 북미지역, 아프리카지역, 중동지역, 중남미지역과 기타지역 등의 순서로 분포되었으며, 도움이 있는 편에서는 아시아태평양지역이 68.3%로 가장 많고 그 다음으로 유럽지역, 아프리카지역, 북미지역, 중동지역, 중남미지역, 기타지역 등의 순서로 분포되었음을 보여주며 통계적으로 유의미하다.

〈표 29〉 교류협력의 경험 및 지역, 크기별 국제협력이 필요한 지역에 대한 이차원 분할표

		국제협력이 필요한 지역							전체	X^2
		아시아 태평양지역	유럽 지역	아프리카 지역	북미 지역	중동 지역	중남미 지역	기타 지역		
교류협력 경험	있음	204	59	11	13	7	4	2	300	** 22.403
		68.0%	19.7%	3.7%	4.3%	2.3%	1.3%	0.7%	100.0%	
	없음	1	2	2	1	1	1	0	8	
		12.5%	25.0%	25.0%	12.5%	12.5%	12.5%	0.0%	100.0%	
전체		205	61	13	14	8	5	2	308	
		66.6%	19.8%	4.2%	4.5%	2.6%	1.6%	0.6%	100.0%	
주요 교류협력 지역	아시아 태평양지역	188	49	9	7	4	5	1	263	*** 82.565
		71.5%	18.6%	3.4%	2.7%	1.5%	1.9%	0.4%	100.0%	
	유럽지역	8	7	0	1	0	0	0	16	
		50.0%	43.8%	0.0%	6.3%	0.0%	0.0%	0.0%	100.0%	
	아프리카지역	2	0	1	0	1	0	0	4	
		50.0%	0.0%	25.0%	0.0%	25.0%	0.0%	0.0%	100.0%	
	북미지역	4	4	1	5	2	0	0	16	
		25.0%	25.0%	6.3%	31.3%	12.5%	0.0%	0.0%	100.0%	
	기타지역	5	1	2	1	1	0	1	11	
		45.5%	9.1%	18.2%	9.1%	9.1%	0.0%	9.1%	100.0%	
전체		207	61	13	14	8	5	2	310	
		66.8%	19.7%	4.2%	4.5%	2.6%	1.6%	0.6%	100.0%	
교류협력 지역의 크기	1개 지역	174	46	9	11	2	4	2	248	** 31.351
		70.2%	18.5%	3.6%	4.4%	0.8%	1.6%	0.8%	100.0%	
	2개 지역	10	7	2	1	4	1	0	25	
		40.0%	28.0%	8.0%	4.0%	16.0%	4.0%	0.0%	100.0%	
	3개 지역 이상	20	7	0	1	1	0	0	29	
		69.0%	24.1%	0.0%	3.4%	3.4%	0.0%	0.0%	100.0%	
전체		204	60	11	13	7	5	2	302	
		67.5%	19.9%	3.6%	4.3%	2.3%	1.7%	0.7%	100.0%	
한국 민주주의 수준	비민주적	22	13	2	3	1	2	0	43	16.188
		51.2%	30.2%	4.7%	7.0%	2.3%	4.7%	0.0%	100.0%	
	보통	120	37	7	7	2	2	2	177	
		67.8%	20.9%	4.0%	4.0%	1.1%	1.1%	1.1%	100.0%	
	민주적	60	11	4	4	5	1	0	85	
		70.6%	12.9%	4.7%	4.7%	5.9%	1.2%	0.0%	100.0%	
전체		202	61	13	14	8	5	2	305	
		66.2%	20.0%	4.3%	4.6%	2.6%	1.6%	0.7%	100.0%	
국내 민주주의 증진에 대한 민주주의 국제협력의 기여	도움이 없는 편	5	0	0	2	1	0	0	8	19.993
		62.5%	0.0%	0.0%	25.0%	12.5%	0.0%	0.0%	100.0%	
	보통	42	10	4	6	2	1	1	66	
		63.6%	15.2%	6.1%	9.1%	3.0%	1.5%	1.5%	100.0%	
	도움이 있는 편	155	48	8	6	5	4	1	227	
		68.3%	21.1%	3.5%	2.6%	2.2%	1.8%	0.4%	100.0%	
전체		202	58	12	14	8	5	2	301	
		67.1%	19.3%	4.0%	4.7%	2.7%	1.7%	0.7%	100.0%	

* : p<.05(단측검증), ** : p<.01(단측검증), *** : p<.001(단측검증)

〈표 30〉은 국제협력에서 효과성이 높은 프로그램의 유형 및 만족수준, 기대효과별 국제협력이 필요한 지역에 대한 교차분석결과이다. 첫째, 국제협력에서 효과성이 높은 프로그램의 유형별 국제협력이 필요한 지역에 대한 교차분석결과, 교육훈련프로그램에 답한 담당자들은 아시아태평양지역이 68.4%, 유럽지역 20.5%, 아프리카지역 4.2%, 북미지역 4.2%, 중동지역 1.1%, 중남미지역 1.1%, 기타지역 0.5% 등의 순서로 분포되었으며, 인적교류협력에 답한 담당자들은 아시아태평양지역 56.7%, 유럽지역 20.0%, 중동지역 16.7%, 아프리카지역 3.3%, 북미지역 3.3%의 순서로 분포되었고, 국제연대에 답한 담당자들은 아시아태평양지역 69.0%, 유럽지역 15.5%, 아프리카지역 5.2%, 북미지역 5.2%, 중남미지역 5.2%로 분포되었으며, 재정 지원에 답한 담당자들은 아시아태평양지역 100%로만 구성되었다. 자료교환에 답한 담당자들은 아시아태평양지역 50.0%, 유럽지역 42.9%, 북미지역 7.1%로 구성되었고, 기타 프로그램에 답한 담당자들은 아시아태평양지역 85.7%, 기타지역 14.3%로 분포되었음을 보여준다. 이러한 분석결과는 통계적으로 유의미하다.

둘째, 국제협력프로그램 만족도수준별 국제협력이 필요한 지역에 대한 교차분석결과, 만족하는 편에서는 아시아태평양지역 63.6%, 유럽지역 27.3%, 북미지역 9.1%로 분포되었으며, 중간수준에서는 아시아태평양지역이 59.3%로 가장 많고 그 다음으로 유럽지역, 아프리카지역, 북미지역, 중남미지역, 중동지역, 기타지역 등의 순서로 많이 분포되었으며, 불만족하는 편에서는 아시아태평양지역이 74.5%로 가장 많고 그 다음으로 유럽지역, 북미지역과 중동지역, 아프리카지역, 중남미지역, 기타 지역 등의 순서로 많이 분포되었음을 보여준다.

셋째, 교류협력에서 가장 큰 기대효과별 국제협력이 필요한 지역에 대한 교차분석결과, 양국(당사자)간의 경제적 이익에 답한 담당자들은 아시아태평양지역 75.0%, 아프리카지역 10.0%, 중동지역 10.0%, 북미지역 5.0%로 분포되었으며, 상호이해에 답한 담당자들은 아시아태평양지역이 68.2%로 가장 많고 그 다음으로 유럽지역, 중동지역, 북미지역, 아프리카지역, 중남미지역과 기타지역 순서로 많이 분포되었으며, 민주주의 가치구현에 답한 담당자들은 아시아태평양지역 62.1%, 유럽지역 20.7%, 아프리카지역 12.1%, 북미지역 3.4%, 중남미지역 1.7% 순서로 많이 분포되었다. 국제사회위상강화에 답한 담당자들은 아시아태평양지역 79.5%, 유럽지역 15.4%, 북미지역 2.6%, 중남미지역 2.6%로 분포되었고, 전문가교류 및 새로운 정보수집에 답한 담당자들은 아시아태평양지역이 58.7%로 가장 많고 그 다음으로 유럽지역, 북미지역, 아프리카지역, 중남미지역과 기타지역 순서로 분포되었고, 기타에 답한 담당자들은 아시아태평양지역 83.3%와 중남미지역 16.7%로 분포되었음을 보여준다. 이러한 분석결과는 통계적으로 유의미하다.

<표 30> 국제협력 프로그램의 유형 및 만족수준, 기대효과별 국제협력이 필요한 지역에 대한 교차분석표

		국제협력이 필요한 지역							전체	χ^2
		아시아 태평양지역	유럽 지역	아프리카 지역	북미 지역	중동 지역	중남미 지역	기타 지역		
가장 효과적인 국제협력 프로그램	교육훈련 프로그램	130	39	8	8	2	2	1	190	*** 66.278
		68.4%	20.5%	4.2%	4.2%	1.1%	1.1%	0.5%	100.0%	
	인적교류협력	17	6	1	1	5	0	0	30	
		56.7%	20.0%	3.3%	3.3%	16.7%	0.0%	0.0%	100.0%	
	국제연대	40	9	3	3	0	3	0	58	
		69.0%	15.5%	5.2%	5.2%	0.0%	5.2%	0.0%	100.0%	
	재정지원	3	0	0	0	0	0	0	3	
		100.0%	0.0%	0.0%	0.0%	0.0%	0.0%	0.0%	100.0%	
	자료교환	7	6	0	1	0	0	0	14	
		50.0%	42.9%	0.0%	7.1%	0.0%	0.0%	0.0%	100.0%	
	기타	6	0	0	0	0	0	1	7	
		85.7%	0.0%	0.0%	0.0%	0.0%	0.0%	14.3%	100.0%	
전체		203	60	12	13	7	5	2	302	
		67.2%	19.9%	4.0%	4.3%	2.3%	1.7%	0.7%	100.0%	
국제협력 프로그램 만족도 수준	만족하는 편	7	3	0	1	0	0	0	11	12.605
		63.6%	27.3%	0.0%	9.1%	0.0%	0.0%	0.0%	100.0%	
	중간	80	34	8	7	2	3	1	135	
		59.3%	25.2%	5.9%	5.2%	1.5%	2.2%	0.7%	100.0%	
	불만족하는 편	117	23	4	5	5	2	1	157	
		74.5%	14.6%	2.5%	3.2%	3.2%	1.3%	0.6%	100.0%	
전체		204	60	12	13	7	5	2	303	
		67.3%	19.8%	4.0%	4.3%	2.3%	1.7%	0.7%	100.0%	
교류협력 에서의 가장 큰 기대효과	양국(당사자)간의 경제적 이익	15	0	2	1	2	0	0	20	* 50.310
		75.0%	0.0%	10.0%	5.0%	10.0%	0.0%	0.0%	100.0%	
	상호이해	75	20	2	5	6	1	1	110	
		68.2%	18.2%	1.8%	4.5%	5.5%	0.9%	0.9%	100.0%	
	민주주의 가치구현	36	12	7	2	0	1	0	58	
		62.1%	20.7%	12.1%	3.4%	0.0%	1.7%	0.0%	100.0%	
	국제사회위상 강화	31	6	0	1	0	1	0	39	
		79.5%	15.4%	0.0%	2.6%	0.0%	2.6%	0.0%	100.0%	
	전문가교류 및 새로운 정보수집	44	23	2	4	0	1	1	75	
		58.7%	30.7%	2.7%	5.3%	0.0%	1.3%	1.3%	100.0%	
	기타	5	0	0	0	0	1	0	6	
		83.3%	0.0%	0.0%	0.0%	0.0%	16.7%	0.0%	100.0%	
전체		206	61	13	13	8	5	2	308	
		66.9%	19.8%	4.2%	4.2%	2.6%	1.6%	0.6%	100.0%	

* : p<.05(단측검증), ** : p<.01(단측검증), *** : p<.001(단측검증)

214

3. 민주주의 국제협력에 대한 의식

한국 민주주의의 수준

〈표 31〉은 영역, 지역, 단체활동 유형, 근무기간수준별 한국 민주주의 수준에 대한 교차분석결과이다. 표에 제시된 분석내용을 구체적으로 논의하면 다음과 같다.

첫째, 영역별 한국 민주주의에 대한 교차분석결과, 시민 사회 단체는 보통수준이 가장 높게 나타났고, 그 다음으로 다소 민주적, 다소 비민주적, 매우 비민주적과 다소 민주적 등의 순서로 높게 분포되었으며, 정부 및 공공기관에서는 보통, 다소 민주적, 다소 비민주적, 매우 비주적인 편 등의 순서로 높게 분포되었고 학생에서는 보통수준이 63.9%로 가장 높게 나타났고 그 다음으로 다소 민주적, 다소 비민주적, 매우 민주적, 매우 비민주적 등의 순서로 구성되었음을 보여준다.

둘째, 지역별 한국 민주주의에 대한 교차분석결과, 서울 지역에 근무하는 국제협력 실무담당자들은 보통 59.3%, 다소 민주적 25.1%, 다소 비민주적 13.1%, 매우 비민주적 1.5%, 매우 민주적 1.1% 등의 순서로 나타났으며, 서울 이외 지역에 근무하는 국제협력 실무담당자들은 보통 50.0%, 다소 민주적 32.4%, 다소 비민주적 11.8%, 매우 민주적 5.9% 등의 순서로 구성되었음을 보여준다.

셋째, 단체활동 유형별 한국 민주주의 수준에 대한 교차분석결과, 권익보호 및 증진 분야단체에서는 보통이 63.3%로 가장 높게 분포되었으며, 그 다음으로 다소 민주적, 다소 비민주적, 매우 비민주적 등의 순서로 나타났고, 연구 교육 분야단체에서는 보통, 다소 민주적, 다소 비민주적, 매우 민주적 등의 순서로 나타났으며, 자선 및 구호 분야단체에서는 보통 50.0%와 다소 민주적 50.0%로만 구성되었음을 보여준다. 지역사회 발전 분야에서는 보통 41.2%, 다소 비민주적 29.4%, 다소 민주적 17.6%, 매우 비민주적 5.9%, 매우 민주

216

적 5.9% 등의 순서로 나타났으며, 세 가지 이상 분야단체에서는 보통이 57.8%로 가장 높게 분포되었으며 그 다음으로 다소 비민주적, 다소 민주적, 매우 비민주적 등의 순서로 분포되었고, 기타 단체에서는 보통, 다소 비민주적, 다소 민주적, 매우 비민주적 등의 순서로 분포되었다. 이러한 분석결과는 통계적으로 유의미하다.

넷째, 근무기간 별 한국 민주주의 수준에 대한 교차분석결과, 1년 미만에서는 보통이 75.8%로 가장 높게 분포되었으며, 그 다음으로 다소 민주적, 다소 비민주적, 매우 비민주적 등의 순서로 나타났고, 1~3년 미만에서는 보통, 다소 민주적, 다소 비민주적, 매우 민주적, 매우 비민주적 등의 순서로 나타났으며, 3~5년 미만에서도 보통, 다소 민주적, 다소 민주적, 매우 민주적, 매우 비민주적 등의 순서로 높게 나타났다. 5~10년 미만에서는 보통이 53.1%로 가장 높게 분포되었으며, 그 다음으로 다소 민주적, 다소 비민주적 등으로 구성된 반면에, 10~15년 미만에서는 다소 비민주적 33.3%, 보통 33.3%, 다소 민주적 33.3%로 동일하게 나타났고, 15년 이상에서는 다소 민주적 57.1%로 가장 높게 나타났으며, 그 다음으로 보통 38.1%, 매우 민주적 4.8%로 구성되었음을 보여준다. 이러한 분석결과는 통계적으로 유의미하다.

〈표 31〉 영역, 지역, 활동유형, 근무기간의 수준별 한국 민주주의 수준에 대한
이차원 분할표

		한국 민주주의 수준					전체	X^2
		매우 비민주적	다소 비민주적	보통	다소 민주적	매우 민주적		
영역	시민사회	2	25	77	35	2	141	8.471
		1.4%	17.7%	54.6%	24.8%	1.4%	100.0%	
	정부 및 공공기관	1	6	28	15	0	50	
		2.0%	12.0%	56.0%	30.0%	0.0%	100.0%	
	학생	1	9	76	30	3	119	
		0.8%	7.6%	63.9%	25.2%	2.5%	100.0%	
전체		4	40	181	80	5	310	
		1.3%	12.9%	58.4%	25.8%	1.6%	100.0%	
지역	서울	4	36	163	69	3	275	5.892
		1.5%	13.1%	59.3%	25.1%	1.1%	100.0%	
	기타지역	0	4	17	11	2	34	
		0.0%	11.8%	50.0%	32.4%	5.9%	100.0%	
전체		4	40	180	80	5	309	
		1.3%	12.9%	58.3%	25.9%	1.6%	100.0%	
단체 활동 유형	권익보호 및 증진 분야	1	6	31	11	0	49	** 40.630
		2.0%	12.2%	63.3%	22.4%	0.0%	100.0%	
	연구 교육 분야	0	11	59	43	4	117	
		0.0%	9.4%	50.4%	36.8%	3.4%	100.0%	
	자선 및 구호 분야	0	0	6	6	0	12	
		0.0%	0.0%	50.0%	50.0%	0.0%	100.0%	
	지역사회 발전 분야	1	5	7	3	1	17	
		5.9%	29.4%	41.2%	17.6%	5.9%	100.0%	
	세 가지 이상 분야	1	9	26	9	0	45	
		2.2%	20.0%	57.8%	20.0%	0.0%	100.0%	
	기타	1	9	52	8	0	70	
		1.4%	12.9%	74.3%	11.4%	0.0%	100.0%	
전체		4	40	181	80	5	310	
		1.3%	12.9%	58.4%	25.8%	1.6%	100.0%	
근무 기간	1년 미만	1	7	50	8	0	66	* 34.038
		1.5%	10.6%	75.8%	12.1%	0.0%	100.0%	
	1~3년 미만	2	21	87	40	3	153	
		1.3%	13.7%	56.9%	26.1%	2.0%	100.0%	
	3~5년 미만	1	2	15	7	1	26	
		3.8%	7.7%	57.7%	26.9%	3.8%	100.0%	
	5~10년 미만	0	6	17	9	0	32	
		0.0%	18.8%	53.1%	28.1%	0.0%	100.0%	
	10~15년 미만	0	4	4	4	0	12	
		0.0%	33.3%	33.3%	33.3%	0.0%	100.0%	
	15년 이상	0	0	8	12	1	21	
		0.0%	0.0%	38.1%	57.1%	4.8%	100.0%	
전체		4	40	181	80	5	310	
		1.3%	12.9%	58.4%	25.8%	1.6%	100.0%	

* : p<.05(단측검증), ** : p<.01(단측검증), *** : p<.001(단측검증)

교류협력경험, 교류협력지역 및 크기별 한국 민주주의 수준에 대한 교차분석결과는 〈표 32〉과 같다. 표에 제시된 분석내용을 구체적으로 논의하면 다음과 같다.

　　첫째, 교류협력경험별 한국 민주주의 수준에 대한 교차분석결과, 교류협력경험이 있는 사람들은 보통이 59.3%로 가장 높게 분포되었으며, 그 다음으로 다소 민주적 26.6%, 다소 비민주적 11.4%, 매우 비민주적 1.3%, 매우 민주적 1.3% 등의 순서로 구성된 반면에, 교류협력경험이 없는 사람들은 다소 비민주적이 45.5%로 가장 높게 분포되었으며 그 다음으로 보통 36.4%, 다소 민주적 9.1%, 매우 민주적 9.1%로 구성되었음을 보여준다. 이러한 분석결과는 통계적으로 유의미하다.

　　둘째, 교류협력지역별 한국 민주주의 수준에 대한 교차분석결과, 아시아태평양지역이 주요교류협력대상이라고 한 국제협력담당자들은 보통이 58.1%로 가장 높게 분포되었으며 그 다음으로 다소 민주적, 다소 비민주적, 매우 민주적, 매우 비민주적 등의 순서로 나타났고, 유럽지역이 주요 교류협력지역이라고 한 국제협력담당자들은 보통 70.6%, 다소 민주적 23.5%, 다소 비민주적 5.9%로 구성되었으며, 아프리카지역이 주요 교류협력지역이라고 한 국제협력담당자들은 다소 민주적인 66.7%와 보통 33.3%로만 구성되었음을 보여준다. 북미지역이 주요 교류협력지역이라고 한 국제협력전문가들은 보통 62.5%, 다소 비민주적 18.8%, 다소 민주적 18.8%로 구성되었으며, 기타 교류협력지역이라고 한 국제협력담당자들은 보통 50.0%, 다소 비민주적 35.7%, 다소 민주적 7.1%, 매우 민주적 7.1% 등의 순서로 구성되었음을 보여준다. 이러한 분석결과는 통계적으로 유의미하다.

　　셋째, 교류협력 지역의 크기별 한국 민주주의 수준에 대한 교차분석결과, 1개 지역교류협력에서는 보통 62.3%, 다소 민주적 25.0%,

다소 비민주적 10.2%, 매우 민주적 1.6%, 매우 비민주적인 0.8% 등의 순서로 구성되었으며, 2개 지역교류협력에서는 보통 50.0%, 다소 민주적 34.6%, 다소 비민주적 11.5%, 매우 비민주적 3.8% 등의 순서로 구성되었고, 3개 이상 지역교류협력에서는 보통 41.4%, 다소 민주적 31.0%, 다소 비민주적 24.1%, 매우 비민주적 3.4% 등의 순서로 구성되었음을 보여준다.

〈표 32〉교류협력경험, 교류협력지역 및 크기별 한국 민주주의 수준에 대한
이차원 분할표

		한국 민주주의 수준					전체	x^2
		매우 비민주적	다소 비민주적	보통	다소 민주적	매우 민주적		
교류협력 경험	있음	4	34	176	79	4	297	** 15.958
		1.3%	11.4%	59.3%	26.6%	1.3%	100.0%	
	없음	0	5	4	1	1	11	
		0.0%	45.5%	36.4%	9.1%	9.1%	100.0%	
전체		4	39	180	80	5	308	
		1.3%	12.7%	58.4%	26.0%	1.6%	100.0%	
주요 교류협력 지역	아시아 태평양지역	4	31	151	70	4	260	16.587
		1.5%	11.9%	58.1%	26.9%	1.5%	100.0%	
	유럽지역	0	1	12	4	0	17	
		0.0%	5.9%	70.6%	23.5%	0.0%	100.0%	
	아프리카 지역	0	0	1	2	0	3	
		0.0%	0.0%	33.3%	66.7%	0.0%	100.0%	
	북미지역	0	3	10	3	0	16	
		0.0%	18.8%	62.5%	18.8%	0.0%	100.0%	
	기타	0	5	7	1	1	14	
		0.0%	35.7%	50.0%	7.1%	7.1%	100.0%	
전체		4	40	181	80	5	310	
		1.3%	12.9%	58.4%	25.8%	1.6%	100.0%	
교류협력 지역의 크기	1개 지역	2	25	152	61	4	244	11.258
		0.8%	10.2%	62.3%	25.0%	1.6%	100.0%	
	2개 지역	1	3	13	9	0	26	
		3.8%	11.5%	50.0%	34.6%	0.0%	100.0%	
	3개 지역 이상	1	7	12	9	0	29	
		3.4%	24.1%	41.4%	31.0%	0.0%	100.0%	
전체		4	35	177	79	4	299	
		1.3%	11.7%	59.2%	26.4%	1.3%	100.0%	

* : p〈.05(단측검증), ** : p〈.01(단측검증), *** : p〈.001(단측검증)

민주주의를 저해하는 사회문화적 요인의 심각성

〈표 33〉은 영역, 지역, 활동유형, 근무기간 별 민주주의를 저해하는 사회문화적 요인의 심각성에 대한 평균차이검증결과이다. 표에 제시된 분석내용을 구체적으로 논의하면 다음과 같다.

첫째, 근무지별 민주주의를 저해하는 사회문화적 요인의 심각성에 대한 평균차이검증결과, 서울 지역에 근무하는 국제협력 실무담당자들은 권위주의적 문화, 가부장적 문화, 물질주의 민족주의, 종교적 태도 등의 순서로 높게 나타났으며, 서울 이외 지역에서도 권위주의적 문화, 가부장적 문화, 물질주의, 민족주의, 종교적 태도 등의 순서로 높게 나타났다. 민주주의를 저해하는 사회문화적 요인들을 상호 대비시켜 살펴보면, 민주주의를 저해하는 사회문화적 요인 모두 서울 지역이 가장 높게 나타났으나 통계적으로 유의미하지 않은 차이였다.

둘째, 영역별 민주주의를 저해하는 사회문화적 요인의 심각성에 대한 평균차이검증결과, 시민사회 단체에서는 권위주의적 문화, 물질주의, 가부장적 문화, 민족주의, 종교적 태도 등의 순서로 높게 나타났으며, 정부 및 공공기관에서도 권위주의적 문화, 물질주의, 가부장적 문화, 민족주의, 종교적 태도 등의 순서로 높게 나타났고, 학생에서는 권위주의적 문화, 가부장적 문화, 물질주의, 민족주의, 종교적 태도 등의 순서로 높게 나타났다. 민주주의를 저해하는 사회문화적 요인들을 상호 대비시켜 살펴보면, 물질주의는 정부 및 공공기관과 학생보다 시민사회 단체에서 더 높으며 통계적으로 유의미한 차이였고, 종교적 태도도 정치와 학생보다 시민사회 단체더 높으며 통계적으로 유의미한 차이였다.

셋째, 단체활동 유형별 민주주의를 저해하는 사회문화적 요인의 심각성에 대한 평균차이검증결과, 권익보호 및 증진 분야단체에서는 물질주의, 권위주의적 문화, 가부장적 문화, 민족주의, 종교적 태도 등의 순서로 높게 나타난 반면에, 연구 교육 분야에서는 권위주의적 문화, 가부장적 문화, 물질주의, 민족주의, 종교적 태도 등의 순서로 높게 나타났다. 자선 및 구호 분야단체에서는 물질주의가 가장 높게 나타났으며 그 다음으로 권위주의적 문화, 가부장적 문화, 민족주의, 종교적 태도 등의 순서로 영향을 받은 것으로 나타난 반면에 지역사회단체서는 권위주의적 문화와 가부장적 문화가 가장 높고 그 다음으로 물질주의, 민족주의, 종교적 태도 등의 순서로 높게 나타났다. 세 가지 이상 분야에서는 물질주의가 가장 높게 높고 그 다음으로 권위주의적 문화, 가부장적 문화, 민족주의, 종교적 태도 등의 순서로 영향을 받는 것으로 나타난 반면에 기타 단체에서는 권위주의적 문화가 가장 높고 그 다음으로 가부장적 문화, 물질주의, 민족주의, 종교적 태도 등의 순서로 높게 나타났다. 민주주의를 저해하는 사회문화적 요인들을 상호 대비시켜 살펴보면, 물질주의는 자선 및 구호 분야단체가 그렇지 않은 단체보다 더 높으며 통계적으로 유의미한 차이였고, 종교적 태도도 물론 자선 및 구호 분야단체가 그렇지 않은 단체보다 더 높으며 통계적으로 유의미한 차이였다.

넷째, 근무기간별 민주주의를 저해하는 사회문화적 요인의 심각성에 대한 평균차이검증결과, 1년 미만에서는 권위주의적 문화, 가부장적 문화, 물질주의, 민족주의, 종교적 태도 등의 순서로 높게 나타났으며, 1~3년 미만에서도 권위주의적 문화, 가부장적 문화, 물질주의, 민족주의, 종교적 태도 등의 순서로 영향을 받는 것으로 나타났고, 3~5년 미만에서는 권위주의적 문화, 물질주의, 가부장적 문화, 민족주의, 종교적 태도 등의 순서로 높게 나타난 반면에 5~10년 미만에서는 물질주의가 가장 높고 그 다음으로 권위주의적 문화, 가부장적 문화, 민족주의, 종교적 태도 등의 순서로 영향력을 받는 것으로 나타났으며, 10~15년 미만에서도 물질주의, 권위주의적 문화, 가부장적 문화, 민족주의, 종교적 태도 등의 순서로 영향력을 받는 것으로 나타났다. 반면에 15년 이상에서는 권위주의적 문화와 물질주의가 가장 높고 그 다음으로 가부장적 문화, 민족주의, 종교적 태도 등의 순서로 영향력을 받는 것으로 나타났다. 민주주의를 저해하는 사회문화적 요인들을 상호 대비시켜 살펴보면, 물질주의는 10~15년 이상의 근무자가 그렇지 않은 사람들보다 더 높으며 통계적으로 유의미한 차이였고 종교적 태도는 3~5년 미만에서 가장 높으며 통계적으로 유의미한 차이였다.

〈표 33〉 영역, 지역, 활동유형, 근무기간의 수준별 민주주의를 저해하는 사회
문화적 요인의 심각성에 평균차이검증결과

		N	권위주의적 문화	가부장적 문화	물질주의적 문화	민족주의	종교적 태도
근무지	서울	277	4.05	3.84	3.84	3.45	3.04
	기타지역	34	4.00	3.82	3.70	3.32	3.21
	t		.371	.124	.887	.778	-.849
영역	시민사회	139	4.14	3.91	4.08	3.47	3.33
	정부 및 공공기관	50	3.92	3.86	3.90	3.46	3.04
	학생	123	3.99	3.75	3.52	3.38	2.76
	F		2.074	1.491	13.804***	.386	9.883***
단체활동 유형	권익보호 및 증진 분야	48	4.04	3.96	4.21	3.44	3.38
	연구 교육 분야	118	4.00	3.79	3.56	3.45	2.75
	자선 및 구호 분야	12	4.17	3.92	4.42	3.83	3.92
	지역사회발전 분야	17	4.06	4.06	3.88	3.35	3.00
	세 가지 이상 분야	45	4.04	3.84	4.07	3.31	3.40
	기타	72	4.10	3.78	3.76	3.44	3.01
	F		.218	.702	6.077***	.710	5.711***
근무기간	1년 미만	68	4.06	3.74	3.66	3.32	2.91
	1~3년 미만	153	3.98	3.84	3.67	3.47	2.86
	3~5년 미만	26	4.31	4.00	4.08	3.58	3.81
	5~10년 미만	32	4.13	4.00	4.41	3.38	3.53
	10~15년 미만	12	4.25	3.92	4.58	3.33	3.17
	15년 이상	21	3.90	3.71	3.90	3.52	3.24
	F		1.286	.861	6.752***	.508	5.559***

5점 만점, * : p〈.05(단측검증), ** : p〈.01(단측검증), *** : p〈.001(단측검증)

교류협력경험, 교류협력지역 및 크기별 민주주의를 저해하는 사회문화적 요인의 심각성에 평균차이검증결과는 〈표 34〉과 같다. 표에 제시된 분석내용을 구체적으로 논의하면 다음과 같다.

　　첫째, 교류협력경험별 민주주의를 저해하는 사회문화적 요인의 심각성에 대한 평균차이검증결과, 교류협력경험이 있는 국제협력 전문가들은 권위주의적 문화가 가장 영향력이 높고 그 다음으로 가부장적 문화, 물질주의, 민족주의, 종교적 태도 등의 순서로 영향력을 받는 것으로 나타났으며, 교류협력경험이 없는 국제협력 전문가들도 권위주의적 문화가 가장 영향력이 높고 그 다음으로 가부장적 문화와 물질주의, 종교적 태도, 민족주의 등의 순서로 영향력을 받는 것으로 나타났다. 민주주의를 저해하는 사회문화적 요인들을 상호 대비시켜 살펴보면, 민족주의 변인은 교류협력경험이 없는 사람들보다 교류협력경험이 있는 사람들이 더 높으며 통계적으로 유의미한 차이였다.

　　둘째, 교류협력지역별 민주주의를 저해하는 사회문화적 요인의 심각성에 대한 평균차이검증결과, 아시아태평양지역교류협력에 답한 담당자들은 권위주의적 문화, 가부장적 문화와 물질주의, 민족주의, 종교적 태도 등의 순서로 영향력이 있는 것으로 나타났으며, 유럽지역에 답한 담당자들은 물질주의가 가장 높고 그 다음으로 권위주의적 문화와 가부장적 문화, 민족주의, 종교적 태도 등의 순서로 영향력이 있는 것으로 나타났고, 아프리카지역에 답한 담당자들은 민족주의가 가장 높고 그 다음으로 가부장적 문화와 물질주의, 권위주의적 문화, 종교적 태도 등의 순서로 높게 나타났다. 북미지역에 답한 담당자들은 권위주의적 문화, 가부장적 문화, 물질주의, 민족주의, 종교적 태도 등의 순서로 높게 나타났으며 기타에 답한 담당자들도 마찬가지로 권위주의적 문화가 가장 높고, 그 다음으로 물질주의, 가부장적 문화, 민족주의, 종교적 태도 등의 순서로 높게 나타났다. 민주주의를 저해하는 사회문화적 요인들을 상호 대비시켜 살펴보면, 권위주의적 문화 변인은 기타지역교류협력에 답한 사람들이 그렇지 않은 사람들 보다 더 높으며 통계적으로 유의미한 차이였다.

셋째, 국제교류협력 지역의 크기별 민주주의를 저해하는 사회문화적 요인의 심각성에 대한 평균차이검증결과, 1개 지역교류협력에서는 권위주의적 문화, 가부장적 문화, 물질주의, 민족주의, 종교적 태도 등의 순서로 높으며, 2개 지역교류협력에서도 권위주의적 문화가 가장 높고 그 다음으로 물질주의, 가부장적 문화, 민족주의, 종교적 태도 등의 순서로 높게 나타난 반면에, 3개 이상 지역 교류협력에 답한 사람들은 물질주의가 가장 높고 그 다음으로 권위주의적 문화, 가부장적 문화, 민족주의, 종교적 태도 등의 순서로 영향력을 받는 것으로 나타났다. 이들 변인들을 상호 대비시켜 살펴보면, 물질주의는 3개 이상 지역에 교류협력 한다고 답한 국제협력전문가들이 그렇지 않은 사람들보다 더 높으며 통계적으로 유의미한 차이였고 종교적 태도변인도 또한 3개 이상 지역에 교류협력 한다고 답한 국제협력전문가들이 그렇지 않은 사람들보다 더 높으며 통계적으로 유의미한 차이였다.

셋째, 민주화수준별 민주주의를 저해하는 사회문화적 요인의 심각성에 대한 평균차이검증결과, 비민주적이라고 답한 사람들은 권위주의적 문화가 가장 높고 그 다음으로 물질주의, 가부장적 문화, 민족주의, 종교적 태도 등의 순서로 나타났으며 보통수준이라고 답한 사람들은 권위주의적 문화, 가부장적 문화, 물질주의, 민족주의, 종교적 태도 등의 순서로 높게 나타났고, 민주적이라고 답한 사람들도 또한 권위주의적 문화, 물질주의, 가부장적 문화, 민족주의, 종교적 태도 등의 순서로 나타났다. 이들 변인들을 상호 대비시켜 살펴보면, 물질주의 변인은 비민주적이라고 답한 사람들이 더 높으며 통계적으로 유의미한 차이였으며 종교적 태도변인도 비민주적이라고 답한 사람들이 더 높으며 통계적으로 유의미한 차이였다.

넷째, 민주증진 도움별 민주주의를 저해하는 사회문화적 요인의 심각성에 대한 평균차이검증결과, 도움이 없는 편에서는 권위주의적 문화와 가부장적 문화가 가장 높고 그 다음으로 종교적 태도, 민족주의, 물질주의 등의 순서로 높으며, 보통수준에서는 권위주의적 문화가 가장 높고 그 다음으로 가부장적 문화, 물질주의, 민족주의, 종교적 태도 등의 순서로 높게 나타났으며, 도움이 있는 편에서도 권위주의적 문화가 가장 높고 그 다음으로 물질주의, 가부장적 문화, 민족주의, 종교적 태도 등의 순서로 높게 나타났다. 민주주의를 저해하는 사회문화적 요인을 상호 대비시켜 살펴보면, 다섯 가지 변인 모두 통계적으로 유의미하지 않은 차이였다.

〈표 34〉교류협력경험, 교류협력지역 및 크기, 민주화수준, 국내 민주주의
　　　 증진에 대한 민주주의 국제협력의 기여수준별 민주주의를 저해하는
　　　 사회문화적 요인의 심각성에 평균차이검증결과

		N	권위주의적 문화	가부장적 문화	물질주의적 문화	민족주의	종교적 태도
교류협력 경험	있음	298	4.03	3.83	3.82	3.45	3.06
	없음	11	4.27	4.09	4.09	3.00	3.09
	t		-1.076	-1.093	-.974	1.683*	-.092
주요 교류협력 지역	아시아태평양지역	260	4.03	3.83	3.83	3.46	3.06
	유럽지역	17	3.88	3.88	3.94	3.41	2.94
	아프리카지역	4	3.50	3.75	3.75	4.00	2.25
	북미지역	16	4.19	3.81	3.44	3.19	2.94
	기타	15	4.53	4.00	4.07	3.20	3.47
	F		2.573*	.195	1.097	1.052	1.213
교류협력 지역의 크기	1개 지역	247	4.01	3.83	3.76	3.43	2.97
	2개 지역	25	4.08	3.76	4.00	3.52	3.28
	3개 지역 이상	28	4.11	3.86	4.18	3.64	3.64
	F		.273	.120	3.216*	.852	5.616**
민주화 수준	비민주적	43	4.23	4.02	4.16	3.37	3.44
	보통	180	4.01	3.84	3.78	3.37	2.92
	민주적	85	4.02	3.76	3.77	3.61	3.20
	F		1.635	1.570	3.390*	2.389	5.149**
민주증진 도움	도움이 없는 편	9	4.22	4.22	3.33	3.44	3.67
	보통	65	3.94	3.75	3.74	3.35	2.94
	도움이 있는 편	230	4.07	3.86	3.88	3.45	3.06
	F		1.025	1.524	2.076	.287	1.857

5점 만점, * : p<.05(단측검증), ** : p<.01(단측검증), *** : p<.001(단측검증)

한국 민주주의의 증진을 위한 개혁 과제의 시급성

〈표 35〉는 근무지, 영역, 지역, 활동유형, 근무기간 수준별 한국 민주주의 증진을 위한 개혁 과제의 시급성에 대한 평균차이검증결과이다. 표에 제시된 분석내용을 구체적으로 논의하면 다음과 같다.

첫째, 근무지별 한국 민주주의 증진 증진을 위한 개혁 과제의 시급성에 대한 평균차이검증결과, 서울지역에서는 정치문화 및 수준의 발전이 가장 높고 그 다음으로 민주적 가치 및 문화의 발전, 시민 직접참여로 대의제보완, 언론공정성, 행정체계의 효율화, 법률 등 제도적 장치의 개선, 언론자유의 증진 등의 순서로 높게 나타났으며, 서울 이외지역에서도 정치문화 및 수준의 발전이 가장 높고 그 다음으로 언론공정성, 민주적 가치 및 문화의 발전, 언론자유의 증진, 행정체계의 효율화, 시민 직접참여로 대의제보완, 법률 등 제도적 장치의 개선 등의 순서로 높게 나타났다. 이들 변인들을 상호 대비시켜 살펴보면, 정치문화 및 수준의 발전은 서울보다 기타지역에서 더 높으며 통계적으로 유의미한 차이였고 언론공정성 변인도 서울보다 기타지역에서 더 높으며 통계적으로 유의미한 차이였다.

둘째, 영역별 한국 민주주의 증진을 위한 개혁 과제의 시급성에 대한 평균차이검증결과, 시민 사회 단체에서는 정치문화 및 수준의 발전, 민주적 가치 및 문화의 발전, 언론공정성, 시민 직접참여로 대의제보완, 법률 등 제도적 장치의 개선, 행정체계의 효율화, 언론자유의 증진 등의 순서로 높게 나타났으며, 정부 및 공공기관에서는 정치문화 및 수준의 발전, 민주적 가치 및 문화의 발전, 행정체계의 효율화, 언론자유의 증진, 시민 직접참여로 대의제보완, 언론공정성, 법률 등 제도적 장치의 개선 등의 순서로 높게 나타났고, 학생

에서는 정치문화 및 수준의 발전, 시민 직접참여로 대의제보완, 민
주적 가치 및 문화의 발전, 행정체계의 효율화, 언론공정성, 법률
등 제도적 장치의 개선, 언론자유의 증진 등의 순서로 높게 나타났
다. 이들 변인들을 상호 대비시켜 살펴보면, 정치문화 및 수준의
발전과 민주적 가치 및 문화의 발전 그리고 언론공정성 등의 변인
은 정치와 학생보다 시민 사회 단체가 더 높으며 통계적으로 유의
미한 차이였다.

셋째, 단체활동 유형별 한국 민주주의 증진을 위한 개혁 과제의
시급성에 대한 평균차이검증결과, 권익보호 및 증진 분야단체에서
는 정치문화 및 수준의 발전, 민주적 가치 및 문화의 발전, 언론공정
성, 시민 직접참여로 대의제보완, 언론자유의 증진, 법률 등 제도적
장치의 개선, 행정체계의 효율화 등의 순서로 높으며 연구 교육
분야단체에서도 정치문화 및 수준의 발전이 가장 높고 그 다음으로
민주적 가치 및 문화의 발전, 시민 직접참여로 대의제보완, 행정체
계의 효율화, 언론공정성, 언론자유의 증진, 법률 등 제도적 장치의
개선 등의 순서로 높게 나타난데 비해, 자선 및 구호 분야단체에서
는 언론공정성, 민주적 가치 및 문화의 발전, 정치문화 및 수준의
발전, 언론자유의 증진, 행정체계의 효율화와 시민 직접참여로 대
의제보완, 법률 등 제도적 장치의 개선 등의 순서로 높다. 지역사회
발전 분야단체에서는 민주적 가치 및 문화의 발전, 정치문화 및
수준의 발전, 시민 직접참여로 대의제보완, 언론공정성과 법률 등
제도적 장치의 개선, 행정체계의 효율화, 언론자유의 증진 등의 순
서로 높으며, 세 가지 이상 분야에서는 정치문화 및 수준의 발전,
민주적 가치 및 문화의 발전, 시민 직접참여로 대의제보완, 언론공
정성, 법률 등 제도적 장치의 개선, 행정체계의 효율화, 언론자유의
증진 등의 순서로 높고, 기타 단체에서는 정치문화 및 수준의 발전
이 가장 높으며 그 다음으로 민주적 가치 및 문화의 발전, 행정체계

의 효율화, 언론공정성, 시민 직접참여로 대의제보완, 법률 등 제도적 장치의 개선, 언론자유의 증진 등의 순서로 높게 나타났다. 이들 변인들을 상호 대비시켜 살펴보면, 정치문화 및 수준의 발전변인은 권익보호 및 증진 분야단체에서, 언론자유의 증진과 민주적 가치 및 문화의 발전, 언론공정성 등의 세 가지 변인은 자선 및 구호 분야단체에서 더 높으며 통계적으로 유의미한 차이이다.

넷째, 근무기간 별 한국 민주주의 증진을 위한 개혁 과제의 시급성에 대한 평균차이검증결과, 1년 미만에서는 정치문화 및 수준의 발전, 민주적 가치 및 문화의 발전, 시민 직접참여로 대의제보완, 언론공정성과 행정체계의 효율화, 법률 등 제도적 장치의 개선, 언론 자유 등의 순서로 높으며, 1~3년 미만에서도 정치문화 및 수준의 발전이 가장 높고 그 다음으로 민주적 가치 및 문화의 발전, 시민 직접참여로 대의제보완, 행정체계의 효율화, 언론자유의 증진, 언론공정성, 법률 등 제도적 장치의 개선 등의 순서로 높게 나타났다. 3~5년 미만에서는 정치문화 및 수준의 발전, 언론공정성, 민주적 가치 및 문화의 발전, 법률 등 제도적 장치의 개선, 행정체계의 효율화, 시민 직접참여로 대의제보완, 언론자유의 증진 등의 순서로 높고, 5~10년 미만에서도 정치문화 및 수준의 발전이 가장 높으며 그 다음으로 민주적 가치 및 문화의 발전, 언론공정성, 시민 직접참여로 대의제보완, 법률 등 제도적 장치의 개선, 언론자유의 증진, 행정체계의 효율화 등의 순서로 높고, 10~15년 미만에서는 정치문화 및 수준의 발전, 민주적 가치 및 문화의 발전, 언론공정성, 시민 직접참여로 대의제보완, 법률 등 제도적 장치의 개선, 언론자유의 증진, 행정체계의 효율화 등의 순서로 높게 나타났다. 15년 이상 근무자들도 또한 정치문화 및 수준의 발전이 가장 높고, 그 다음으로 언론공정성, 행정체계의 효율화, 법률 등 제도적 장치의 개선, 시민 직접참여로 대의제보완, 민주적 가치 및 문화의발전 등의 순서로 높게 나타났다. 이들 변인들을 상호 대비시켜 살펴보면, 법률 등 제도적 장치의 개선과 정치문화 및 수준의 발전변인은 3~5년 미만에서, 민주적 가치 및 문화의발전과 언론공정성변인은 5~10년 미만에서 그렇지 않은 집단보다 더 높으며 유의미한 차이였다.

<표 35> 근무지, 영역, 지역, 활동유형, 근무기간수준별 한국 민주주의 증진을 위한 개혁 과제의 시급성에 대한 평균차이검증결과

		N	법률 등 제도적 장치의 개선	정치문화 및 수준의 발전	행정 체계의 효율화	언론자유의 증진	시민 직접 참여로 대의제 보완	민주적 가치 및 문화의 발전	언론 공정성
근무지	서울	279	3.63	4.10	3.74	3.61	3.82	3.95	3.77
	기타지역	34	3.68	4.38	3.76	3.82	3.73	4.06	4.15
	t		-.334	-1.968*	-.180	-1.350	.599	-.790	-2.245*
영역	시민사회	141	3.74	4.41	3.83	3.69	3.91	4.16	4.06
	정부 및 공공기관	50	3.56	4.24	3.80	3.78	3.76	4.06	3.67
	학생	123	3.55	3.78	3.63	3.52	3.72	3.72	3.59
	F		2.480	24.422**	2.518	2.055	2.128	13.101***	9.261***
활동 유형	권익보호 및 증진 분야	49	3.88	4.47	3.84	3.94	3.98	4.22	4.24
	연구 교육 분야	119	3.54	4.03	3.79	3.57	3.80	3.86	3.69
	자선 및 구호 분야	12	3.50	4.17	3.92	4.00	3.92	4.25	4.50
	지역사회발전 분야	17	3.47	4.06	3.41	3.35	3.88	4.12	3.47
	세 가지 이상 분야	45	3.73	4.27	3.68	3.63	3.84	4.09	3.81
	기타	72	3.65	4.01	3.71	3.54	3.67	3.82	3.69
	F		1.826	2.936*	1.200	2.435*	.964	3.138**	4.815***
근무 기간	1년 미만	68	3.63	3.94	3.69	3.54	3.71	3.85	3.69
	1~3년 미만	155	3.51	3.99	3.73	3.68	3.82	3.94	3.67
	3~5년 미만	26	4.04	4.72	4.00	3.76	3.84	4.12	4.20
	5~10년 미만	32	3.81	4.53	3.69	3.78	4.06	4.38	4.31
	10~15년 미만	12	3.83	4.67	3.75	3.58	3.92	4.33	4.08
	15년 이상	21	3.76	4.19	3.86	3.20	3.60	3.53	3.90
	F		3.074*	8.083***	.841	1.631	1.172	4.747***	4.097**

5점 만점, * : p<.05(단측검증), ** : p<.01(단측검증), *** : p<.001(단측검증)

교류협력의 경험 및 지역, 크기별 한국 민주주의 증진을 위한 개혁 과제의 시급성에 대한 평균차이검증결과는 〈표 36〉과 같다. 첫째, 교류협력경험이 있는 사람들은 정치문화 및 수준의 발전, 민주적 가치 및 문화의 발전, 시민 직접참여로 대의제보완과 언론공정성, 행정체계의 효율화, 법률 등 제도적 장치의 개선과 언론자유의 증진 등의 순서로 높으며, 교류협력경험이 없는 사람들은 정치문화 및 수준의 발전, 민주적 가치 및 문화의 발전, 언론공정성, 시민 직접참여로 대의제보완, 법률 등 제도적 장치의 개선, 행정체계의 효율화, 언론자유의 증진 등의 순서로 높다. 이들 변인들을 상호 대비시켜 살펴보면, 정치문화 및 수준의 발전과 민주적 가치 및 문화의 발전 변인은 교류협력경험이 없는 사람들이 있는 사람들보다 더 높고 유의미한 차이였다.

둘째, 교류협력지역별 한국 민주주의 증진을 위한 개혁 과제의 시급성에 대한 평균차이검증결과, 아시아태평양지역 교류협력에 응답한 담당자들은 정치문화 및 수준의 발전, 민주적 가치 및 문화의 발전, 시민 직접참여로 대의제보완, 언론공정성, 행정체계의 효율화, 법률 등 제도적 장치의 개선, 언론자유의 증진 등의 순서로 높은 반면에, 유럽지역교류협력에 응답한 담당자들은 시민 직접참여로 대의제보완, 행정체계의 효율화, 정치문화 및 수준의 발전, 언론자유의 증진과 민주적 가치 및 문화의 발전, 언론공정성, 법률 등 제도적 장치의 개선 등의 순서로 높고, 아프리카지역교류협력에 응답한 사람들은 민주적 가치 및 문화의 발전, 정치문화 및 수준의 발전과 시민 직접참여로 대의제보완, 행정체계의 효율화, 언론자유의 증진과 언론공정성, 법률 등 제도적 장치의 개선 등의 순서로 높게 나타났다. 북미지역교류협력에 응답한 담당자들은 정치문화 및 수준의 발전과 언론공정성이 가장 높으며 그다음으로 행정체계의 효율화, 민주적 가치 및 문화의 발전, 법률 등 제도적 장치의 개선, 언론자유의 증진 등의 순서로 나타났고, 기타지역교류협력에 응답한 담당자들은 정치문화 및 수준의 발전, 언론공정성, 민주적 가치 및 문화의 발전, 법률 등 제도적 장치의 개선, 행정체계의 효율화, 언론자유의 증진, 시민 직접참여로 대의제보완 등의 순서로 높게 나타났다. 이들 변인들을 상호 대비시켜 살펴보면, 정치문화 및 수준의 발전변인은 기타지역담당자이 기타지역교류협력에 답한 담당자들보다 더 높고, 시민 직접참여로 대의제보완과 민주적 가치 및 문화의 발전 변인은 아프리카지역교류협력 담당자들이 더 높으며 통계적으로 유의미한 차이였다.

셋째, 교류협력지역의 크기별 한국 민주주의 증진을 위한 개혁 과제의 시급성에 대한 평균차이검증결과, 1개 지역교류협력에 응답한 담당자들은 정치문화 및 수준의 발전, 민주적 가치 및 문화의 발전, 시민 직접참여로 대의제보완, 행정체계의 효율화와 언론공정성, 언론자유의 증진, 법률 등 제도적 장치의 개선 등의 순서로 높으며, 2개 지역교류협력에 응답한 담당자들은 정치문화 및 수준의 발전, 언론공정성, 법률 등 제도적 장치의 개선, 행정체계의 효율화와 언론자유의 증진, 민주적 가치 및 문화의 발전, 시민 직접참여로 대의제보완 등의 순서로 높게 나타났다. 3개 이상 지역교류협력에 응답한 담당자들은 정치문화 및 수준의 발전, 언론공정성, 민주적 가치 및 문화의 발전, 법률 등 제도적 장치의 개선, 행정체계의 효율화, 언론자유의 증진, 시민 직접참여로 대의제 보완 등의 순서로 높게 나타났다. 한국 민주주의 증진을 위한 개혁 과제의 시급성 변인들을 상호 대비시켜 살펴보면, 법률 등 제도적 장치의 개선, 정치문화 및 수준의 발전, 행정체계의 효율화, 언론자유의 증진 등의 네 가지 변인은 2개 지역 교류협력에 응답한 사람들이 더 높으며, 언론공정성변인은 세 개 이상 지역 교류협력에 응답한 사람들이 더 높고 유의미한 차이였다.

넷째, 민주화수준별 한국 민주주의 증진을 위한 개혁 과제의 시급성에 대한 평균차이검증결과, 비민주적이라고 답한 사람들은 정치문화 및 수준의 발전, 언론공정성, 민주적 가치 및 문화의 발전, 시민 직접참여로 대의제보완, 법률 등 제도적 장치의 개선, 언론자유의 증진, 행정체계의 효율화 등의 순서로 높으며, 보통수준이라고 답한 사람들은 정치문화 및 수준의 발전, 민주적 가치 및 문화의 발전, 시민 직접참여로 대의제보완, 언론공정성, 행정체계의 효율화, 언론자유의 증진, 법률 등 제도적 장치의 개선 등의 순서로 높고, 민주적이라고 한 담당자들도 또한 정치문화 및 수준의 발전이 가장 높으며 그 다음으로 민주적 가치 및 문화의 발전, 행정체계의 효율화, 언론공정성, 시민 직접참여로 대의제보완, 법률 등 제도적 장치의 개선, 언론자유의 증진 등의 순서로 높게 나타났다. 이 변인들을 상호 대비시켜 살펴보면, 법률 등 제도적 장치의 개선, 정치문화 및 수준의 발전, 언론공정성 등의 세 가지 변인은 보통과 민주적 수준이라고 응답한 사람들보다 비민주적이라고 답한 사람들이 더 높으며 통계적으로 유의미한 차이었다.

다섯째, 민주 증진 도움 별 한국 민주주의 증진을 위한 개혁 과제의 시급성에 대한 평균차이 검증 결과, 도움이 없는 편에서는 정치문화 및 수준의 발전과 민주적 가치 및 문화의 발전이 가장 높고 그 다음으로 언론공정성, 법률 등 제도적 장치의 개선과 시민 직접참여로 대의제보완, 행정체계의 효율화, 언론자유의 증진 등의 순서로 높으며, 보통수준에서는 정치문화 및 수준의 발전, 민주적 가치 및 문화의 발전, 언론공정성, 행정체계의 효율화, 시민 직접참여로 대의제보완과 법률 등 제도적 장치의 개선, 언론자유의 증진 등의 순서로 높게 나타났다. 도움이 있는 편은 정치문화 및 수준의 발전, 민주적 가치 및 문화의 발전, 시민 직접참여로 대의제 보완, 언론공정성, 행정체계의 효율화, 언론자유의 증진, 법률 등 제도적 장치의 개선이라는 순서로 높게 나타났다. 이 변인들을 상호 대비시켜 살펴보면, 시민 직접참여로 대의제보완변인이 도움이 없는 편과 보통수준이라고 응답한 사람들보다 도움이 있다고 응답한 담당자들이 더 높으며 통계적으로 유의미한 차이였다.

<表 36> 교류협력경험, 교류협력지역 및 크기, 민주화수준, 민주주의 증진에 대한 민주주의 국제협력의 기여수준별 한국 민주주의 증진을 위한 개혁 과제의 시급성에 대한 평균차이검증결과

		N	법률 등 제도적 장치의 개선	정치 문화 및 수준의 발전	행정 체계의 효율화	언론 자유의 증진	시민 직접 참여로 대의제 보완	민주적 가치 및 문화의 발전	언론공정성
교류협력 경험	있음	300	3.63	4.12	3.76	3.63	3.80	3.95	3.80
	없음	11	3.91	4.73	3.73	3.64	4.09	4.55	4.18
	t		-1.202	-2.531**	.128	-.021	-1.165	-2.667**	-1.352
주요 교류협력 지역	아시아태평양지역	262	3.64	4.13	3.74	3.63	3.84	3.97	3.80
	유럽지역	17	3.47	3.88	3.94	3.71	4.00	3.71	3.59
	아프리카지역	4	3.50	4.25	4.00	3.75	4.25	4.50	3.75
	북미지역	16	3.63	3.94	3.75	3.44	3.25	3.69	3.94
	기타	15	3.93	4.71	3.67	3.73	3.60	4.33	4.27
	F		.815	2.641*	.482	.312	2.842*	2.595*	1.241
교류협력 지역의 크기	1개 지역	247	3.53	4.03	3.70	3.57	3.79	3.91	3.70
	2개 지역	26	4.12	4.54	4.04	4.04	3.96	4.00	4.27
	3개 이상	29	3.97	4.45	3.93	3.86	3.82	4.25	4.29
	F		10.672***	8.175***	3.524*	4.800**	.512	2.763	9.041***
민주화 수준	비민주적	44	3.91	4.43	3.75	3.82	4.05	4.20	4.27
	보통	181	3.60	4.03	3.69	3.64	3.82	3.93	3.70
	민주적	85	3.60	4.24	3.87	3.53	3.68	3.94	3.85
	F		3.237*	5.578**	1.796	1.680	2.948	2.582	6.977**
민주 증진 도움	도움이 없는 편	9	3.67	4.00	3.67	3.44	3.67	4.00	3.89
	보통	66	3.55	4.00	3.65	3.43	3.55	3.85	3.71
	도움이 있는 편	231	3.66	4.18	3.77	3.70	3.89	4.00	3.84
	F		.632	1.508	.724	2.718	4.529*	1.037	.572

5점 만점, * : p<.05(단측검증), ** : p<.01(단측검증), *** : p<.001(단측검증)

국내 민주주의 증진에 대한 민주주의 국제 협력의 기여

〈표 37〉은 영역, 지역, 활동유형, 근무기간별 국내 민주주의 증진에 대한 민주주의 국제 협력의 기여에 대한 교차분석결과이다. 표에 제시된 분석내용을 구체적으로 논의하면 다음과 같다.

첫째, 영역별 국내 민주주의 증진에 대한 민주주의 국제 협력의 기여에 대한 교차분석결과, 시민사회단체에서는 다소 도움이 됨이 55.4%로 가장 높게 분포되었으며, 그 다음으로 보통, 매우 도움이 됨, 별로 도움이 안 됨 등의 순서로 나타났고, 정부 및 공공기관에서는 다소 도움이 됨 55.1%, 보통 24.5%, 매우 도움이 됨 14.3%, 별로 도움이 안 됨 6.1%로 구성되었으며, 학생에서는 다소 도움이 됨 68.6%, 보통 18.6%, 매우 도움이 됨 8.5%, 별로 도움이 안 됨 3.4%, 전혀 도움이 안 됨 0.8% 등의 순서로 구성되었음을 보여준다. 이러한 분석결과는 통계적으로 유의미하다.

둘째, 지역별 국내 민주주의 증진에 대한 민주주의 국제 협력의 기여에 대한 교차분석결과, 서울에서는 다소 도움이 됨이 63.2%로 가장 높게 분포되었으며, 그 다음으로 보통, 매우 도움이 됨, 별로 도움이 안 됨, 전혀 도움이 안 됨 등의 순서로 나타난데 비해, 서울 이외 지역에서는 다소 도움이 됨과 보통이 각각 39.4%로 가장 높고, 그 다음으로 매우 도움이 됨 12.1%, 별로 도움이 안 됨 9.1%로 구성되었음을 보여준다. 이러한 분석결과는 통계적으로 유의미하다.

셋째, 단체활동 유형별 국내 민주주의 증진에 대한 민주주의 국제 협력의 기여에 대한 교차분석결과, 권익보호 및 증진 분야단체에서는 다소 도움이 됨 49.0%, 매우 도움이 됨 26.5%, 보통 22.4%, 별로 도움이 안 됨 2.0% 등의 순서로 구성되었으며, 연구 교육 분야에서는 다소 도움이 됨 61.7%, 보통 23.5%, 매우 도움이 됨 13.0%, 별로 도움이 안 됨 1.7% 등의 순서이고, 자선 및 구호 분야에서는 다소 도움이 됨 58.3%, 보통수준 25.0%, 매우도움이 됨 8.3%, 별로 도움이 안 됨 8.3% 등의 순서로 분포되었다. 지역사회 발전 분야에서는 다소 도움이 됨 52.9%, 보통 23.5%, 매우 도움이 됨 17.6%, 별로 도움이 안 됨 5.9% 등의 순서로 높게 나타났으며, 세 가지 이상 분야에서는 도움이 됨 54.5%, 보통 29.5%, 매우 도움이 됨 13.6%, 별로 도움이 안 됨 2.3% 등의 순서로 높게 나타났고, 기타 단체에서는 다소 도움이 됨이 72.5%로 가장 높게 분포되었으며, 그 다음으로 매우 도움이 됨, 보통, 별로 도움이 안 됨, 매우 도움이 안 됨 등의 순서로 구성되었음을 보여준다.

넷째, 근무기간 별 국내 민주주의 증진에 대한 민주주의 국제 협력의 기여에 대한 교차분석결과, 1년 미만에서는 다소 도움이 됨이 73.8%로 가장 높게 분포되었고 그 다음으로 매우 도움이 됨 12.3%, 보통 9.2%, 별로 도움이 안 됨 3.1%, 전혀 도움이 안 됨 1.5%로 구성되었으며, 1~3년 미만에서는 다소 도움이 됨 62.3%, 보통 25.2%, 매우 도움이 됨 9.9%, 별로 도움이 안 됨 2.6% 등의 순서로 분포되었고 3~5년 미만에서도 다소 도움이 됨, 보통, 매우 도움이 됨, 별로 도움이 안 됨 등의 순서로 분포되었다. 5~10년 미만에서는 다소 도움이 됨 51.6%, 보통 32.3%, 매우 도움이 됨 16.1%로 분포되었으며, 10~15년 미만에서는 매우 도움이 됨이 41.7%로 가장 높고 그 다음으로 다소 도움이 됨 33.3%, 보통 16.7%, 별로 도움이 안 됨 8.3%의 순서로 높게 구성되었으며, 15년 이상에서는 다소 도움이 됨 52.4%, 매우 도움이 됨 33.3%, 보통 14.3%의 순서로 구성되었음을 보여준다. 이러한 분석결과는 통계적으로 유의미하다.

<표 37> 영역, 지역, 활동유형, 근무기간의 수준별 국내 민주주의 증진에 대한 민주주의 국제협력의 기여에 대한 이차원 분할표

| | | 국내 민주주의 증진에 대한 민주주의 국제협력의 기여 | | | | | 전체 | X^2 |
		전혀 도움이 안 됨	별로 도움이 안 됨	보통	다소 도움이 됨	매우 도움이 됨		
영역	시민사회	0	1	32	77	29	139	* 15.545
		0.0%	0.7%	23.0%	55.4%	20.9%	100.0%	
	정부 및 공공기관	0	3	12	27	7	49	
		0.0%	6.1%	24.5%	55.1%	14.3%	100.0%	
	학생	1	4	22	81	10	118	
		0.8%	3.4%	18.6%	68.6%	8.5%	100.0%	
전체		1	8	66	185	46	306	
		0.3%	2.6%	21.6%	60.5%	15.0%	100.0%	
지역	서울	1	5	53	172	41	272	** 14.345
		0.4%	1.8%	19.5%	63.2%	15.1%	100.0%	
	기타지역	0	3	13	13	4	33	
		0.0%	9.1%	39.4%	39.4%	12.1%	100.0%	
전체		1	8	66	185	45	305	
		0.3%	2.6%	21.6%	60.7%	14.8%	100.0%	
단체 활동 유형	권익보호 및 증진 분야	0	1	11	24	13	49	19.672
		0.0%	2.0%	22.4%	49.0%	26.5%	100.0%	
	연구 교육 분야	0	2	27	71	15	115	
		0.0%	1.7%	23.5%	61.7%	13.0%	100.0%	
	자선 및 구호 분야	0	1	3	7	1	12	
		0.0%	8.3%	25.0%	58.3%	8.3%	100.0%	
	지역사회 발전 분야	0	1	4	9	3	17	
		0.0%	5.9%	23.5%	52.9%	17.6%	100.0%	
	세 가지 이상 분야	0	1	13	24	6	44	
		0.0%	2.3%	29.5%	54.5%	13.6%	100.0%	
	기타	1	2	8	50	8	69	
		1.4%	2.9%	11.6%	72.5%	11.6%	100.0%	
전체		1	8	66	185	46	306	
		0.3%	2.6%	21.6%	60.5%	15.0%	100.0%	
근무 기간	1년 미만	1	2	6	48	8	65	* 34.298
		1.5%	3.1%	9.2%	73.8%	12.3%	100.0%	
	1~3년 미만	0	4	38	94	15	151	
		0.0%	2.6%	25.2%	62.3%	9.9%	100.0%	
	3~5년 미만	0	1	7	12	6	26	
		0.0%	3.8%	26.9%	46.2%	23.1%	100.0%	
	5~10년 미만	0	0	10	16	5	31	
		0.0%	0.0%	32.3%	51.6%	16.1%	100.0%	
	10~15년 미만	0	1	2	4	5	12	
		0.0%	8.3%	16.7%	33.3%	41.7%	100.0%	
	15년 이상	0	0	3	11	7	21	
		0.0%	0.0%	14.3%	52.4%	33.3%	100.0%	
전체		1	8	66	185	46	306	
		0.3%	2.6%	21.6%	60.5%	15.0%	100.0%	

* : p<.05(단측검증), ** : p<.01(단측검증), *** : p<.001(단측검증)

242

교류협력경험, 교류협력지역 및 크기별 국내 민주주의 증진에 대한 민주주의 국제 협력의 기여에 대한 교차분석결과는 〈표 38〉과 같다. 표에 제시된 분석내용을 구체적으로 논의하면 다음과 같다.

첫째, 교류협력경험별 국내 민주주의 증진에 대한 민주주의 국제 협력의 기여에 대한 교차분석결과, 교류협력경험이 있는 사람들은 다소 도움이 됨이 60.8%로 가장 높게 분포되었으며, 그 다음으로 보통 22.2%, 매우 도움이 됨 14.3%, 별로 도움이 안 됨 2.4%, 전혀 도움이 안 됨 0.3% 등의 순서로 구성되었고, 교류협력경험이 없는 사람들은 다소 도움이 됨 54.5%, 매우 도움이 됨 27.3%, 보통 9.1%, 별로 도움이 안 됨 9.1%로 구성되었음을 보여준다.

둘째, 교류협력지역별 국내 민주주의 증진에 대한 민주주의 국제 협력의 기여에 대한 교차분석결과, 아시아태평양지역이 주요 교류협력대상이라고 한 국제협력담당자들은 다소 도움이 됨이 61.3%로 가장 높게 분포되었으며 그 다음으로 보통, 매우 도움이 됨, 별로 도움이 안 됨 등의 순서로 나타났고, 유럽지역이 주요 교류협력지역라고 한 국제협력담당자들은 다소 도움이 됨 64.7%, 보통 29.4%, 매우 도움이 됨 5.9%로 구성되었으며, 아프리카지역이 주요 교류협력지역라고 한 국제협력담당자들은 다소 도움이 됨 100%로만 구성되었음을 보여준다. 북미지역이 주요 교류협력지역라고 한 국제협력전문가들은 다소 도움이 됨 50.0%, 보통 37.5%, 별로 도움이 안 됨 6.3%, 전혀 도움이 안 됨 6.3%로 구성되었으며, 기타 교류협력지역라고 한 국제협력담당자들은 다소 도움이 됨 42.9%, 매우 도움이 됨 35.7%, 보통 14.3%, 도움 안 됨 7.1% 등의 순서로 구성되었음을 보여준다. 이러한 분석결과는 통계적으로 유의미하다.

셋째, 교류협력 지역의 크기별 국내 민주주의 증진에 대한 민주주의 국제 협력의 기여에 대한 교차분석결과, 1개 지역교류협력에서는 다소 도움이 됨 64.2%, 보통 20.8%, 매우 도움이 됨 12.1%,

별로 도움이 안 됨 2.5% 등의 순서로 구성되었으며, 2개 지역 교류협력에서는 다소 도움이 됨 57.7%, 보통 26.9%, 매우 도움이 됨 15.4% 등의 순서로 구성되었고, 3개 이상 지역교류협력에서는 다소 도움이 됨 34.5%, 매우 도움이 됨 31.0%, 보통 31.0%, 매우 도움이 됨 31.0%, 별로 도움이 안 됨 3.4% 등의 순서로 구성되었음을 보여준다.

<표 38> 교류협력경험, 교류협력지역 및 크기별 국내 민주주의 증진에 대한 민주주의 국제협력의 기여에 대한 이차원 분할표

| | | 국내 민주주의 증진에 대한 민주주의 국제협력의 기여 | | | | | 전체 | X^2 |
		전혀 도움이 안 됨	별로 도움이 안 됨	보통	다소 도움이 됨	매우 도움이 됨		
교류협력경험	있음	1	7	65	178	42	293	3.951
		0.3%	2.4%	22.2%	60.8%	14.3%	100.0%	
	없음	0	1	1	6	3	11	
		0.0%	9.1%	9.1%	54.5%	27.3%	100.0%	
전체		1	8	66	184	45	304	
		0.3%	2.6%	21.7%	60.5%	14.8%	100.0%	
주요 교류협력지역	아시아태평양지역	0	6	53	157	40	256	** 33.786
		0.0%	2.3%	20.7%	61.3%	15.6%	100.0%	
	유럽지역	0	0	5	11	1	17	
		0.0%	0.0%	29.4%	64.7%	5.9%	100.0%	
	아프리카지역	0	0	0	3	0	3	
		0.0%	0.0%	0.0%	100.0%	0.0%	100.0%	
	북미지역	1	1	6	8	0	16	
		6.3%	6.3%	37.5%	50.0%	0.0%	100.0%	
	기타	0	1	2	6	5	14	
		0.0%	7.1%	14.3%	42.9%	35.7%	100.0%	
전체		1	8	66	185	46	306	
		0.3%	2.6%	21.6%	60.5%	15.0%	100.0%	
교류협력지역의 크기	1개 지역	1	6	50	154	29	240	12.823
		0.4%	2.5%	20.8%	64.2%	12.1%	100.0%	
	2개 지역	0	0	7	15	4	26	
		0.0%	0.0%	26.9%	57.7%	15.4%	100.0%	
	3개 지역 이상	0	1	9	10	9	29	
		0.0%	3.4%	31.0%	34.5%	31.0%	100.0%	
전체		1	7	66	179	42	295	
		0.3%	2.4%	22.4%	60.7%	14.2%	100.0%	

* : p<.05(단측검증), ** : p<.01(단측검증), *** : p<.001(단측검증)

향후 아시아 민주주의 국제 협력에서 가장 효과적인 프로그램

〈표 39〉는 영역, 지역, 활동유형, 근무기간의 수준별 향후 아시아 민주주의 국제 협력에서 가장 효과적인 프로그램에 대한 교차분석 결과이다. 표에 제시된 분석내용을 구체적으로 논의하면 다음과 같다.

첫째, 영역별 향후 아시아 민주주의 국제 협력에서 가장 효과적인 프로그램에 대한 교차분석결과, 시민사회 단체에서는 국제적 연계 및 연대 프로그램이 47.5%로 가장 많고 그 다음으로 교육 및 훈련 프로그램, 해당국에 대한 적극적인 사회참여활동, 연구조사, 민주주의 관련 재정적 지원 순서로 많이 분포되었으며, 정부 및 공공기관은 국제적 연계 및 연대 프로그램이 52.0%로 가장 많고 그 다음으로 교육 및 훈련 프로그램, 해당국에 대한 적극적인 사회 참여활동, 민주주의 관련 재정적 지원, 연구조사 등의 순서로 분포되었으며, 학생에서는 국제적 연계 및 연대 프로그램 36.9%, 해당국에 대한 적극적인 사회참여활동 35.2%, 교육 및 훈련 프로그램 14.8%, 민주주의 관련 재정적 지원 9.0%, 연구조사 4.1% 순서로 분포되었으며 통계적으로 유의미하다.

둘째, 지역별 향후 아시아 민주주의 국제 협력에서 가장 효과적인 프로그램에 대한 교차분석결과, 서울 지역에서는 국제적 연계 및 연대 프로그램이 43.2%로 가장 많고 그 다음으로 해당국에 대한 적극적인 사회참여활동, 교육 및 훈련 프로그램, 민주주의 관련 재정적 지원, 연구조사 등의 순서로 많이 분포되었으며, 서울 이외 지역에서도 국제적 연계 및 연대 프로그램이 52.9%가 가장 많고 그다음으로 교육 및 훈련 프로그램, 해당국에 대한 적극적인 사회 참여활동, 연구조사, 민주주의 관련 재정적지원 등의 순서로 많이 분포되었음을 보여준다.

셋째, 단체활동 유형별 향후 아시아 민주주의 국제 협력에서 가장 효과적인 프로그램에 대한 교차분석결과, 권익보호 및 증진 분야단체에서는 국제적 연계 및 연대 프로그램이 57.1%로 가장 많으며 그 다음으로 교육 및 훈련 프로그램, 해당국에 대한 적극적인 사회참여활동, 민주주의 관련 재정적 지원, 연구조사 등의 순서로 많고, 연구 교육 분야단체에서는 국제적 연계 및 연대 프로그램 35.3%, 해당국에 대한 적극적인 사회참여활동 29.4%, 교육 및 훈련 프로그램 19.3%, 연구조사 8.4%, 민주주의 관련 재정적 지원 7.6% 순서로 많으며, 자선 및 구호 분야단체에서도 국제적 연계 및 연대 프로그램이 58.3%로 가장 많고 그 다음으로 교육 및 훈련 프로그램, 연구조사와 해당국에 대한 적극적인 사회참여활동, 민주주의 관련 재정적 지원 등의 순서로 많이 분포되었다. 지역사회 발전 분야에서는 국제적 연계 및 연대 프로그램 35.3%, 교육 및 훈련 프로그램 35.3%, 해당국에 대한 적극적인 사회참여활동 17.6%, 연구조사 11.8%로 많이 분포되었으며, 세 가지 이상의 기능을 수행하는 단체에서는 국제적 연계 및 연대 프로그램이 63.6%로 가장 많고 그 다음으로 해당국에 대한 적극적인 사회참여활동, 교육 및 훈련 프로그램, 연구조사순서로 많이 분포되었으며, 기타 단체에서도 국제적 연계 및 연대 프로그램이 가장 많고 그 다음으로 교육 및 훈련 프로그램, 해당국에 대한 적극적인 사회참여활동, 민주주의 관련 재정적 지원, 연구조사 순서로 많이 분포되었다. 이러한 분석결과는 통계적으로 유의미하다.

넷째, 근무기간별 향후 아시아 민주주의 국제 협력에서 가장 효과적인 프로그램에 대한 교차분석결과, 1년 미만의 담당자들은 국제적 연계 및 연대 프로그램이 35.3%로 가장 많고 그 다음으로 교육 및 훈련 프로그램, 해당국에 대한 적극적인 사회참여활동, 민주주의 관련 재정적 지원, 연구조사 등의 순서로 많으며, 1~3년 미만의 담당자들도 국제적 연계 및 연대 프로그램이 42.2%로 가장 많고 그 다음으로 해당국에 대한 적극적인 사회참여활동, 교육 및 훈련 프로그램, 연구조사, 민주주의 관련 재정적 지원 등의 순서로 많으며, 3~5년 미만의 담당자들은 국제적 연계 및 연대 프로그램 50.0%, 해당국에 대한 적극적인 사회참여활동 26.9%, 교육 및 훈련 프로그램 23.1%로 분포되었다. 5~10년 미만의 담당자들은 국제적 연계 및 연대 프로그램 71.9%, 교육 및 훈련 프로그램 18.8%, 해당국에 대한 적극적인 사회참여활동 9.4% 순서로 분포되었으며, 10~15년 미만의 담당자들도 국제적 연계 및 연대프로그램 41.7%, 교육 및 훈련 프로그램 41.7%, 연구조사 8.3%, 민주주의 관련 재정적 지원 8.3%로 분포되었고, 15년 이상의 담당자들은 국제적 연계 및 연대프로그램과 교육 및 훈련 프로그램이 각각 38.1%로 가장 많고 그 다음으로 해당국에 대한 적극적인 사회참여활동, 연구조사와 민주주의 관련 재정적 지원 순서로 많이 분포되었음을 보여준다. 이러한 분석결과는 통계적으로 유의미하다.

〈표 39〉영역, 지역, 활동유형, 근무기간의 수준별 향후 아시아

		향후 아시아 민주주의 국제협력에서 가장 효과적인 프로그램					전체	X^2
		국제적 연계 및 연대프로그램	연구조사	해당국에 대한 적극적인 사회참여활동	교육 및 훈련 프로그램	민주주의 관련 재정적 지원		
영역	시민사회	67	9	22	37	6	141	** 22.876
		47.5%	6.4%	15.6%	26.2%	4.3%	100.0%	
	정부 및 공공기관	26	2	7	11	4	50	
		52.0%	4.0%	14.0%	22.0%	8.0%	100.0%	
	학생	45	5	43	18	11	122	
		36.9%	4.1%	35.2%	14.8%	9.0%	100.0%	
전체		138	16	72	66	21	313	
		44.1%	5.1%	23.0%	21.1%	6.7%	100.0%	
지역	서울	120	14	67	57	20	278	2.803
		43.2%	5.0%	24.1%	20.5%	7.2%	100.0%	
	기타지역	18	2	5	8	1	34	
		52.9%	5.9%	14.7%	23.5%	2.9%	100.0%	
전체		138	16	72	65	21	312	
		44.2%	5.1%	23.1%	20.8%	6.7%	100.0%	
단체 활동 유형	권익보호 및 증진 분야	28	1	8	10	2	49	* 33.385
		57.1%	2.0%	16.3%	20.4%	4.1%	100.0%	
	연구 교육 분야	42	10	35	23	9	119	
		35.3%	8.4%	29.4%	19.3%	7.6%	100.0%	
	자선 및 구호 분야	7	1	1	2	1	12	
		58.3%	8.3%	8.3%	16.7%	8.3%	100.0%	
	지역사회 발전 분야	6	2	3	6	0	17	
		35.3%	11.8%	17.6%	35.3%	0.0%	100.0%	
	세 가지 이상 분야	28	1	8	7	0	44	
		63.6%	2.3%	18.2%	15.9%	0.0%	100.0%	
	기타	27	1	17	18	9	72	
		37.5%	1.4%	23.6%	25.0%	12.5%	100.0%	
전체		138	16	72	66	21	313	
		44.1%	5.1%	23.0%	21.1%	6.7%	100.0%	
근무 기간	1년 미만	24	2	15	17	10	68	** 40.470
		35.3%	2.9%	22.1%	25.0%	14.7%	100.0%	
	1~3년 미만	65	12	44	24	9	154	
		42.2%	7.8%	28.6%	15.6%	5.8%	100.0%	
	3~5년 미만	13	0	7	6	0	26	
		50.0%	0.0%	26.9%	23.1%	0.0%	100.0%	
	5~10년 미만	23	0	3	6	0	32	
		71.9%	0.0%	9.4%	18.8%	0.0%	100.0%	
	10~15년 미만	5	1	0	5	1	12	
		41.7%	8.3%	0.0%	41.7%	8.3%	100.0%	
	15년 이상	8	1	3	8	1	21	
		38.1%	4.8%	14.3%	38.1%	4.8%	100.0%	
전체		138	16	72	66	21	313	
		44.1%	5.1%	23.0%	21.1%	6.7%	100.0%	

* : p<.05(단측검증), ** : p<.01(단측검증), *** : p<.001(단측검증)

〈표 40〉은 교류협력의 경험 및 지역, 크기별 향후 아시아 민주주의 국제 협력에서 가장 효과적인 프로그램에 대한 교차분석결과이다. 표에 제시된 분석내용을 구체적으로 논의하면 다음과 같다.

첫째, 교류협력경험별 향후 아시아 민주주의 국제 협력에서 가장 효과적인 프로그램에 대한 교차분석결과, 교류협력경험이 있는 담당자들은 국제적 연계 및 연대프로그램이 44.1%로 가장 많고 그 다음으로 해당국에 대한 적극적인 사회참여활동, 교육 및 훈련 프로그램, 민주주의 관련 재정적 지원, 연구조사 등의 순서로 많이 분포되었으며, 교류협력경험이 없는 사람들은 국제적 연계 및 연대 프로그램 45.5%, 교육 및 훈련 프로그램 36.4%, 해당국에 대한 적극적인 사회참여활동 18.2%로 분포되었음을 보여준다.

둘째, 교류협력지역별 향후 아시아 민주주의 국제 협력에서 가장 효과적인 프로그램에 대한 교차분석결과, 아시아태평양지역에 답한 담당자들은 국제적 연계 및 연대프로그램이 44.4%로 가장 많고 그 다음으로 해당국에 대한 적극적인 사회참여활동, 교육 및 훈련 프로그램, 민주주의 관련 재정적 지원, 연구조사 순서로 많이 분포되었으며, 유럽지역에 답한 담당자들도 국제적 연계 및 연대프로그램이 29.4%로 가장 많고 그 다음으로 연구조사와 교육 및 훈련 프로그램, 해당국에 대한 적극적인 사회참여활동, 민주주의 관련 재정적 지원 순서로 분포되었으며, 아프리카지역에 답한 담당자들은 국제적 연계 및 연대프로그램, 해당국에 대한 적극적인 사회참여활동, 교육 및 훈련 프로그램, 연구조사 모두 25.0%로 분포되었고, 북미지역에 답한 담당자들은 국제적 연계 및 연대프로그램이 56.3%로 가장 많으며 그 다음으로 해당국에 대한 적극적인 사회참여활동, 연구조사, 교육 및 훈련 프로그램, 민주주의 관련 재정적 지원 순서로 많이 분포되었고 기타지역교류협력에 답한 담당자들은 국제적 연계 및 연대프로그램 46.7%, 교육 및 훈련 프로그램

33.3%, 연구조사 6.7%, 해당국에 대한 적극적인 사회참여활동 6.7%, 민주주의 관련 재정적 지원 6.7% 순서로 분포되었음을 보여준다.

셋째, 교류협력 지역의 크기별 향후 아시아 민주주의 국제 협력에서 가장 효과적인 프로그램에 대한 교차분석결과, 1개 지역교류협력에 답한 담당자들은 국제적 연계 및 연대프로그램이 41.5%로 가장 많고 그 다음으로 해당국에 대한 적극적인 사회참여활동, 교육 및 훈련 프로그램, 민주주의 관련 재정적 지원, 연구조사 순서로 많으며, 2개 지역교류협력에 답한 담당자들은 국제적 연계 및 연대프로그램 53.8%, 교육 및 훈련 프로그램 30.8%, 해당국에 대한 적극적인 사회참여활동 15.4%로 분포되었고, 3개 이상 지역교류협력에 답한 담당자들은 국제적 연계 및 연대프로그램이 58.6%로 가장 많고 그 다음으로 교육 및 훈련 프로그램, 해당국에 대한 적극적인 사회참여활동, 민주주의 관련 재정적 지원, 연구조사 순서로 분포되었음을 보여준다.

넷째, 한국 민주주의 수준별 향후 아시아 민주주의 국제 협력에서 가장 효과적인 프로그램에 대한 교차분석결과, 비민주적에서는 국제적 연계 및 연대프로그램 38.6%, 해당국에 대한 적극적인 사회참여활동 29.5%, 교육 및 훈련 프로그램 15.9%, 연구조사 9.1%, 민주주의 관련 재정적 지원 6.8% 순서로 많이 분포되었으며, 보통에서는 국제적 연계 및 연대프로그램이 44.7%로 가장 많고 그 다음으로 해당국에 대한 적극적인 사회참여활동, 교육 및 훈련 프로그램, 민주주의 관련 재정적 지원, 연구조사 순서로 많이 분포되었고, 민주적에서도 국제적 연계 및 연대프로그램이 47.1%로 가장 많고 그 다음으로 교육 및 훈련 프로그램, 해당국에 대한 적극적인 사회참여활동, 연구조사와 민주주의 관련 재정적 지원 순서로 많이 분포되었음을 보여준다.

다섯째, 국내 민주주의 증진에 대한 민주주의 국제협력의 기여수

준별 향후 아시아 민주주의 국제 협력에서 가장 효과적인 프로그램
에 대한 교차분석결과, 도움이 없는 편에서는 국제적 연계 및 연대
프로그램 55.6%, 해당국에 대한 적극적인 사회참여활동 22.2%, 교
육 및 훈련 프로그램 22.2%로 분포되었으며, 보통에서는 국제적
연계 및 연대프로그램이 46.2%로 가장 많고 그 다음으로 해당국에
대한 적극적인 사회참여활동, 교육 및 훈련 프로그램, 연구조사 순
서로 많으며, 도움이 있는 편에서는 국제적 연계 및 연대프로그램
43.5%, 해당국에 대한 적극적인 사회참여활동 21.7%, 교육 및 훈련
프로그램 21.3%, 민주주의 관련 재정적 지원 8.3%, 연구조사 5.2%
순서로 많이 분포되었음을 보여준다.

<표 40> 교류협력의 경험 및 지역, 크기별 향후 아시아 민주주의 국제협력에서 가장 효과적인 프로그램에 대한 이차원 분할표

| | | 향후 아시아 민주주의 국제협력에서 가장 효과적인 프로그램 | | | | | 전체 | χ^2 |
		국제적 연계 및 연대프로그램	연구조사	해당국에 대한 적극적인 사회참여활동	교육 및 훈련 프로그램	민주주의 관련 재정적 지원		
교류협력 경험	있음	132	16	70	61	20	299	2.743
		44.1%	5.4%	23.4%	20.4%	6.7%	100.0%	
	없음	5	0	2	4	0	11	
		45.5%	0.0%	18.2%	36.4%	0.0%	100.0%	
전체		137	16	72	65	20	310	
		44.2%	5.2%	23.2%	21.0%	6.5%	100.0%	
주요 교류협력 지역	아시아 태평양지역	116	9	64	55	17	261	23.598
		44.4%	3.4%	24.5%	21.1%	6.5%	100.0%	
	유럽지역	5	4	3	4	1	17	
		29.4%	23.5%	17.6%	23.5%	5.9%	100.0%	
	아프리카 지역	1	0	1	1	1	4	
		25.0%	0.0%	25.0%	25.0%	25.0%	100.0%	
	북미지역	9	2	3	1	1	16	
		56.3%	12.5%	18.8%	6.3%	6.3%	100.0%	
	기타지역	7	1	1	5	1	15	
		46.7%	6.7%	6.7%	33.3%	6.7%	100.0%	
전체		138	16	72	66	21	313	
		44.1%	5.1%	23.0%	21.1%	6.7%	100.0%	
교류협력 지역의 크기	1개 지역	102	15	63	48	18	246	10.045
		41.5%	6.1%	25.6%	19.5%	7.3%	100.0%	
	2개 지역	14	0	4	8	0	26	
		53.8%	0.0%	15.4%	30.8%	0.0%	100.0%	
	3개 지역 이상	17	1	4	5	2	29	
		58.6%	3.4%	13.8%	17.2%	6.9%	100.0%	
전체		133	16	71	61	20	301	
		44.2%	5.3%	23.6%	20.3%	6.6%	100.0%	
한국 민주주의 수준	비민주적	17	4	13	7	3	44	8.602
		38.6%	9.1%	29.5%	15.9%	6.8%	100.0%	
	보통	80	10	38	36	15	179	
		44.7%	5.6%	21.2%	20.1%	8.4%	100.0%	
	민주적	40	2	20	21	2	85	
		47.1%	2.4%	23.5%	24.7%	2.4%	100.0%	
전체		137	16	71	64	20	308	
		44.5%	5.2%	23.1%	20.8%	6.5%	100.0%	
국내 민주주의 증진에 대한 민주주의 국제협력의 기여	도움이 없는 편	5	0	2	2	0	9	8.457
		55.6%	0.0%	22.2%	22.2%	0.0%	100.0%	
	보통	30	4	19	12	0	65	
		46.2%	6.2%	29.2%	18.5%	0.0%	100.0%	
	도움이 있는 편	100	12	50	49	19	230	
		43.5%	5.2%	21.7%	21.3%	8.3%	100.0%	
전체		135	16	71	63	19	304	
		44.4%	5.3%	23.4%	20.7%	6.3%	100.0%	

* : p⟨.05(단측검증), ** : p⟨.01(단측검증), *** : p⟨.001(단측검증)

〈표 41〉은 국제협력 프로그램의 유형 및 만족수준, 기대효과별 향후 아시아 민주주의 국제 협력에서 가장 효과적인 프로그램에 대한 교차분석결과이다. 표에 제시된 분석내용을 구체적으로 살펴보면, 첫째, 국제협력에서 가장 효과적인 프로그램유형별 향후 아시아 민주주의 국제 협력에서 가장 효과적인 프로그램에 대한 교차분석결과, 교육훈련프로그램에 답한 담당자들은 국제적 연계 및 연대프로그램이 41.3%로 가장 많으며 그 다음으로 해당국에 대한 적극적인 사회참여활동 27.0%, 교육 및 훈련 프로그램 20.1%, 민주주의 관련 재정적 지원 6.9%, 연구조사 4.8% 순서로 많고, 인적교류협력프로그램에 답한 담당자들도 국제적 연계 및 연대프로그램이 56.7%로 가장 많으며 그 다음으로 해당국에 대한 적극적인 사회참여활동, 교육 및 훈련 프로그램, 민주주의 관련 재정적지원 등의 순서로 많고, 국제적 연계 및 연대프로그램에 답한 담당자들 역시 국제연대가 56.1%로 가장 많고 그 다음으로 해당국에 대한 적극적인 사회참여활동, 교육 및 훈련 프로그램, 민주주의 관련 재정적 지원, 연구조사 순서로 많이 분포되었다. 재정지원에 답한 담당자들은 국제적 연계 및 연대프로그램 66.7%와 교육 및 훈련 프로그램 33.3%로만 분포된 반면에, 자료교환에 답한 담당자들은 해당국에 대한 적극적인 사회참여활동 40.0%, 교육 및 훈련 프로그램 33.3%, 국제적 연계 및 연대프로그램 13.3%, 연구조사 13.3%로 분포되었으며, 기타에 답한 담당자들은 교육 및 훈련 프로그램이 42.9%로 가장 많으며 그 다음으로 국제적 연계 및 연대프로그램, 연구조사와 민주주의 관련 재정적 지원 순서로 많이 분포되었음을 보여준다.

　　둘째, 국제협력프로그램 만족도수준별 향후 아시아 민주주의 국제 협력에서 가장 효과적인 프로그램에 대한 교차분석결과, 만족하는 편에서는 교육 및 훈련 프로그램이 45.5%로 가장 많으며 그 다음으로 국제적 연계 및 연대프로그램, 해당국에 대한 적극적인 사회참여활동과 민주주의 관련 재정적 지원 순서로 많고, 중간수준에서는 국제적 연계 및 연대프로그램이 43.0%로 가장 많으며 그 다음으로 해당국에 대한 적극적인 사회참여활동, 교육 및 훈련 프로그램, 민주주의 관련 재정적 지원, 연구조사 순서로 많고, 불만족하는 편에서도 국제적 연계 및 연대프로그램이 46.5%로 가장 많으며 해당국에 대한 적극적인 사회참여활동 23.6%, 교육 및 훈련 프로그램 21.0%, 민주주의 관련 재정적 지원 5.7%, 연구조사 3.2% 순서로 많이 분포되었음을 보여준다.

셋째, 국제교류협력의 기대효과별 향후 아시아 민주주의 국제협력에서 가장 효과적인 프로그램에 대한 교차분석결과, 경제적인 이익에 답한 담당자들은 국제적 연계 및 연대프로그램이 55.0%로 가장 많으며 그 다음으로 해당국에 대한 적극적인 사회참여활동, 교육 및 훈련 프로그램, 민주주의 관련 재정적 지원 순서로 많고, 상호이해에 답한 담당자들도 국제연가 48.6%로 가장 많으며 그 다음으로 해당국에 대한 적극적인 사회참여활동, 교육 및 훈련 프로그램, 연구조사, 민주주의 관련 재정적 지원 순서로 많고, 민주주의 가치구현에 답한 담당자들은 국제적 연계 및 연대프로그램이 45.8%로 가장 많고 교육 및 훈련 프로그램, 해당국에 대한 적극적인 사회참여활동, 민주주의 관련 재정적 지원, 연구조사 순서로 많이 분포되었음을 보여준다. 국제사회위상강화에 답한 담당자들은 해당국에 대한 적극적인 사회참여활동 43.6%, 국제적 연계 및 연대프로그램 28.2%, 민주주의 관련 재정적 지원 17.9%, 교육 및 훈련 프로그램 10.3% 순서로 많은데 비해, 전문가교류 및 새로운 정보수집에 답한 담당자들은 국제적 연계 및 연대프로그램이 41.9%로 가장 많으며 그 다음으로 교육 및 훈련 프로그램, 해당국에 대한 적극적인 사회참여활동, 연구조사, 민주주의 관련 재정적 지원 순서로 많고 기타에 답한 담당자들은 국제적 연계 및 연대프로그램 33.3%,

해당국에 대한 적극적인 사회참여활동 33.3%, 교육 및 훈련 프로그램 33.3%로 분포되었음을 보여준다. 이러한 분석결과는 통계적으로 유의미하다.

〈표 41〉 국제협력 프로그램의 유형 및 만족수준, 기대효과별 향후 아시아
민주주의 국제협력에서 가장 효과적인 프로그램에 대한 교차분석표

		향후 아시아 민주주의 국제협력에서 가장 효과적인 프로그램					전체	X^2
		국제적 연계 및 연대프로그램	연구조사	해당국에 대한 적극적인 사회참여활동	교육 및 훈련 프로그램	민주주의 관련 재정적 지원		
가장 효과적인 국제협력 프로그램	교육훈련 프로그램	78	9	51	38	13	189	24.019
		41.3%	4.8%	27.0%	20.1%	6.9%	100.0%	
	인적교류협력	17	1	4	6	2	30	
		56.7%	3.3%	13.3%	20.0%	6.7%	100.0%	
	국제연대	32	3	10	8	4	57	
		56.1%	5.3%	17.5%	14.0%	7.0%	100.0%	
	재정지원	2	0	0	1	0	3	
		66.7%	0.0%	0.0%	33.3%	0.0%	100.0%	
	자료교환	2	2	6	5	0	15	
		13.3%	13.3%	40.0%	33.3%	0.0%	100.0%	
	기타	2	1	0	3	1	7	
		28.6%	14.3%	0.0%	42.9%	14.3%	100.0%	
전체		133	16	71	61	20	301	
		44.2%	5.3%	23.6%	20.3%	6.6%	100.0%	
국제협력 프로그램 만족도 수준	만족하는 편	4	0	1	5	1	11	9.476
		36.4%	0.0%	9.1%	45.5%	9.1%	100.0%	
	중간	58	10	33	23	11	135	
		43.0%	7.4%	24.4%	17.0%	8.1%	100.0%	
	불만족하는 편	73	5	37	33	9	157	
		46.5%	3.2%	23.6%	21.0%	5.7%	100.0%	
전체		135	15	71	61	21	303	
		44.6%	5.0%	23.4%	20.1%	6.9%	100.0%	
교류협력 에서의 가장 큰 기대효과	경제적 이익	11	0	6	2	1	20	* 35.433
		55.0%	0.0%	30.0%	10.0%	5.0%	100.0%	
	상호이해	54	8	23	21	5	111	
		48.6%	7.2%	20.7%	18.9%	4.5%	100.0%	
	민주주의가치 구현	27	2	12	14	4	59	
		45.8%	3.4%	20.3%	23.7%	6.8%	100.0%	
	국제사회위상 강화	11	0	17	4	7	39	
		28.2%	0.0%	43.6%	10.3%	17.9%	100.0%	
	전문가교류 및 새로운 정보수집	31	6	11	22	4	74	
		41.9%	8.1%	14.9%	29.7%	5.4%	100.0%	
	기타	2	0	2	2	0	6	
		33.3%	0.0%	33.3%	33.3%	0.0%	100.0%	
전체		136	16	71	65	21	309	
		44.0%	5.2%	23.0%	21.0%	6.8%	100.0%	

* : p〈.05(단측검증), ** : p〈.01(단측검증), *** : p〈.001(단측검증)

민주화운동기념사업회가 반드시 추진해야 할 프로그램

〈표 42〉는 영역, 활동유형, 근무기간수준별 민주화운동기념사업회가 추진해야 할 프로그램에 대한 교차분석결과이다.

첫째, 영역별 민주화운동기념사업회가 추진해야 할 프로그램에 대한 교차분석결과. 시민 사회 단체에서는 커뮤니티 프로그램 증진이 25.7%로 가장 많고 그 다음으로 인적·조직적 교환 프로그램, 지역적·세계적 포럼개최, 책임 있고 효율적인 통치모델 개발, 한국 민주화경험 공유, 교유훈련 등의 순서로 분포되었으며, 정부 및 공공기관에서는 책임 있고 효율적인 통치모델 개발이 18.0%로 가장 많고 그 다음으로 커뮤니티 프로그램 증진, 교육 훈련 프로그램, 인적·조직적 교환 프로그램, 한국 민주화 경험공유, 지식기반 서비스, 지역적·세계적 포럼개최 등의 순서로 분포되었고, 학생에서는 인적·조직적 교환 프로그램이 27.9%로 가장 많고 그 다음으로 지역적·세계적 포럼개최, 커뮤니티 프로그램 증진, 책임 있고 효율적인 통치모델 개발, 한국 민주화 경험 공유, 지식 기반 서비스 등의 순서로 높게 분포되었음을 보여준다.

둘째, 지역별 민주화운동기념사업회가 추진해야 할 프로그램에 대한 교차분석결과. 서울에서는 인적·조직적 교환 프로그램이 25.6%로 가장 많고 그 다음으로 커뮤니티 프로그램 증진, 교육훈련 프로그램, 지역적·세계적 포럼 개최, 책임 있고 효율적인 통치모델 개발, 한국 민주화 경험 공유, 지식 기반 서비스 등의 순서로 분포되었고, 서울 이외지역에서는 커뮤니티 프로그램 증진과 한국 민주화 경험 공유가 각각 17.6%로 가장 많고 그 다음으로 책임 있고 효율적인 통치모델 개발, 지식 기반 서비스, 인적·조직적 교환 프로그램, 지역적·세계적 포럼개최 등의 순서로 높게 분포되었다.

셋째, 단체활동 유형별 민주화운동기념사업회가 추진해야 할 프로그램에 대한 교차분석결과. 권익보호 및 증진 분야단체에서는 커뮤니티 프로그램 증진이 25.5%로 가장 많고 그 다음으로 교육 훈련 프로그램, 인적·조직적 교환 프로그램, 한국 민주화 경험 공유, 책임 있고 효율적인 통치모델 개발, 지식 기반 서비스, 지역적·세계적 포럼개최 등의 순서로 분포되었으며, 연구 교육 분야단체에서는 인적·조직적 교환 프로그램이 25.8%로 가장 많고 그 다음으로 커뮤니티 프로그램 증진, 지역적·세계적 포럼개최, 교육 훈련 프로그램, 책임 있고 효율적인 통치모델 개발, 지식 기반 서비스, 한국 민주화 경험 공유 프로그램 등의 순서로 분포되었고, 자선 및 구호 분야단체에서는 커뮤니티 프로그램 증진이 41.7%로 가장 많으며 그 다음으로 인적·조직적 교환 프로그램, 지역적·세계적 포럼개최, 지식 기반 서비스, 한국 민주화 경험 공유 등의 순서로 분포되었다. 지역사회 발전 분야단체에서는 커뮤니티 프로그램 증진과 교육 훈련 프로그램이 각각 23.5%로 가장 많으며, 그 다음으로 지역적·세계적 포럼개최, 인적·조직적 교환 프로그램, 한국 민주화 경험 공유, 책임 있고 효율적인 통치모델 개발, 지식 기반 서비스 등의 순서로 분포되었고, 세 가지 이상의 기능을 수행하는 단체에서는 인적·조직적 교환 프로그램이 33.3%로 가장 많고 그 다음으로 지역적·세계적 포럼개최, 책임 있고 효율적인 통치모델 개발, 교육 훈련 프로그램, 커뮤니티 프로그램 증진, 한국 민주화 경험 공유, 지식 기반 서비스 등의 순서로 분포되었으며, 기타 단체에서는 인적·조직적 교환 프로그램이 25.4%로 가장 많고 그 다음으로 지역적·세계적 포럼개최, 교육 훈련 프로그램, 커뮤니티 프로그램 증진, 책임 있고 효율적인 통치모델 개발, 한국 민주화 경험 공유, 지식 기반 서비스 등의 순서로 분포되었다.

넷째, 근무기간별 민주화운동기념사업회가 추진해야 할 프로그램에 대한 교차분석결과, 1년 미만의 근무자들은 인적교류협력프로그램이 28.4%로 가장 많고 그 다음으로 지역적·세계적 포럼개최, 커뮤니티 프로그램 증진, 교육 훈련 프로그램, 책임 있고 효율적인 통치모델 개발, 한국 민주화 경험 공유, 책임 있고 효율적인 통치모델 개발, 지식 기반 서비스 등의 순서로 분포되었으며, 1~3년 미만의 근무자들은 인적·조직적 교환 프로그램과 커뮤니티 프로그램 증진이 23.5%로 가장 많고 그 다음으로 교육 훈련 프로그램, 지역적·세계적 포럼개최, 책임 있고 효율적인 통치모델 개발, 지식 기반 서비스, 한국 민주화 경험 공유 등의 순서로 분포되었으며, 3~5년 미만의 근무자들은 커뮤니티 프로그램 증진과 책임 있고 효율적인 통치모델 개발이 각각 22.2%로 가장 많고 그 다음으로 인적·조직적 교환 프로그램, 지역적·세계적 포럼개최와 한국 민주화 경험 공유, 지식 기반 서비스와 교육 훈련 프로그램 등의 순서로 분포되었으며, 5~10년 미만의 근무자들은 인적·조직적 교환 프로그램이 34.4%로 가장 많고 그 다음으로 책임 있고 효율적인 통치모델 개발, 커뮤니티 프로그램 증진과 한국 민주화 경험 공유, 지역적·세계적 포럼개최, 지식 기반 서비스, 교육 훈련 프로그램 등의 순서로 분포되었다. 10~15년 미만의 근무자들은 커뮤니티 프로그램 증진이 50.0%로 가장 많고 그 다음으로 인적교류협력, 교육 훈련 프로그램, 한국 민주화 경험 공유 등의 순서로 분포되었으며, 15년 이상의 근무자들은 교육 훈련 프로그램이 33.3%로 가장 많고 그 다음으로 커뮤니티 프로그램 증진, 지역적·세계적 포럼개최, 커뮤니티 프로그램 증진, 인적·조직적 교환 프로그램, 한국 민주화 경험 공유, 지식 기반 서비스, 책임 있고 효율적인 통치모델 개발 등의 순서로 분포되었다. 이러한 분석결과는 통계적으로 유의미하다.

〈표 42〉 근무지, 영역, 활동유형, 근무기간수준별 민주화운동기념사업회가 추진해야 할 프로그램에 대한 이차원 분할표

		민주화운동기념사업회가 추진해야 할 프로그램							전체	X^2
		지역적·세계적 포럼개최	책임 있고 효율적인 통치모델 개발	지식 기반 서비스	커뮤니티 프로그램 증진	교육 훈련 프로그램	인적·조직적 교환 프로그램	한국 민주화 경험 공유		
영역	시민사회	17	12	8	36	22	34	11	140	20.713
		12.1%	8.6%	5.7%	25.7%	15.7%	24.3%	7.9%	100.0%	
	정부 및 공공기관	4	9	7	8	8	8	6	50	
		8.0%	18.0%	14.0%	16.0%	16.0%	16.0%	12.0%	100.0%	
	학생	25	12	5	23	17	34	6	122	
		20.5%	9.8%	4.1%	18.9%	13.9%	27.9%	4.9%	100.0%	
	전체	46	33	20	67	47	76	23	312	
		14.7%	10.6%	6.4%	21.5%	15.1%	24.4%	7.4%	100.0%	
지역	서울	42	28	15	60	44	71	17	277	* 13.037
		15.2%	10.1%	5.4%	21.7%	15.9%	25.6%	6.1%	100.0%	
	기타지역	4	5	5	6	3	5	6	34	
		11.8%	14.7%	14.7%	17.6%	8.8%	14.7%	17.6%	100.0%	
	전체	46	33	20	66	47	76	23	311	
		14.8%	10.6%	6.4%	21.2%	15.1%	24.4%	7.4%	100.0%	
단체 활동 유형	권익보호 및 증진 분야	4	5	5	12	7	7	7	47	32.381
		8.5%	10.6%	10.6%	25.5%	14.9%	14.9%	14.9%	100.0%	
	연구 교육 분야	15	14	11	29	15	31	5	120	
		12.5%	11.7%	9.2%	24.2%	12.5%	25.8%	4.2%	100.0%	
	자선 및 구호 분야	2	0	1	5	1	2	1	12	
		16.7%	0.0%	8.3%	41.7%	8.3%	16.7%	8.3%	100.0%	
	지역사회 발전 분야	3	1	0	4	4	3	2	17	
		17.6%	5.9%	0.0%	23.5%	23.5%	17.6%	11.8%	100.0%	
	세 가지 이상 분야	7	7	1	5	6	15	4	45	
		15.6%	15.6%	2.2%	11.1%	13.3%	33.3%	8.9%	100.0%	
	기타	15	6	2	12	14	18	4	71	
		21.1%	8.5%	2.8%	16.9%	19.7%	25.4%	5.6%	100.0%	
	전체	46	33	20	67	47	76	23	312	
		14.7%	10.6%	6.4%	21.5%	15.1%	24.4%	7.4%	100.0%	
근무 기간	1년 미만	16	4	1	12	12	19	3	67	* 44.658
		23.9%	6.0%	1.5%	17.9%	17.9%	28.4%	4.5%	100.0%	
	1~3년 미만	21	15	13	36	22	36	10	153	
		13.7%	9.8%	8.5%	23.5%	14.4%	23.5%	6.5%	100.0%	
	3~5년 미만	3	6	2	6	2	5	3	27	
		11.1%	22.2%	7.4%	22.2%	7.4%	18.5%	11.1%	100.0%	
	5~10년 미만	2	7	2	4	2	11	4	32	
		6.3%	21.9%	6.3%	12.5%	6.3%	34.4%	12.5%	100.0%	
	10~15년 미만	0	0	0	6	2	3	1	12	
		0.0%	0.0%	0.0%	50.0%	16.7%	25.0%	8.3%	100.0%	
	15년 이상	4	1	2	3	7	2	2	21	
		19.0%	4.8%	9.5%	14.3%	33.3%	9.5%	9.5%	100.0%	
	전체	46	33	20	67	47	76	23	312	
		14.7%	10.6%	6.4%	21.5%	15.1%	24.4%	7.4%	100.0%	

* : p<.05(단측검증), ** : p<.01(단측검증), *** : p<.001(단측검증)

민주화운동기념사업회가 추진해야 할 프로그램의 필요성 정도

〈표 43〉은 근무지, 영역, 활동유형, 근무기간수준별 민주화운동
기념사업회가 추진해야 할 프로그램의 필요성 정도에 대한 평균차
이검증결과이다. 표에 제시된 분석내용을 구체적으로 논의하면 다
음과 같이 제시할 수 있다.

첫째, 근무지별 민주화운동기념사업회가 추진해야 할 프로그램
의 필요성 정도에 대한 평균차이검증결과, 서울 지역에서는 인적 ·
조직적 교환 프로그램, 교육 훈련 프로그램, 커뮤니티 프로그램 증
진, 지역적 · 세계적 포럼개최, 지식 기반 서비스, 책임 있고 효율적
인 통치모델 개발, 한국 민주화 경험공유 등의 순서로 높게 구성된
데 비해, 서울 이외 지역에서는 교육 훈련 프로그램의 평균이 4.15
로 가장 높으며 그 다음으로 커뮤니티 프로그램 증진, 인적 · 조직
적 교환 프로그램, 한국 민주화 경험공유, 지식 기반 서비스, 책임
있고 효율적인 통치모델 개발, 지역적 · 세계적 포럼개최 등의 순서
로 높게 형성되었다. 민주화운동기념사업회가 추진해야 할 프로그
램 변인들을 상호 대비시켜 살펴보면, 지역적 · 세계적 포럼개최변
인은 서울지역에서, 한국 민주화 경험공유변인은 서울 이외 지역에
서 더 높으며 통계적으로 유의미한 차이였다.

둘째, 영역별 민주화운동기념사업회가 추진해야 할 프로그램의 필
요성 정도에 대한 평균차이검증결과, 시민사회 단체에서는 인적 · 조
직적 교환 프로그램의 필요성에 대한 평균이 4.14로 가장 높으며
그 다음으로 교육 훈련 프로그램, 커뮤니티 프로그램 증진, 민주화
공유프로그램, 지식 기반 서비스, 지역적 · 세계적 포럼개최, 책임
있고 효율적인 통치모델 개발 순서로 높게 구성된 반면에, 정부
및 공공기관에서는 교육 훈련 프로그램의 필요성에 대한 평균이
4.18로 가장 높으며 그 다음으로 인적 · 조직적 교환 프로그램, 커뮤

니티 프로그램 증진, 한국 민주화 경험공유, 책임 있고 효율적인 통치모델 개발과 지식 기반 서비스, 지역적·세계적 포럼개최 등의 순서로 높게 구성된데 비해, 학생에서는 인적·조직적 교환 프로그램의 필요성에 대한 평균이 4.03으로 가장 높으며 그 다음으로 지역적·세계적 포럼개최, 교육 훈련 프로그램, 커뮤니티 프로그램 증진, 지식 기반 서비스, 책임 있고 효율적인 통치모델 개발, 민주화공유 프로그램 등의 순서로 높게 나타났다. 민주화운동기념사업회가 추진해야 할 프로그램 변인들을 상호 대비시켜 살펴보면, 지역적·세계적 포럼개최변인은 학생에서 더 높으며, 교육 훈련 프로그램변인은 정부 및 공공기관에서 더 높고, 한국 민주화 경험공유 변인은 정부 및 공공기관에서 더 높으며 이는 통계적으로 유의미한 차이였다.

셋째, 단체활동 유형별 민주화운동기념사업회가 추진해야 할 프로그램의 필요성 정도에 대한 평균차이검증결과, 권익보호 및 증진 분야단체에서는 교육 훈련 프로그램의 필요성에 대한 평균이 4.27로 가장 높으며 그 다음으로 인적·조직적 교환 프로그램, 커뮤니티 프로그램 증진, 한국 민주화 경험공유, 지식 기반 서비스, 지역적·세계적 포럼개최, 책임 있고 효율적인 통치모델 개발 등의 순서로 높게 구성된데 비해, 연구 교육 분야단체에서는 인적·조직적 교환 프로그램의 필요성에 대한 평균이 4.09로 가장 높으며 그 다음으로 커뮤니티 프로그램 증진, 교육 훈련 프로그램, 지역적·세계적 포럼개최, 지식 기반 서비스, 책임 있고 효율적인 통치모델 개발, 한국 민주화 경험공유 등의 순서로 높게 구성되었으며, 자선 및 구호 분야단체에서도 커뮤니티 프로그램 증진과 인적·조직적 교환 프로그램의 필요성에 대한 평균이 각각 4.25로 가장 높으며 교육 훈련 프로그램, 지식 기반 서비스, 한국 민주화 경험공유, 지역적·세계적 포럼개최, 책임 있고 효율적인 통치모델 개발 등의 순서로 높게 나타났다. 지역사회 발전 분야단체에서는 인적·조직적 교환 프로그램, 교육 훈련 프로그램, 커뮤니티 프로그램 증진, 책임 있고 효율적인 통치모델 개발, 지식 기반 서비스, 지역적·세계적 포럼개최, 한국 민주화 경험공유 등의 순서로 높으며 세 가지 이상의 기능을 수행하는 단체에서는 인적·조직적 교환 프로그램의 필요성에 대한 평균이 4.16으로 가장 높으며 그 다음으로 교육 훈련 프로그램, 한국 민주화 경험공유, 커뮤니티 프로그램 증진, 책임 있고 효율적인 통치모델 개발과 지역적·세계적 포럼개최, 지식 기반 서비스 순서로 높고, 기타 단체에서는 인적·조직적 교환 프로그램, 교육 훈련 프로그램, 커뮤니티 프로그램 증진, 지역적·세계적 포럼개최, 지식 기반 서비스, 책임 있고 효율적인 통치모델 개발, 한국 민주화 경험공유 순서로 높게 나타났다. 민주화운동기념사업회가 추진해야 할 프로그램 변인들을 상호 대비시켜 살펴보면, 커뮤니티 프로그램 증진과 한국 민주화 경험공유 변인은 자선 및 구호 분야 단체가 다른 단체들보다 더 높으며 통계적으로 유의미한 차이였다.

넷째, 근무기간별 민주화운동기념사업회가 추진해야 할 프로그램의 필요성 정도에 대한 평균차이검증결과, 1년 미만의 담당자들은 인적·조직적 교환 프로그램의 필요성에 대한 평균이 4.04로 가장 높으며 그 다음으로 교육 훈련 프로그램, 커뮤니티 프로그램 증진, 지역적·세계적 포럼개최, 지식 기반 서비스, 책임 있고 효율적인 통치모델 개발, 한국 민주화 경험공유 순서로 높으며, 1~3년 미만의 담당자들도 인적·조직적 교환 프로그램의 필요성에 대한 평균이 4.08로 가장 높으며 그 다음으로 커뮤니티 프로그램 증진, 교육 훈련 프로그램, 지역적·세계적 포럼개최, 지식 기반 서비스, 책임 있고 효율적인 통치모델 개발, 한국 민주화 경험공유 순서로 높고, 3~5년 미만의 담당자들은 인적·조직적 교환 프로그램의 필요성에 대한 평균이 4.17로 가장 높으며 그 다음으로 교육 훈련 프로그램, 커뮤니티 프로그램 증진, 한국 민주화 경험공유, 책임 있고 효율적인 통치모델 개발과 지식 기반 서비스, 지역적·세계적 포럼개최 순서로 높게 나타났다. 5~10년 미만의 담당자들은 교육 훈련 프로그램의 필요성에 대한 평균이 4.06으로 가장 높으며 그 다음으로 인적·조직적 교환 프로그램, 한국 민주화 경험공유, 커뮤니티 프로그램 증진, 책임 있고 효율적인 통치모델 개발, 지식 기반 서비스, 지역적·세계적 포럼개최 등의 순서로 높고, 10~15년 미만의 담당자들은 인적·조직적 교환 프로그램의 필요성에 대한 평균이 4.33으로 가장 높으며 그 다음으로 교육 훈련 프로그램, 커뮤니티 프로그램 증진, 한국 민주화 경험공유, 지식 기반 서비스, 지역적·세계적 포럼개최, 책임 있고 효율적인 통치모델 개발 등의 순서로 높고, 15년 이상의 담당자들은 교육 훈련 프로그램의 필요성에 대한 평균이 4.57로 가장 높으며 그 다음으로 인적·조직적 교환 프로그램, 커뮤니티 프로그램 증진, 지식 기반 서비스와 책임 있고 효율적인 통치모델 개발, 한국 민주화 경험공유, 지역적·세계적 포럼개최 순서로 높다. 민주화운동기념사업회가 추진해야 할 프로그램 변인들을 살펴보면, 교육 훈련 프로그램 변인은 15년 이상의 담당자들이 15년 이하의 담당자들보다 더 높으며 통계적으로 유의미한 차이였다.

<표 43> 근무지, 영역, 활동유형, 근무기간수준별 민주화운동기념사업회가 추진해야 할 프로그램 필요성 정도에 대한 평균차이검증결과

		N	지역적·세계적 포럼개최	책임 있고 효율적인 통치모델 개발	지식 기반 서비스	커뮤니티 프로그램 증진	교육 훈련 프로그램	인적·조직적 교환 프로그램	한국 민주화 경험공유
근무지	서울	276	3.67	3.45	3.56	3.92	4.01	4.10	3.45
	기타지역	34	3.35	3.56	3.71	4.09	4.15	4.00	3.88
	t		2.065*	-.679	-1.070	-1.256	-.999	.801	-2.604*
영역	시민사회	138	3.45	3.36	3.51	4.00	4.09	4.14	3.60
	정부 및 공공기관	50	3.48	3.60	3.60	3.96	4.18	4.12	3.70
	학생	123	3.90	3.52	3.64	3.86	3.89	4.03	3.33
	F		11.171***	1.880	1.022	1.129	3.791*	.728	4.310*
활동유형	권익보호 및 증진 분야	49	3.45	3.43	3.53	4.12	4.27	4.14	3.61
	연구 교육 분야	119	3.76	3.51	3.66	4.00	3.97	4.09	3.49
	자선 및 구호 분야	12	3.58	2.92	3.83	4.25	4.08	4.25	3.83
	지역사회	16	3.31	3.69	3.50	3.71	3.82	3.88	2.94
	세 가지 이상 분야	43	3.47	3.47	3.40	3.79	3.98	4.16	3.84
	기타	72	3.74	3.44	3.55	3.80	4.03	4.04	3.35
	F		2.057	1.306	1.200	2.310*	1.529	.606	3.440**
근무기간	1년 미만	68	3.81	3.40	3.54	3.85	3.99	4.04	3.37
	1~3년 미만	155	3.65	3.46	3.60	4.00	3.95	4.08	3.42
	3~5년 미만	24	3.54	3.63	3.63	3.92	4.00	4.17	3.75
	5~10년 미만	32	3.38	3.47	3.41	3.75	4.06	3.97	3.78
	10~15년 미만	11	3.27	2.82	3.45	4.08	4.25	4.33	3.75
	15년 이상	21	3.67	3.81	3.81	4.00	4.57	4.29	3.76
	F		1.697	2.231	.880	.905	3.033*	.880	2.045

5점 만점, * : p<.05(단측검증), ** : p<.01(단측검증), *** : p<.001(단측검증)

〈표 44〉은 교류협력경험, 협력지역, 크기, 민주주의 및 국내 민주주의 증진에 대한 민주주의 국제협력의 기여수준별 민주화운동기념사업회가 추진해야 할 프로그램의 필요성 정도에 대한 평균차이 검증결과이다. 표에 제시된 분석내용을 구체적으로 살펴보면 다음과 같다.

첫째, 교류협력경험별 민주화운동기념사업회가 추진해야 할 프로그램의 필요성 정도에 대한 평균차이검증결과, 교류협력경험이 있는 담당자들은 인적·조직적 교환 프로그램의 필요성에 대한 평균이 4.10으로 가장 높으며 그 다음으로 교육 훈련 프로그램, 커뮤니티 프로그램 증진, 지역적·세계적 포럼개최, 커뮤니티 프로그램 증진, 지역적·세계적 포럼개최, 지식 기반 서비스, 한국 민주화 경험공유, 책임 있고 효율적인 통치모델 개발 순서로 높으며, 교류협력경험이 없는 담당자들은 커뮤니티 프로그램 증진의 필요성에 대한 평균이 4.27로 가장 높고 그 다음으로 커뮤니티 프로그램 증진, 교육 훈련 프로그램, 인적·조직적 교환 프로그램, 지식 기반 서비스, 책임 있고 효율적인 통치모델 개발과 지역적·세계적 포럼개최, 한국 민주화 경험공유 등의 순서로 높게 나타났다. 민주화운동기념사업회가 추진해야 할 프로그램 변인들을 상호 대비시켜 살펴본 결과, 일곱 가지 변인 모두 통계적으로 유의미하지지 않은 차이였다.

둘째, 교류협력지역별 민주화운동기념사업회가 추진해야 할 프로그램의 필요성 정도에 대한 평균차이검증결과, 아시아태평양지역에 답한 담당자들은 인적·조직적 교환 프로그램의 필요성에 대한 평균이 4.13으로 가장 높으며 그 다음으로 교육 훈련 프로그램, 커뮤니티 프로그램 증진, 지역적·세계적 포럼개최, 지식 기반 서비스, 한국 민주화 경험공유, 책임 있고 효율적인 통치모델 개발 등의 순서로 높고, 유럽지역교류협력에 답한 담당자들은 인적·조직적 교환 프로그램의 필요성에 대한 평균이 4.00으로 가장 높으며 그 다음으로 교육 훈련 프로그램, 커뮤니티 프로그램 증진, 책임 있고 효율적인 통치모델 개발, 지역적·세계적 포럼개최, 한국 민주화 경험공유, 지식 기반 서비스 순서로 높으며, 아프리카지역교류협력에 답한 담당자들은 지역적·세계적 포럼개최와 인적·조직적 교환 프로그램의 필요성에 대한 평균이 각각 4.50으로 가장 높으며 그 다음으로 지식 기반 서비스, 커뮤니티 프로그램 증진, 인적·조직적 교환 프로그램, 책임 있고 효율적인 통치모델 개발, 한국 민주화 경험공유 순서로 높게 나타났다. 북미지역교류협력에 답한 담당자들은 교육 훈련 프로그램의 필요성에 대한 평균이 3.81로 가장 높으며 그 다음으로 지역적·세계적 포럼개최, 한국 민주화 경험공유, 지식 기반 서비스, 인적·조직적 교환 프로그램, 커뮤니티 프로그램 증진, 책임 있고 효율적인 통치모델 개발 순서로 높고, 기타지역교류협력에 답한 담당자들은 교육 훈련 프로그램이 4.20으로 가장 높으며 그 다음으로 커뮤니티 프로그램 증진, 인적·조직적 교환 프로그램, 한국 민주화 경험공유, 지역적·세계적 포럼개최와 책임 있고 효율적인 통치모델 개발 순서로 높게 나타났다. 민주화운동기념사업회가 추진해야 할 프로그램 변인들을 상호대비시켜 살펴본 결과 일곱 가지 변인 모두 통계적으로 유의미하지 않은 차이였다.

셋째, 교류협력지역의 크기별 민주화운동기념사업회가 추진해야 할 프로그램의 필요성 정도에 대한 평균차이검증결과, 1개 지역교류협력에 답한 담당자들은 인적·조직적 교환 프로그램의 필요성에 대한 평균이 4.04로 가장 높으며 그 다음으로 교육 훈련 프로그램, 커뮤니티 프로그램 증진, 지역적·세계적 포럼개최, 지식 기반 서비스, 책임 있고 효율적인 통치모델 개발, 한국 민주화 경험공유 순서로 높고, 2개 지역교류협력에 답한 담당자들은 인적·조직적 교환 프로그램의 필요성에 대한 평균이 4.46으로 가장 높으며, 그 다음으로 교육훈련 프로그램, 커뮤니티 프로그램 증진, 한국 민주화 경험 공유, 지역적·세계적 포럼 개최, 책임 있고 효율적인 통치모델 개발, 지식 기반 서비스 순으로 응답했다. 3개 이상 지역 교류협력에 답한 담당자들은 교육 훈련 프로그램과 인적·조직적 교환 프로그램의 필요성에 대한 평균이 각각 4.21로 가장 높으며 그 다음으로 커뮤니티 프로그램 증진, 한국 민주화 경험공유, 지식 기반 서비스, 책임 있고 효율적인 통치모델 개발, 지역적·세계적 포럼개최 순서로 높게 나타났다. 민주화운동기념사업회가 추진해야 할 프로그램 변인들을 상호 대비시켜 살펴보면, 지역적·세계적 포럼개최, 교육 훈련 프로그램, 인적·조직적 교환 프로그램, 한국 민주화 경험공유 변인은 1개 지역교류협력과 2개 지역교류협력보다 3개 이상의 지역교류협력에 답한 담당자들이 더 높으며 통계적으로 유의미한 차이였다.

넷째, 한국 민주주의 수준별 민주화운동기념사업회가 추진해야 할 프로그램의 필요성 정도에 대한 평균차이검증결과, 비민주적에서는 인적·조직적 교환 프로그램의 필요성에 대한 평균이 4.05로 가장 높으며 그 다음으로 커뮤니티 프로그램 증진과 교육 훈련 프로그램, 책임 있고 효율적인 통치모델 개발, 지식 기반 서비스, 지역적·세계적 포럼개최와 한국 민주화 경험공유 순서로 높고, 보통수준에서도 인적·조직적 교환 프로그램의 필요성에 대한 평균이 4.06으로 가장 높으며 그 다음으로 교육 훈련 프로그램, 커뮤니티 프로그램 증진, 지역적·세계적 포럼개최, 지식 기반 서비스, 책임 있고 효율적인 통치모델 개발과 한국 민주화 경험공유 순서로 높고, 민주적에서는 교육 훈련 프로그램의 필요성에 대한 평균이 4.18로 가장 높으며 그 다음으로 인적·조직적 교환 프로그램, 커뮤니티 프로그램 증진, 한국 민주화 경험공유, 지식 기반 서비스, 지역적·세계적 포럼개최, 책임 있고 효율적인 통치모델 개발 순서로 높게 나타났다. 민주화운동기념사업회가 추진해야 할 프로그램 변인들을 상호 대비시켜 살펴본 결과 일곱 가지 변인 모두 통계적으로 유의미하지 않은 차이였다.

다섯째, 국내 민주주의 증진에 대한 민주주의 국제협력의 기여수준별 민주화운동기념사업회가 추진해야 할 프로그램의 필요성 정도에 대한 평균차이검증결과, 도움이 없는 편에서는 교육 훈련 프로그램과 인적·조직적 교환 프로그램의 필요성이 각각 3.89로 가장 높으며 그 다음으로 지식 기반 서비스와 커뮤니티 프로그램 증진, 책임 있고 효율적인 통치모델 개발, 지역적·세계적 포럼개최, 한국 민주화 경험공유 순서로 높고, 보통수준에서는 인적·조직적 교환 프로그램의 필요성에 대한 평균이 3.82로 가장 높으며 그 다음으로 교육 훈련 프로그램, 커뮤니티 프로그램 증진, 지식 기반 서비스, 책임 있고 효율적인 통치모델 개발, 한국 민주화 경험공유, 지역적·세계적 포럼개최 순서로 높고, 도움이 있는 편에서는 인적·조직적 교환 프로그램의 필요성에 대한 평균이 4.17로 가장 높으며 그 다음으로 교육 훈련 프로그램, 커뮤니티 프로그램 증진, 지역적·세계적 포럼개최, 한국 민주화 경험공유, 지식 기반 서비스, 책임 있고 효율적인 통치모델 개발 순서로 높게 나타났다. 민주화운동기념사업회가 추진해야 할 프로그램 변인들을 상호 대비시켜 살펴보면, 지역적·세계적 포럼개최, 커뮤니티 프로그램 증진, 교육 훈련 프로그램, 인적·조직적 교환 프로그램, 한국 민주화 경험공유의 다섯 가지 변인은 도움이 있는 편에서 더 높으며 통계적으로 유의미하다.

〈표 44〉 교류협력경험, 협력지역, 크기, 민주주의 및 국내 민주주의 증진에 대한 민주주의 국제협력의 기여수준별 민주화운동기념사업회가 추진해야 할 프로그램의 필요성 정도에 대한 평균차이검증결과

		N	지역적·세계적 포럼개최	책임 있고 효율적인 통치모델 개발	지식 기반 서비스	커뮤니티 프로그램 증진	교육 훈련 프로그램	인적·조직적 교환 프로그램	한국 민주화 경험공유
교류협력 경험	있음	297	3.64	3.46	3.57	3.93	4.02	4.10	3.51
	없음	11	3.55	3.55	3.82	4.27	4.18	4.09	3.45
	t		.351	-.319	-1.086	-1.503	-.720	.029	.185
주요 교류협력 지역	아시아태평양지역	259	3.64	3.44	3.57	3.97	4.04	4.13	3.50
	유럽지역	17	3.47	3.76	3.24	3.65	3.88	4.00	3.41
	아프리카지역	4	4.50	3.75	4.25	4.25	4.25	4.50	3.50
	북미지역	16	3.69	3.56	3.69	3.56	3.81	3.69	3.75
	기타지역	15	3.40	3.40	3.87	4.00	4.20	3.93	3.53
	F		1.550	.775	2.392	1.982	.832	2.026	.338
교류협력 지역의 크기	1개 지역	244	3.69	3.45	3.54	3.88	3.97	4.04	3.42
	2개 지역	26	3.58	3.54	3.54	4.12	4.27	4.46	3.73
	3개 지역 이상	29	3.24	3.52	3.82	4.18	4.21	4.21	3.93
	F		3.907*	.204	1.785	2.809	3.103*	4.434*	4.875**
한국 민주주의 수준	비민주적	43	3.47	3.63	3.62	4.02	4.02	4.05	3.47
	보통	180	3.67	3.39	3.52	3.87	3.94	4.06	3.39
	민주적	84	3.64	3.54	3.68	4.06	4.18	4.16	3.80
	F		1.054	1.668	1.310	2.176	2.979	.680	5.985**
국내 민주주의 증진에 대한 민주주의 국제협력의 기여	도움이 없는 편	9	3.44	3.56	3.67	3.67	3.89	3.89	3.00
	보통	66	3.27	3.44	3.50	3.67	3.80	3.82	3.29
	도움이 있는 편	228	3.75	3.48	3.59	4.03	4.08	4.17	3.59
	F		9.133***	.097	.451	6.631**	3.887*	6.547**	4.362*

5점 만점, * : p⟨.05(단측검증), ** : p⟨.01(단측검증), *** : p⟨.001(단측검증)

〈표 45〉은 국제협력프로그램의 유형 및 만족수준, 기대효과수준별 민주화운동기념사업회가 추진해야 할 프로그램의 필요성 정도에 대한 평균차이검증결과이다. 표에 제시된 분석내용을 구체적으로 논의하면 다음과 같다.

첫째, 국제협력에서 효과성 가장 높은 프로그램유형별 민주화운동기념사업회가 추진해야 할 프로그램의 필요성 정도에 대한 평균차이검증결과, 교육 훈련 프로그램에 답한 담당자들은 인적·조직적 교환 프로그램의 필요성에 대한 평균이 4.11로 가장 높으며 그다음으로 교육 훈련 프로그램, 커뮤니티 프로그램 증진, 지역적·세계적 포럼개최, 지식 기반 서비스, 책임 있고 효율적인 통치모델 개발, 한국 민주화 경험공유 순서로 높으며, 인적교류협력에 답한 담당자들은 인적·조직적 교환 프로그램의 필요성에 대한 평균이 4.10으로 가장 높으며 그 다음으로 교육 훈련 프로그램, 커뮤니티 프로그램 증진, 한국 민주화 경험공유, 지식 기반 서비스, 책임 있고 효율적인 통치모델 개발, 지역적·세계적 포럼개최 순서로 높고, 국제연대에 답한 담당자들은 인적·조직적 교환 프로그램의 필요성에 대한 평균이 3.96으로 가장 높으며 그 다음으로 커뮤니티 프로그램 증진, 교육 훈련 프로그램, 지역적·세계적 포럼개최, 지식 기반 서비스, 책임 있고 효율적인 통치모델 개발, 한국 민주화 경험공유 순서로 높게 나타났다. 재정지원에 답한 담당자들은 한국 민주화 경험공유의 필요성에 대한 평균이 4.67로 가장 높으며 그 다음으로 교육 훈련 프로그램, 인적·조직적 교환 프로그램, 커뮤니티 프로그램 증진, 지식 기반 서비스, 지역적·세계적 포럼개최와 책임 있고 효율적인 통치모델 개발 순서로 높으며, 자료교환에 답한 담당자들은 교육 훈련 프로그램의 필요성에 대한 평균이 4.40으로 가장 높고 그 다음으로 인적·조직적 교환 프로그램, 커뮤니티 프로그램 증진, 한국 민주화 경험공유, 지역적·세계적 포럼개최, 책임 있고 효율적인 통치모델 개발, 지식 기반 서비스 순서로 높게 나타났으며, 기타에 답한 담당자들은 인적·조직적 교환 프로그램과 커뮤니티 프로그램 증진의 필요성에 대한 평균이 각각 4.29로 가장 높으며 그 다음으로 교육 훈련 프로그램과 한국 민주화 경험공유, 지식 기반 서비스, 지역적·세계적 포럼개최, 책임 있고 효율적인 통치모델 개발 순서로 높게 나타났다. 민주화운동기념사업회가 추진해야 할 프로그램 변인들을 상호 대비시켜 살펴보면, 지역적·세계적 포럼개최 변인은 교육 훈련 프로그램이 답한 담당자들이 더 높으며, 한국 민주화 경험공유변인은 재정지원에 답한 담당자가 다른 담당자들보다 더 높고 통계적으로 유의미하다.

둘째, 국제협력프로그램의 만족수준별 민주화운동기념사업회가 추진해야 할 프로그램의 필요성 정도에 대한 평균차이검증결과, 만족하는 편에서는 교육 훈련 프로그램의 필요성에 대한 평균이 4.45로 가장 높으며 그 다음으로 인적·조직적 교환 프로그램, 커뮤니티 프로그램 증진, 한국 민주화 경험공유, 지식 기반 서비스, 지역적·세계적 포럼개최, 책임 있고 효율적인 통치모델 개발 순서로 높고, 중간수준에서는 인적·조직적 교환 프로그램의 필요성에 대한 평균이 3.97로 가장 높으며 그 다음으로 교육 훈련 프로그램, 커뮤니티 프로그램 증진, 지식 기반 서비스, 지역적·세계적 포럼개최, 한국 민주화 경험공유, 책임 있고 효율적인 통치모델 개발 순서로 높고, 불만족하는 편에서는 인적·조직적 교환 프로그램의 필요성에 대한 평균이 4.20으로 가장 높으며 그 다음으로 교육 훈련 프로그램, 커뮤니티 프로그램 증진, 지역적·세계적 포럼개최, 책임 있고 효율적인 통치모델 개발, 지식 기반 서비스, 책임 있고 효율적인 통치모델 개발과 한국 민주화 경험공유 등의 순서로 높게 나타났다. 민주화운동기념사업회가 추진해야 할 프로그램 변인들을 상호 대비시켜 살펴보면, 지역적·세계적 포럼개최와 인적·조직적 교환 프로그램의 두 가지 변인은 불만족하는 편에서 더 높은 데 비해, 교육 훈련 프로그램변인은 만족하는 편에서 더 높으며 통계적으로 유의미하다.

셋째, 국제교류협력의 기대효과수준별 민주화운동기념사업회가 추진해야 할 프로그램의 필요성 정도에 대한 평균차이검증결과, 경제적 이해에 답한 담당자들은 교육 훈련 프로그램의 필요성에 대한 평균이 4.00으로 가장 높으며 그 다음으로 인적·조직적 교환 프로그램, 커뮤니티 프로그램 증진과 지역적·세계적 포럼개최, 책임 있고 효율적인 통치모델 개발, 지식 기반 서비스, 한국 민주화 경험공유 등의 순서로 높고, 상호이해에 답한 담당자들은 인적·조직적 교환 프로그램의 필요성에 대한 평균이 4.06으로 가장 높으며 그 다음으로 커뮤니티 프로그램 증진과 교육 훈련 프로그램, 지역적·세계적 포럼개최, 지식 기반 서비스, 책임 있고 효율적인 통치모델 개발, 한국 민주화 경험공유 등의 순서로 높고, 민주주의 가치구현에 답한 담당자들은 교육 훈련 프로그램의 필요성에 대한 평균이 4.14로 가장 높으며 그 다음으로 인적·조직적 교환 프로그램, 커뮤니티 프로그램 증진, 지식 기반 서비스, 한국 민주화 경험공유, 지역적·세계적 포럼개최, 책임 있고 효율적인 통치모델 개발 순서로 높게 나타났다. 국제사회위상 강화에 답한 담당자들은 인적·조직적 교환 프로그램의 필요성에 대한 평균이 4.23으로 가장 높으며 그 다음으로 교육 훈련 프로그램과 지역적·세계적 포럼개최, 커뮤니티 프로그램 증진, 한국 민주화 경험공유, 지식 기반 서비스, 책임 있고 효율적인 통치모델 개발 등의 순서로 높고, 전문가교류 및 새로운 정보수집에 답한 담당자들은 교육 훈련 프로그램의 필요성에 대한 평균이 4.14로 가장 높으며 그 다음으로 인적·조직적 교환 프로그램, 커뮤니티 프로그램 증진, 한국 민주화 경험공유, 지역적·세계적 포럼개최, 지식 기반 서비스, 책임 있고 효율적인 통치모델

274

개발 순서로 높게 나타났다. 기타에 답한 담당자들은 인적·조직적 교환 프로그램의 필요성에 대한 평균이 4.33으로 가장 높으며 그 다음으로 교육 훈련 프로그램, 한국 민주화 경험 공유, 책임 있고 효율적인 통치 모델 개발, 커뮤니티 프로그램 증진, 지역적·세계적 포럼 개최, 지식 기반 서비스 순으로 높게 나타났다. 민주화운동 기념사업회가 추진해야 할 프로그램 변인들을 상호 대비시켜 살펴보면, 지역적·세계적 포럼개최변인은 국제사회위상에 답한 담당자들이 그렇지 않은 담당자들보다 더 높은데 비해, 한국 민주화 경험공유변인은 기타에 답한 담당자들이 그렇지 않은 담당자들보다 더 높고 통계적으로 유의미한 차이였다.

〈표 45〉 프로그램의 유형 및 만족수준, 기대효과수준별 민주화운동기념사업회가
추진해야 할 프로그램 필요성 정도에 대한 평균차이검증결과

		N	지역적· 세계적 포럼개최	책임 있고 효율적인 통치모델 개발	지식 기반 서비스	커뮤니티 프로그램 증진	교육 훈련 프로그램	인적· 조직적 교환 프로그램	한국 민주화 경험공유
효과적인 국제협력 프로그램	교육훈련프로그램	188	3.75	3.52	3.63	3.92	4.05	4.11	3.50
	인적교류협력	30	3.33	3.40	3.50	3.90	3.93	4.10	3.77
	국제연대	56	3.59	3.46	3.50	3.88	3.84	3.96	3.20
	재정지원	3	3.00	3.00	3.33	4.00	4.33	4.33	4.67
	자료교환	15	3.53	3.40	3.36	4.07	4.40	4.33	3.60
	기타	7	3.00	2.57	3.43	4.29	4.00	4.29	4.00
	F		2.825*	1.947	.695	.481	1.784	.885	3.204**
국제협력 프로그램 만족도수 준	만족하는 편	11	3.36	3.18	3.73	4.09	4.45	4.18	3.91
	중간	134	3.51	3.36	3.53	3.83	3.91	3.97	3.39
	불만족하는 편	156	3.78	3.58	3.60	4.01	4.08	4.20	3.58
	F		4.296*	3.031	.606	2.439	4.129*	3.797*	2.682
교육협력 의 기대효과	경제적 이해	20	3.85	3.65	3.35	3.85	4.00	3.95	3.15
	상호이해	110	3.61	3.44	3.55	3.91	3.91	4.06	3.40
	민주주의가치구현	58	3.38	3.33	3.60	4.05	4.14	4.12	3.56
	국제사회위상강화	39	4.03	3.72	3.79	3.97	4.03	4.23	3.26
	전문가교류 및 새로운 정보수집	74	3.62	3.41	3.59	3.90	4.14	4.08	3.80
	기타	6	3.33	3.83	3.33	3.83	4.00	4.33	4.00
	F		3.300**	1.483	1.218	.418	1.164	.635	3.538**

5점 만점, * : p〈.05(단측검증), ** : p〈.01(단측검증), *** : p〈.001(단측검증)

국내 각 분야의 해외 교류 · 협력
실태 파악을 위한 설문조사

민주화운동기념사업회
100-785 서울 중구 미술관길 9 배재정동빌딩 1층
전화번호: 02-3709-7530 Fax: 02-3709-7530
홈페이지: http://www.kdemocracy.or.kr

　설문조사에 협조해 주셔서 감사합니다.

　이 설문조사는 민주주의 증진과 발전에 기여할 수 있는 국제교류협력 프로
그램을 개발하고자 하는 노력의 일환으로 실시되고 있습니다. 민주화운동기
념사업회는 현재 우리사회의 각 분야에서 이루어지고 있는 국제교류와 협력
의 형태와 실재에 대한 파악을 바탕으로 바람직한 교류 프로그램을 발굴,
개발하여 세계 속에서 한국의 민주화 경험을 공유하고자 합니다. 여러분의
소중한 경험과 의견을 나눌 수 있는 기회가 되었으면 합니다.

민주화운동기념사업회

국제사업단 단장 이 정 옥

1. 귀하께서 종사하시는 기관이나 단체는 국제교류 및 협력을 하신 적이 있습니까?

　　1) 예　　　　　　　　　2) 아니오　　　　　　　　3) 모름

2. 주로 어떤 지역에서 교류협력이 이루어졌습니까?

　　1) 아시아 태평양 지역　　　　　2) 유럽지역

　　3) 아프리카 지역　　　　　　　4) 북미지역 (미국, 캐나다)

　　5) 중동 지역　　　　　　　　　6) 남미, 라틴 아메리카 지역

　　7) 기타 지역

3. 귀하의 단체나 기관에서 실행하였던 국제교류협력 프로그램 중 어떤 프로그램이 가장 효과적이었습니까?

　　1) 교육 및 훈련 프로그램　　　2) 인적 교류

　　3) 국제 연대 활동　　　　　　4) 재정적 지원

　　5) 자료 교환 및 아이디어 공유　6) 기 타 ＿＿＿＿＿＿＿＿

4. 위 프로그램의 성과에 대해 어느 정도 만족하십니까?

　　　1　　　　　2　　　　　3　　　　　4　　　　　5

　← 매우 불만족　　　　　　　　　　　　매우 만족 →

5. 위 교류 협력 프로그램 진행 중 가장 어려웠던 점은 무엇입니까?

　　1) 교류 대상국의 상황(정치/경제/사회)

　　2) 인적 자원의 부족

　　3) 교류 대상국의 문화 및 특수성에 대한 이해부족

　　4) 재정 부족

　　5) 해당 분야에 대한 국내 인식 및 이해 부족

6) 기 타 _____

6. 위 교류 협력 프로그램을 위해 필요했던 점은 무엇이었습니까?
   1) 프로그램 개발과 연구 능력
   2) 국제적 사업을 담당할 인적 자원
   3) 상대국에 대한 정보 및 문화적 이해
   4) 재정의 지속성
   5) 국가적 지원과 사회적 관심
   6) 기 타 _____

7. 위 교류 협력 프로그램을 위해 부족했던 점은 무엇이었습니까?
   1) 프로그램 개발과 연구 능력
   2) 국제적 사업을 담당할 인적 자원
   3) 상대국에 대한 정보 및 문화적 이해
   4) 재정의 지속성
   5) 국가적 지원과 사회석 관심
   6) 기 타 _____

8. 귀하께서 종사하시는 분야(예: 시민사회, 입법부, 사법부, 언론
   계)에서 국제적인 교류 협력이 필요하다고 생각하십니까?

   <u> 1   2   3   4   5 </u>
   ← 필요 없음   매우 필요 →

9. 종사하시는 분야에서 국제적인 교류 협력이 가장 필요한 지역이
   어디라고 생각하십니까?
   1) 아시아태평양지역   2) 유럽지역

3) 아프리카지역   4) 북미지역(미국, 캐나다)

5) 중동지역   6) 중남미, 라틴아메리카지역

7) 기타 지역(예: 유라시아 지역) _____

10. 어떤 유형의 교류협력이 가장 효과적이라고 생각하십니까?

1) 정부 간 협력   2) 정부–의회간 협력

3) 정당 간 협력   4) 비정부기구 간 협력

5) 정부–비정부 기구간 협력   6) 기 타 _____

11. 종사하시는 분야에서 교류협력을 통해서 얻을 수 있는 가장
    큰 기대효과는 무엇입니까?

1) 양국(당사자)간의 경제적 이익

2) 당사자간의 상호이해와 문화교류

3) 민주주의 등 보편적 가치 구현 및 증진

4) 국제사회에서의 위상강화

5) 전문가 교류 및 새로운 정보 수집

6) 기 타 _____

12. 한국의 국제교류 노력이 그 필요와 수요에 어느 정도 부응했다고
    생각하십니까?

1	2	3	4	5

← 매우 불충분   매우 충분 →

13. 한국의 국제교류의 성과가 가장 두드러진 분야는 어느 분야라
    생각하십니까?

1) 경제 및 개발 분야

2) 인도주의적 지원 및 구호 분야

3) 상호이해 및 문화적 교류분야

4) 재정 지원

5) 민주주의, 평화 증진 등 가치구현 분야

6) 기 타 _____

14. 어느 분야의 국제 교류가 상대적으로 부족하거나, 더 확대되어야
    한다고 생각하십니까?
    1) 경제 및 개발 분야

    2) 인도주의적 지원 및 구호 분야

    3) 상호이해 및 문화적 교류분야

    4) 재정 지원

    5) 민주주의, 평화 증진 등 가치구현 분야

    6) 자립과 자활지원

    7) 기 타 _____

15. 귀하가 종사하시는 단체나 기관은 민주주의 증진과 관련된
    국제교류협력을 진행한 적이 있습니까?
    1) 예, 있습니다. (16번 문항으로)

    2) 아니오, 없습니다 (19번 문항으로)

16. 다음 중 어떤 사안이 민주주의 증진 관련 국제적 지원 및 협력을
    수행하는데 가장 큰 어려움으로 작용했습니까? (중복응답 가능)
    1) 외부적 요인 (국제 경제환경 변화; 신자유주의 확산; 전쟁)

    2) 상대국의 비효율적인 행정체계 및 부패

    3) 국내의 사회정치적 갈등

4) 기타 (위 사항에 해당 되지 않는다면 귀하의 구체적인 사례를
약술해 주십시오 _____)

5) 모름

17. 귀하께서 종사하시는 단체나 기관이 지원을 하는 측이라면,
민주주의 증진을 위한 국제협력지원 프로그램을 통해 기대하
시는 바가 무엇입니까?

1) 국가의 브랜드 이미지 제고

2) 외교적 영향력 제고

3) 경제적 효과

4) 국제사회 일원으로서의 인식 제고

5) 국내의 민주주의 증진효과

6) 기 타 _____

18. 국제협력 프로그램이 가져다 준 긍정적인 결과에는 어떤 것이
있었습니까?

1) 국가의 브랜드 이미지 제고

2) 외교적 영향력 제고

3) 경제적 효과

4) 국제사회 일원으로서의 인식 제고

5) 지원국 내의 민주주의 증진효과

19. 민주주의 증진을 위한 국제 교류협력이 국내 민주주의 증진에도
도움이 된다고 생각하십니까?

1	2	3	4	5

← 도움 안됨   매우 도움이 됨 →

20. 현재 한국 사회가 어느 정도 민주적이라 생각하십니까?

<u>1   2   3   4   5</u>

← 비민주적   매우 민주적 →

21. 아래에 제시된 하위문화가 한국의 민주주의를 어느 정도로 저해한다고 보십니까?

 상관없음 ←----------→ 상당한 정도로 영향을 미침
 1) 권위주의적 문화

  1 _____ 2 _____ 3 _____ 4 _____ 5

 2) 가부장적 문화

  1 _____ 2 _____ 3 _____ 4 _____ 5

 3) 물질주의적 문화

  1 _____ 2 _____ 3 _____ 4 _____ 5

 4) 민족주의

  1 _____ 2 _____ 3 _____ 4 _____ 5

 5) 종교적 태도

  1 _____ 2 _____ 3 _____ 4 _____ 5

22. 한국에서 민주주의를 증진시키는데 다음 요인의 개선이 어느 정도로 시급하다고 생각하십니까?

 시급하지 않음 ←------------------→ 매우 시급
 1) 법률 등 제도적 장치의 개선

  1 _____ 2 _____ 3 _____ 4 _____ 5

 2) 정당정치 등 정치문화 및 수준의 발전

  1 _____ 2 _____ 3 _____ 4 _____ 5

3) 행정 체계의 효율화

    1 _____ 2 _____ 3 _____ 4 _____ 5

4) 언론 자유의 증진

    1 _____ 2 _____ 3 _____ 4 _____ 5

5) 시민의 직접참여로 대의제 보완

    1 _____ 2 _____ 3 _____ 4 _____ 5

6) 민주적 가치 및 문화의 발전

    1 _____ 2 _____ 3 _____ 4 _____ 5

7) 언론 공정성 확보 및 개혁

    1 _____ 2 _____ 3 _____ 4 _____ 5

23. 한국의 민주주의를 증진하는데 가장 시급한 사항 한 가지만 지적해 주십시오.

    1) 법률 등 제도적 장치의 개선

    2) 정당정치 등 정치문화 및 수준의 발전

    3) 행정 체계의 효율화

    4) 언론 자유의 증진

    5) 시민의 직접 참여로 대의제 보완

    6) 민주적 가치 및 문화의 발전

    7) 언론 공정성 확보 및 개혁

24. 한국이 아시아 지역 국가들의 민주주의에 기여하기 위해서는 어떤 종류의 프로그램을 제공하는 것이 가장 효과적이라고 생각하십니까?

    1) 국제적 연계 및 연대 프로그램

    2) 연구조사

3) 해당국에 대한 적극적인 사회참여 활동 (정당 지원 등)

4) 교육 및 훈련 프로그램

5) 민주주의 관련 재정적 지원

25. 민주화운동기념사업회가 아시아 지역 국가들의 민주주의에 기여하기 위해서는 다음의 프로그램들이 어느 정도 필요하다고 보십니까?

별로 필요 없음 ←-------------→ 절실히 필요함

1) 지역적/세계적 포럼개최

   1 _____ 2 _____ 3 _____ 4 _____ 5

2) 책임성 있고 효율적인 통치모델 개발

   1 _____ 2 _____ 3 _____ 4 _____ 5

3) 지식 기반 서비스

   1 _____ 2 _____ 3 _____ 4 _____ 5

4) 커뮤니티 프로그램 증진

   1 _____ 2 _____ 3 _____ 4 _____ 5

5) 교육 훈련 프로그램

   1 _____ 2 _____ 3 _____ 4 _____ 5

6) 인적/ 조직적 교환 프로그램

   1 _____ 2 _____ 3 _____ 4 _____ 5

7) 한국의 민주화 경험 공유

   1 _____ 2 _____ 3 _____ 4 _____ 5

26. 민주화운동기념사업회가 아시아지역 국가들의 민주주의에 기여하기 위해 꼭 필요한 프로그램을 든다면 어느 것입니까?

1) 지역적/세계적 포럼개최
2) 책임성 있고 효율적인 통치모델 개발
3) 지식 기반 서비스
4) 커뮤니티 프로그램 증진
5) 교육 훈련 프로그램
6) 인적/ 조직적 교환 프로그램
7) 한국의 민주화 경험 공유

지금까지 수고해 주셔서 감사합니다. 이 설문조사는 분석을 위한 자료로만 사용되며 모든 자료는 익명으로 처리됩니다. 좀 더 나은 프로그램 개발을 위하여 귀하에 대한 몇 가지 질문을 간단히 하고자 합니다. 양해해 주시기 바랍니다.

1. 귀하의 단체 또는 기관에 대해 좀 더 말씀해주십시오. :

　　단체명 : _____

　　주　소 : _____

　　전화번호(지역번호 포함) : _____

　　홈페이지 : _____

　　이메일 : _____@_____

2. 귀하의 단체와 기관의 활동은 주로 어떤 분야에서 이루어지고
   있습니까 ?
   1) 권익 보호 및 증진 분야
   2) 연구 교육 분야
   3) 자선 및 구호 분야
   4) 지역사회 발전
   5) 위 세 가지 이상 분야에서 동시에

3. 귀하는 현재 해당분야에서 얼마 동안 종사하고 계십니까?
   1) 1~3년   2) 3~5년
   3) 5~10년   4) 10~15년
   5) 15년 이상

민주주의의 지구화와 한국의 현실 진단

ⓒ 민주화운동기념사업회

초판1쇄 발행일 • 2008년 12월 26일

지은이 • 이정옥 · 김상돈
발행처 • 민주화운동기념사업회
발행인 • 함세웅

100-785
서울시 중구 미술관길 9 배재정동빌딩 B동 1층
T. 02-3709-7639   F. 02-3709-7610
http://www.kdemocracy.or.kr

유 통 • 리북(LeeBook) 02-322-6435

정 가 • 15,000원

ISBN 978-89-91057-46-3